あるくみるきく双書

田村善次郎・宮本千晴【監修】

宮本常一とあるいた昭和の日本

6 中国四国③

農文協

はじめに

――そこはぼくらの「発見」の場であった――

「私にとって旅は発見であった。私自身の発見であり、日本の発見であった。書物の中で得られないものを得た。歩いてみると、その印象は実にひろく深いものであり、体験はまた多くのことを反省させてくれる。」これは『私の日本地図』の第一巻「天竜川にそって」の付録に書かれた宮本常一の「旅に学ぶ」という文章の一節である。これは宮本先生の持論でもあった。近畿日本ツーリスト・日本観光文化研究所に集まる若者の誰もが幾度となく聞かされ、旅ゆくことを奨められた。そして「どうじゃー、面白かったろうが」というのが旅から帰った者への先生の第一声であった。一生を旅に過ごしたといっても過言ではないほど、旅を続けた宮本先生にとって、旅は面白いものに決まっていた。それは発見があるからであった。発見は人を昂奮させ、魅了する。

この双書に収録された文章の多くは宮本常一に魅せられ、けしかけられて旅に出、旅に学ぶ楽しみと、発見の喜びを知った若者達の旅の記録である。一編一編は限られた村や町の紀行文であるが、こうして地域ごとに集めてみると、期せずして「昭和の風土記日本」と言ってもよいものになっている。

日本観光文化研究所は、宮本常一の私的な大学院みたいなものだといった人がいるが、この大学院は学歴も職歴も年齢も一切を問わない、皆平等で来るものを拒まないところであった。それだけに旺盛な好奇心と情熱をもった多様な性向の若者が出入りしていた。『あるく みる きく』は、この研究所の機関誌的な性格を持った月刊誌であり、所員、同人が写真を撮り、原稿を書き、レイアウトも編集もすることを原則としていた。編集者もデザイナーも筆者もカメラマンも、当時は皆まだ若かったし、素人であった。公刊が前提の原稿を書くのは初めてという人も少なくなかった。発見の喜び、感激を素直に表現し、紙面に定着させるのは容易なことではない。何回も写真を選び直し、原稿を書き改め、練り直す。徹夜は日常であった。素人の手作りからの出発であったが、この初心、発見の喜びと感激を素直に表現しようという姿勢、は最後まで貫かれていた。

月刊誌であるから毎月の刊行は義務である。多少のずれは許されても、欠号は許されない。特集の幾つかに宮本先生の古くからのお仲間や友人の執筆があるし、宮本先生も特集の何本かを執筆されているが、これらは欠号を出さず月刊を維持する苦心を物語るものである。

『あるく みる きく』の各号には、いま改めて読み返してみて、瑞々しい情熱と問題意識を感ずるものが多い。それは、私の贔屓目だけではなく、最後まで持ち続けられた初心、の故であるに違いない。

田村善次郎　宮本千晴

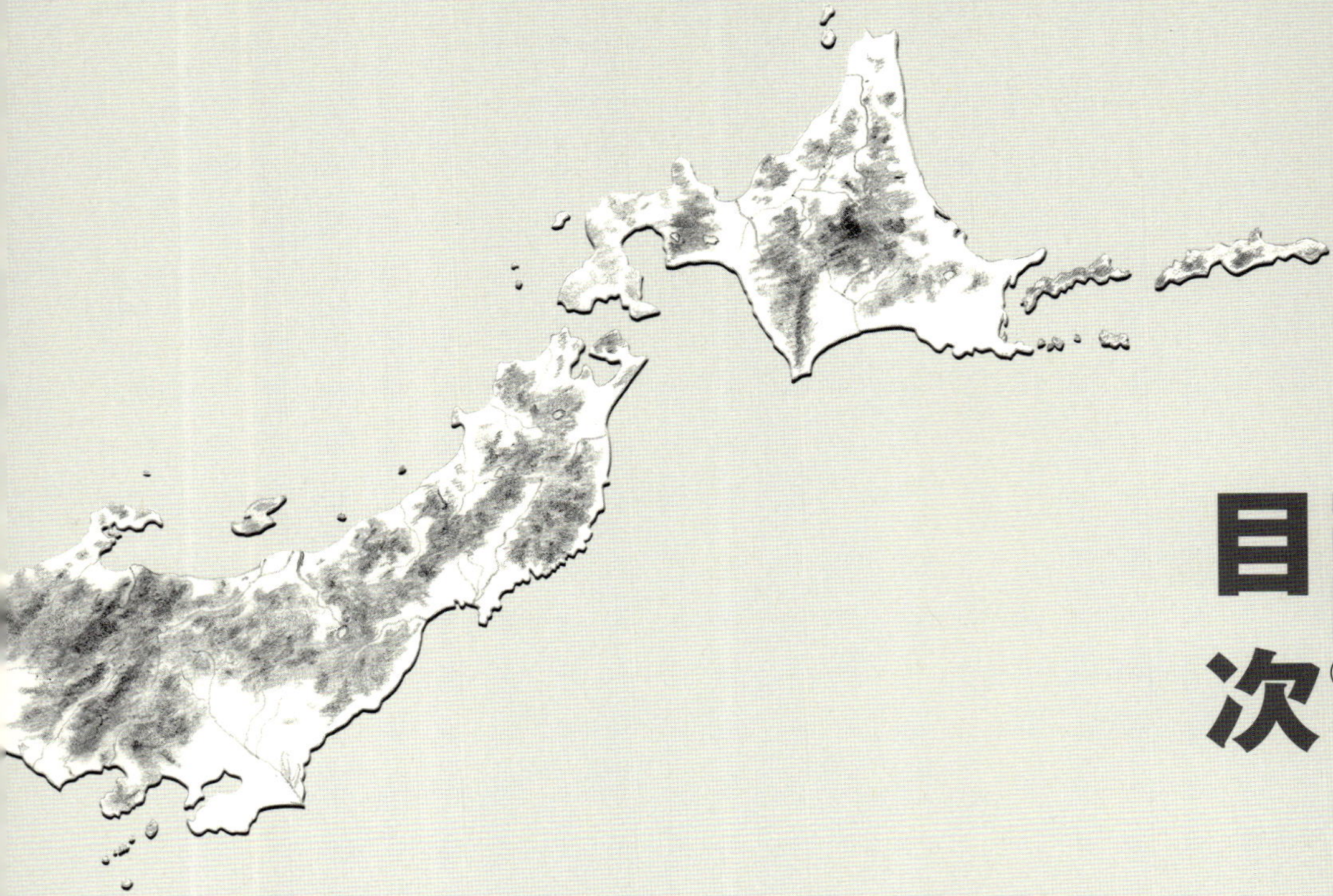

中国四国③

目次

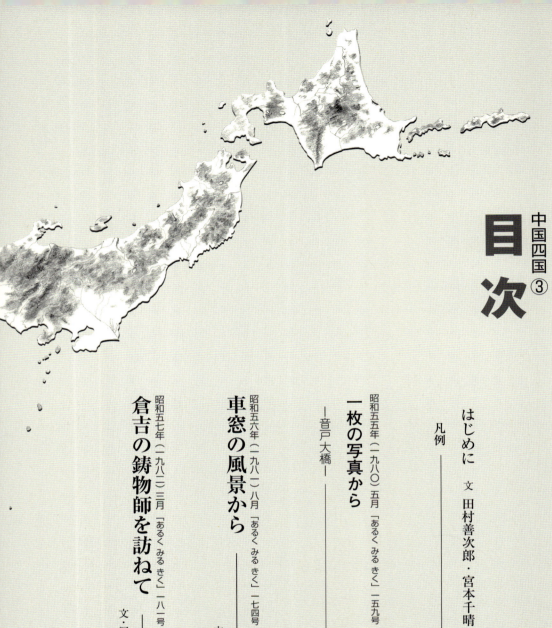

N
p8
山陽本線
p38
鳥取県
p161
広島県
p205
岡山県
p78
愛媛県
p119
瀬戸内海沿岸

凡例

*この双書は『あるくみるきく』全二六三号のうち、日本国内の旅、地方の歴史・文化、祭礼行事などを特集したものを選出し、それを原本として地域および題目ごとに編集し合冊したものである。

*原本の『あるくみるきく』は、近畿日本ツーリストが開設した「日本観光文化研究所」の所長、民俗学者の宮本常一監修のもとに編集し昭和四二年(一九六七)三月創刊、昭和六三年(一九八八)一二月に終刊した月刊誌である。

*原本の『あるくみるきく』は一号ごとに特集の形を取り、表紙にその特集名を記した。合冊の中扉はその特集名を表題にした。

*編集にあたり、それぞれの執筆者に原本の原稿に加筆および訂正を入れてもらった。ただし文体は個性を尊重し、使用漢字、数字、送仮名などの統一はしていない。

*印字の都合により原本の旧字体を新字体におきかえたものもある。

*写真は原本の『あるくみるきく』に掲載のものもあれば、あらたに組み替えたものもある。また、原本の写真を複写して使用したものもある。

*図版、表は原本を複写して使用した。また収録に際し省いたもの、新たに作成したものもある。

*掲載写真の多くは原本の発行時の少し前に撮られているので、撮影年月は特に記載していないものもある。

*市町村名は原本の発行時のままで、合併によって市町村名の変わったものもある。

*収録にあたって原本の小見出しを整理し、削除または改変したものもある。

*この巻は森本孝が編集した。

一枚の写真から

宮本常一

―音戸大橋―

広島県　昭和49年（1974）　撮影・青柳正一

やーれ押せ押せ音戸《おんど》が瀬戸でよう
　一丈五尺の櫓《ろ》がしわるよう

　これは西瀬戸内で漁師たちが櫓を押すときにうたう船歌の文句である。瀬戸は狭いけれど流れがはやい。そしてこの瀬戸によって倉橋は島になっていた。島であることの不便さは島に住んで見ないとわからない。本土へわたるにはいちいち渡船に乗らねばならぬ。渡船は夜がふけるととまる。そこで広島でひらかれた会議に出席した人たちは終船までには帰らねばならぬのでみなかえりをいそぐ。

　しかし倉橋島は島であることによってのどかであった。いまはもう廃止されているが、昭和三〇年頃まで、大阪から小倉までの間を往来していた中国航路があった。大阪・神戸・坂出《さかいで》・高松・丸亀・鞆《とも》・尾道・竹原・音戸・宇品《うじな》・宮島・岩国新湊・久賀《くか》・柳井《やない》・上関《かみのせき》・中関《なかのせき》・宇部新川・下関へつけていく。この航路は二日間を要したが、私はこの航路の船に何回か乗った。小さい船であったが実にのどかであった。まず第一に乗客がよかった。沿岸の百姓や漁師がこれを利用した。夏ならば昼間は皆甲板に出て話しおうている。そしてその中に割りこんで話を聞くことができた。また港がよかった。船が着くと小さい船で物売りがやって来た。売るものは果物その他のたべものが多かった。

音戸もこの船の着くのにふさわしい港であった。正月すぎであったと思うが、この港へついたとき多くの乗客が通《かよ》い船に乗って漕ぎ寄せて来た。正月を郷里で休んで、上方へ出かけてゆこうとする人びとであった。その通い船が本船に横着けになったとき、みな本船へ争って乗ろうとしたが、通い船の船頭が

「せきなさんな、せきなさんな、せいたせいべえが、三年まえに死んだげな」と唄うように言った。するとみなすなおに順を追うて乗り込みはじめた。それは実にこのましい風景であった。

その港の上に橋がかかったのである。対岸の警固屋の丘からひとまたぎに、港のもっとも家の密集した中へループ式におりてゆく。そしてその道は倉橋島の海岸各地へ通じている。倉橋という島はその南岸に本浦というところがあって、本浦は内海でも屈指の和船造船地であった。そしてその歴史も古く、遣唐使船などもここで造ったものがあるのではないかといわれている。もとは海岸にずらりと造船台がならんでいて、その数が四八にのぼっていたといわれる。船座には船釘が必要で、それを打つカジヤも一三軒もあったといわれる。そして明治の中頃までは非常な活気を見せていたが、和船が洋型船にきりかえられはじめても、ここでは依然として和船を造っていたことから、時代にとりのこされていくことになる。

しかし古いものに固執していたのではなく、友沢家では伊豆戸田《へだ》のスクーナー型造船の技術をとり入れ、ドックを作って洋型船の造船をはじめている。にもかかわらず、周囲がこれについて来なかった。そして造船の上ではさびれてしまうことになる。

その本浦から南へ海岸つたいにゆくと鹿老渡《かろうと》という古い港がある。もとは無人の浦であったが、江戸時代の中頃、本浦からここに人が移住し、船着場として発展しはじめ、遊女も二、三〇人はいた。その港も帆船が汽船や発動機船になって来る頃から船がつかなくなり、さびれてゆくが、いまは漁業で少し息をふきかえして来た。

いずれにしても橋がかかったことで島は大きくかわりはじめた。まず牧歌的な風景がきえていった。音戸の瀬戸の警固屋側の丘にはホテルや料亭や寮などができた。この橋がめずらしくて橋見物の客が多くやって来たのである。この橋にそれほど魅力を感じたのだろうかと不思議なような気がするが、船でなくても島へゆけるということ、しかもそういうことをやってのける人間のえらさのようなものをたたえ、おどろきたい心が民衆の中にはあった。

天草の島々をつないで、上島・下島へゆけるようにな

ったとき、一年間に一〇〇万近い人が自動車でこの橋をわたったという。そして音戸なども比較的早く橋がかかったので見物客も多かった。

その後橋のかかった島は多かった。鹿児島県長島、長崎県平戸島・福島、山口県青海島《おうみじま》・笠戸島・長島・大島、広島県能美島・鹿島・向島・高根島《こうねしま》・岩子島、岡山県神ノ島、徳島県大毛島・島田島、神奈川県城ヶ島などがそれであり、九州と本州を結ぶ関門大橋も地下道二本が通じた上になおかけられたのである。さらに四国と本州の間には二ヵ所に橋がかけられようとしている。

このように橋がかかって来ると、人はおどろかなくなったばかりでなく、それが景観をこわすものであるとさえの論争が起ろうとしている。

多くの人をおどろかし、感嘆せしめた音戸大橋すらが、いつの間にか周囲の風景に対して不調和な感を与えるようになって来た。橋が大きすぎて、その下にある民家が小さすぎるのである。ましてその下の海で「せいたせいべえが…」と言ってみたところで、そのようなのどやかな情緒は感じられなくなってしまっている。

現代文明はそのはじめは人びとをおどろかすものであるが、そのおどろきの中には不調和というか、文明の自己主張が大きく出ている。そしてそれが目ざわりになって来る日もあるのである。

橋がかかって便利になった。広島でどんなにおそくまで遊んでいてもその夜のうちに家へ帰ってねることができるようになりました、と倉橋の青年は話してくれた。そして広島へ出て来る機会も多くなった。だがそれだけいそがしくなったし、無駄が多くなったとも言える。お金をもうける機会も多くなったが使う機会も多くなった。たくさん使うほどの金があってよいではないかとも言えるが、思いつきで物を買うことが多い。それを衝動買いという。日本人にはその衝動買いが実に多い。衝動買いをするために働かねばならぬということになると、何でも買えるという衝動が人間にとっては厄介な荷になって来ることもあるのではなかろうか。

この橋の写真を見ていると実にいろいろのことを考えさせられるのである。人をいそがしくさせることが文明の最後の目的ではない。時に静かで落着きのある調和のとれた生活をすることが文明の目的であるとするならば、いまわれわれのあるいている道は目的から少しそれはじめているのではないか。

そしておどろきをもって見た橋に不調和を感ずるようになっていく中にわれわれは本物を見失わないであるいていこうとするもう一人の自分を見出すような気がする。

周防大島（向こう側）とこちら側の大畠（柳井市）を結ぶ大島大橋。昭和52年に架橋された。
山陽線下り列車が大畠駅に近づくと左手に見えてくる　昭和56年6月　撮影・賀曽利 隆

車窓の風景から

文・写真　宮本常一
写真　賀曽利 隆

大畠の渡船場。大島大橋の架橋以前はフェリーが周防大島小松の間を結んでいた。向いの山は周防大島の飯の山　昭和42年6月

故郷を離れる一人旅

大正一二年三月に郷里を出て大阪で生活するようになり、さらに昭和一四年から東京へ出て以来今日まで、私は山陽線、東海道線を実にたびたび往復した。その間五七年、沿線の風景もずいぶんかわった。

はじめて郷里を出たときは小さい汽船に乗って大畠《おおばたけ》〔柳井市〕というところまでいって、そこから汽車に乗った。父がその駅まで送って来てくれた。汽車は一駅ずつ停車していくものであった。広島の東のあたりで日が暮れて暗くなり、かたい肱掛《ひじか》けに寄りかかって寝た。途中で万富《まんとみ》、和気《わけ》などという駅をすぎたのをおぼえている。そして大阪へついたのは朝であった。

父に教えられて大畠から広島の東まで一所懸命に窓外を見てすぎた。駅にどんな荷が積んであるか、乗降客の多少と服装、田畑に植えられているもの、土の色、家の大きさなど。

大畠から岩国までの間は藁葺《わらぶき》の家が多く、障子《しょうじ》に子供たちの手習いの紙や新聞紙の貼ってあったのが目についた。私の生れた村も貧しかったけれども、手習いの紙を障子に貼るような家は少なかったが、鉄道の沿線にはそういう家が多かった。

岩国付近の開作地は一面の桑畑だった。私の村も蚕《かいこ》を飼っていて、蚕の成績がよくて桑が足らなくなると、父は帆船を仕立てて、村の人たちと岩国へ桑を買いにいったものだが、「父の来たのはここだったのか」と感慨が

岩国と柳井間の沿線民家は、母屋が藁葺き、納屋が瓦葺きになっているのが多く、それがこの地方の特色だった　昭和39年2月

深かった。

岩国川は下流が今津、門前の二川にわかれていて今津川の川口に大きな松があり、ふるさとの山の上からその松がよく見え、「あそこが今津川の川口だ」と父に教えられていたが、その松も車窓から見ることができた。岩国をすぎると新湊《しんみなと》というところがある。幼少の頃、祖父と呉《くれ》へいった帰りにその新湊に寄港したことがある。もう暗くなっていたが、海岸の家々に灯がともっており、そこから客を乗せた通い船がやって来た。何人もの人が提灯《ちょうちん》をさげていた。通い船から人が汽船へ乗り終ると、

岩国駅の西の山陽線の線路沿いに広がるハス畑。ハスの収穫後の冬は、黒々とした泥畑のあちこちに水がたまった景観にかわる　昭和41年8月

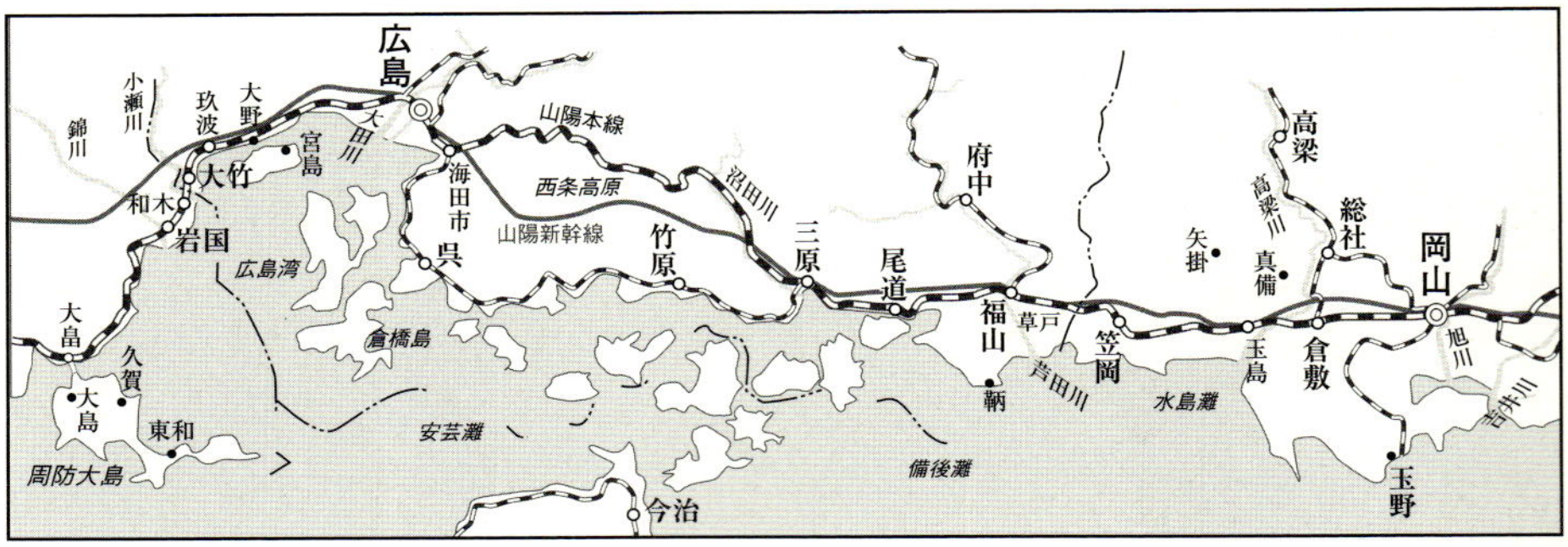

上陸する人が通い船へ乗った。「気をつけなされや、気をつけなされや、足もとがあぶないけえのお」と言いながら、通い船の人が通い船へ乗り移る人の手をいちいちとって降船を助けていた。私は祖父と乗降口の近くでそうしたさまを見ていたが、降りる人が降りてしまうと汽船は汽笛をならして通い船からはなれた。

そのとき船員の一人が私の頭をなぜて「坊はどこまでいくのかな」と言ったが、私は妙に気はずかしくて何も答えなかった。それからまた船室へおりて、しばらく波の音をきいていたが眠ってしまった。そして大島の久賀《くか》という港へついて上陸し、船宿に一泊し、その翌朝家へ帰ったのであった。汽船の船宿はただで泊めてくれたものである。そのときから一〇年近くたって、私は郷里を出たのである。新湊というのは私にはなつかしいところであった。

その新湊については小学校のとき教科書でも教えられた。佐久間艇長が新湊の沖で潜水艇で潜水訓練中、艇が浮上しなくなって遭難した。沈着に事を処して、その状況をノートに残した。ここを通ったとき、そうした話を思い出した。新湊から少しゆくと小瀬川をわたる。ここは広島県と山口県の境である。そして、広島側が大竹《おおたけ》である。山口側の和木《わき》と大竹は昔から仲がわるくて川の堤の上に立って両方からののしりあったものだという。そのののしり言葉なども父に教えてもらったことがある。大竹の奥山で焼いた松炭は質が大変よくて、大竹から船に積んでは売りに来て、主として鍛冶屋がこれを買った。その炭屋が私の村に住みついて村の住民になっていたことがある。村に住むようになってからは松炭とランプを売っていたので、村の人はランプ屋といった。ランプ屋は風呂場が広く造ってあったので、よくもらい風呂にいった。私の村の者にとっては大竹はなつかしく親しみのあった土地だったのである。

その大竹は私の目には一風かわったところとして映っ

山口県と広島県の境を流れる小瀬川。手前側は広島県大竹市、向う岸は山口県玖珂郡和木町　昭和39年2月

シーズンはずれの宮島はひっそりとしている。土産物屋も店を開けているが客は少ない　昭和42年12月

た。というのは鉄道線路と山の麓の間にはかなりの平坦地があって、家は山麓の傾斜地にあり、平坦地は水のたまった田園の中に短冊《たんざく》型の一段高くなった畑地がいくつも行儀よくならんでいる。そしてその畑にはイチジクが多く植えてあり、桑の植えられているものもあった。湿田中へどうして土盛りして畑にしたのだろうと思った。

大竹の次が玖波《くば》で、そこからもよく物売りの船が私の

上り列車が玖波、大野浦をすぎると、右手に海をへだてて長く横たわる宮島がまじかに見えてくる。宮島との間の海には広島特産のカキのイカダがうかぶ

昭和56年６月　撮影・賀曽利 隆

木造モルタル作りの広島駅。屋根の向うの駅名の看板を掲げたコンクリートの駅の建物は、原爆の閃光に耐えて残った
昭和31年3月

村へ来ていた。ここの人も松炭をもって来たが、薪も売りに来た。松の割木《わりき》が多かった。船から浜へアユミという一枚板をかけて、天秤棒で割木をかついで、浜へ積みあげると、村の者が自分の家へ運んでいく。銭勘定も浜ですませて、船はまた帆を張って海の彼方へ帰ってゆくのである。島から見ていたところを汽車で通りすぎていくのは実に感慨深かった。

玖波・大野浦をすぎると、海をへだてて右手に宮島が浮ぶ。島は木がよく茂り、海は青く、赤い鳥居が海に立っているのが見える。汽車は広島湾岸はほとんど海に沿うて走る。広島駅を出ると猿猴《えんこう》川のすそが深い入江のようになっていて、仁保《にほ》島の山がくっきりと黒く、ちょうど夕暮で空が茜《あかね》色に焼け、その色が水にうつって美しかった。

向洋《むかいなだ》・海田市《かいたいち》とすぎて、瀬野《せの》まで来ると薄暗くなり、窓外の風景は見えなくなった。そこから西条《さいじょう》高原までは勾配が急で列車の後にも機関車がついて二台の機関車で坂をのぼってゆくことになる。

はじめての汽車の一人旅は実に遠い昔のようであるが、そのときの印象はきわめてあざやかである。そしてこの線をいつまで往復するのだろうかと思って来たのだが、いまもまだ続いている。そして沿線の風景も汽車の様子もすっかりかわって来た。

広島

戦争の悪夢からよみがえる

機関車が石炭を焚いて車輌を引いて走ったのは、昭和

戦前の広島のシンボル広島城は、まだ高いビルが無い時代でもあり、街並みに一段高くそびえた天守閣が列車の中からもよく見えた　昭和39年2月

三〇年すぎまでであったろうか。それから電化したのだが、広島から下関までの電化はもっともおくれた。汽車が電車になり、昭和三九年には東京と大阪の間を広軌の電車が走るようになった。これを新幹線とよんだ。それまで八時間余で走っていたものが三時間あまりで走ることになって、朝東京をたっても、その日のうちに郷里へ帰れるようになったのである。

そしてその新幹線がさらに博多までのびたため、東京広島間を五時間余で走り、広島で普通車に乗りかえて、一時間走り、さらにバスに乗りかえて一時間ほどすれば郷里の家へ帰ることができ、少々無理をすれば東京と郷里の間を一日のうちに往復できるまでになった。五十余年の歳月のうちにそれほどの変化が見られたのであるが、沿線の風景もまた大きくかわって来た。

広島はもと空のすんだ、水のきれいな町であった。今も水はそれほどよごれていない。大田川が市内に入る前にいくつにもわかれて町の中を流れて海に入る。その川をよごすような人が沿岸に住んでいなかったものか、川底の砂が見えるほどに澄んで流れ、春さきは堤防の桜が咲き、花見る人が堤防の上に集うていた。川は奥から流し出される砂が多かったようで、饒津《にぎつ》神社の近くでは何艘《そう》もの砂船が砂を採っているのを見かけた。川にはまた釣をしている人も多かった。

この町のシンボルは城で、その城はかなり遠くから望まれ、車窓から城の天守閣を見つけると、広島へ来たという思いを深くしたものであった。しかも汽車は己斐《こい》・横川と町を西から北へまわって、広島駅につくので、こ

原爆ドーム。昭和20年8月6日の原爆投下で骨だけになったドームが、戦争と核爆弾の悲惨さ無益さを後世につたえる象徴となった　昭和56年6月　撮影・賀曽利 隆

の城はずっと車窓の右に見ることができた。

戦前までに町には大きな高い建物は少なかったから城が一だんと高く抜き出ており、しかも周囲の山がそれほど高くないので、よく調和がとれていて全く絵画的な風景であった。それが昭和二〇年の原爆投下によって一瞬のうちに灰になってしまったのである。私が焼跡の広島を訪れたのは九月の末ではなかったかと思う。駅はコン

原爆で全てを失った広島市民だが、戦後の困難な時代をたくましく生きた。そんな人々が暮らしたバラック建ての民家（現在の相生通り付近）　昭和43年3月

クリートの部分だけが残っており、焼跡には建物の残骸はほとんど見られなかった。焼けるほどのものはすべて焼け、倒れるものはすべて倒れていて、他の焼夷弾攻撃《しょういだんこうげき》によって焼けた町のように残骸のなまなましさはほとんどなく、かえってさっぱりとしていた。そうした焼跡の中に中国新聞やデパートの福屋の建物が傷つきながら立っているのが見えた。そしてそのはるか向うに宇品《うじな》の海の光っているのが見えた。私はその焼跡を中国新聞社へ向って歩いた。もう死者の始末などはすっかり終っていたが、焼跡の独自のにおいはまだ強烈に残っていた。中国新聞には私の友がつとめていた。彼は新聞社の階段をのぼりつつあるときに被爆したが、閃光が壁にさえぎられたためにその場ではほとんど傷をうけなかった。その新聞社の中はまるでガラン洞のようになっていて、粗末な木のテーブルと長い腰掛がおいてあって、人びとはそこで執務していた。

　広島は無に近い世界から立ち直って来るのである。そしてその立ち直りゆくさまを三五年にわたって見ることができた。比治山・宇品・仁保島などには青く木が茂っていたが、町の中にはほとんど木がなかった。育たなかったといっていい。バラックの家が道に沿うて建てられてゆくが、小さな納屋のような家がまずびっしりと建ったのは駅前で、その小さい家のほとんどは衣類と食う物を売っていた。立木のない町は沙漠のようにかわいていた。しかし市民は不思議に生き生きしていた。

　小さな家はまた川の堤防を埋めつくしていった。所有者の不明な土地に人びとは家を建てたのであろう。この町の大半の人たちは死んだ。土地の所有権台帳なども焼けた。したがって所有者の不明な土地はずいぶん多かったようで、他から来た者の多くはそういうところへ家を建てたようである。いわば無法の町で、強い者勝ちの世界がそこに生れた。そしてそれは中国新聞が暴力団に関するキャンペーンをおこない、市民の協力によって排除せられる昭和三〇年すぎまで続いた。

　今見る広島の町はすっかり近代化された堂々たる大都市で、シンボルの城も大きなコンクリートのビルの中に埋もれてしまった。この町が焼けるまでは軍人の町で、どこへいっても軍人の姿を見た。しかし敗戦を境にして軍人の姿は全くといってよいほど見なくなった。そうしたことからしてもこの町は大きくかわったのである。

西条高原
人々が作った豊かな風景

私はいつも広島から新幹線へ乗る。広島始発の列車があって、それに乗ればかならず坐ることができる。そして窓ぎわに席を占める。窓外の風景は何回見てもあきないばかりでなく、よく見ていると、いろいろのことに気がつく。新幹線の列車は速力がはやいので、何かが目にとまってもたしかめることができない。そういうものはその次通りあわせたとき見ることにしている。

　広島を出て海田市《かいたいち》の谷を横切ると長いトンネルに入る。旧線の列車は海田市の谷を西条高原へのぼっていくのであるが、新幹線はトンネルをぬけると西条高原の南部へ出る。私は新幹線の農村風景の中でここを一番この

西条高原を行く車窓からは、広々とした水田と畑の中に点在す民家が飛び込んでくる。
赤い石州瓦の屋根の民家が鮮やかで、豊かな農村風景が窓外にひろがる　昭和54年10月

ましいと思っている。よくひらかれた田圃の中に点々として農家がある。その農家の多くは赤瓦で屋根を葺《ふ》き、主屋のほかに蔵や納屋を持ち、しかもそれらの家はほぼ同じ大きさと構えをもっている。田に稲の植えられたころは緑色の中に赤瓦の屋根が散在し、いかにも安定して平和な村だという感じがする。ここにはまだコンクリートの建物も少ない。

このあたりの人びとは昔からよく稼いだ。そしてその暮し向きのよかったことは明治初年の調査書にも見える。しかもこの家々を明るくしているのは釉薬《ゆうやく》のかかった赤瓦で葺いていることである。このような赤瓦は島根県（石見《いわみ》）の都濃津《とのつ》付近で多く焼かれて、一般に石見瓦といっている。都濃津付近はよい陶土が出て、江戸時代には甕《かめ》や壺《つぼ》の大きな産地であった。それを船で遠くまで売りにも行き、車などに載せて山間の村々へも行商した。

明治になって農家は草葺や藁《わら》葺だけでなく、瓦で屋根を葺いてもよくなると、石見の陶器職人たちは広島の山中へ来て、陶器だけでなく、同じ手法を使って瓦を焼くようになった。その南限が西条高原のあたりであった。

瀬戸内海地方では古くから黒瓦を焼いているところが多かった。大阪湾沿岸、淡路島の西南部、香川県の海岸地方、愛媛県の菊間《きくま》、山口県の大島などは大きな黒瓦の産地で職人の数も多かった。町家は古くから瓦で屋根を葺くことがゆるされており、内海沿岸には多くの町があったので、瓦の需要は多かった。しかし山中の村々は藁葺きが多く、瓦がゆるされるようになっても海岸から運

ぶ労力や運賃が高くて容易に葺きかえることができなかったが、石見の職人が来て瓦を焼くようになると、まず庇《ひさし》まわりを瓦で葺くことにした。すると、庇を葺き出しただけ家が広くなる。たとえば間口五間、奥行三間の家があるとする。その建坪は一五坪である。ところがこの家に幅一間の庇（下屋《したや》ともいう）をつけたとする。すると間口七間、奥行五間ということになり、建物は三五坪で二倍以上になる。家のまわりに庇をつけるだけで家は急に大きくなり、縁をつけたり、押入れをつけたりして住いにゆとりを持つようになった。また棟の部分を瓦で葺く者もあった。これを箱棟《はこむね》といった。箱棟、瓦庇というのが、広島県山中の農家の一般的なイメージであった日が、明治の中頃から昭和三〇年頃までつづくのであるが、それ以後屋根のすべてを瓦で葺くようになって来る。但しそれは広島県下だけでなく、石見に近い山口県の山中なども同様であった。

しかし農村の中にも商業区ができて来ると、大きな看板をつけたり、時にはコンクリートの建物も建てられる。すると今までの調和がくずれて来る。村落共同体のしっかりしていたころは村の景観は大切にせられたものである。だから村のたたずまいを見ると、その村のあらましの様子を知ることができた。そして西条高原ばかりでなく、山陽、東海道の沿線には美しい村が多かった。

村の景観にゆったりとした落着きを与えているのは家の大きさや風格ばかりでなく、家の周囲をめぐる田圃の一枚一枚も一〇アール以上あることであった。そういう田圃に田植の頃になると、一〇人以上の早乙女《さおとめ》が出て田を植えているのはにぎやかではなやかであった。たいてい絣《かすり》の着物を着、若い娘なら赤い襷《たすき》をかけていた。山陽線沿線では囃田《はやしだ》を見ることはなかったが、それよりさらに奥へゆくと、太鼓を叩き笛を吹き、田植歌をうたいながら田を植えるような習俗も昭和の初頃までは見られたのであった。今は広い田を二、三人で植えている者が多い。動力田植機を使っている者もある。田に働く者は急に減ってしまったが、わずかな労力でも田を作ることができるようになったからであろう。余った労力が農業以外の職業に向けられ、農業の副業化がすすんで村落共同体の解体が次第にすすんで来て、村内の共同作業は都市の隣組などよりも減っているところが少なくないという。それが事実とするならば村景観の中に見られた統一ある姿の消えてゆくこともまた止むを得ないであろう。そして農村までが小都市化しはじめたのであるが、こうした中にあって西条高原の村はよく村としての風格を保っていると思う。

西条高原から三原へ出るまでの間はいくつものトンネルをぬける。ぬけたかと思うとすぐ又入る。その瞬間に見る谷間には一、二軒ずつの農家が見られる。皆赤瓦の家で、周囲を松山がとりまいている。松はそれほど大きいものはない。そしてこのあたりはまだマツクイムシがそれほど荒らしていない。海岸地方の松はこの一〇年ほどの間にほとんど枯れた。そして惨澹《さんたん》たる風景が見られたが、松の中に生えていた雑木が次第に成長してまた青くなって来た。せめて立ち枯れた松を伐り倒してくれると、いたましい風景はきえていくのだが、そのまま放置

山陽線三原駅ホームから望む三原城の本丸址。駅は三原城内を分断して建設された　昭和39年3月

されているところが多い。中には松の枯れたのを機に住宅地に拓いたところもある。

環境整備などと掛声だけは大きいのだが、いざとなるとどうして立ち枯れた松の処分すらできないのだろうかと、さびしく思うことが多い。

三原
新幹線に分断された町

三原はせまい平地にできた町である。私たちの仲間は昭和四九年から五一年にかけてこの町の民俗調査をした。それだけになつかしい町である。昭和三七年にこの町に住む鮓本《すしもと》刀良意《とらお》氏を知って、たびたび下車するようになった。それまではいたって縁のうすいところであった。町が何となく寒々としていた。それは東西に長いこの町の真中を鉄道が貫いていることに原因しているようであった。そして駅は城の本丸の石垣のすぐ南側にあった。この城は一六世紀の終頃に小早川隆景《こばやかわたかかげ》が築いた。隆景は毛利元就《もうりもとなり》の三男で小早川家を継いだ。小早川の城は三原から谷を西へはいった本郷《ほんごう》というところにあった。その小早川氏は瀬戸内海の海賊を取りしまる地頭として活動したのであるが城は山中にあった。小早川氏が相模《さがみ》の土肥《とい》、いまの神奈川県湯河原の地からやって来たのは鎌倉時代の初め、一二世紀の終頃であったが、その頃は三原から西は深い入江になっていて、本郷の近くまで海が入りこんでいたようで、簡単に山の中とは言えなかったのだが、沼田川の流し出す土砂が次第に入江を埋めて、海はだんだん遠のいた。そこでもう一度海近くへ出る必要があって三原の地に城を築いたのである。城の外まわりの石垣は海にせり出していて、世人には「地から生えたか浮城か」とうたわれたものである。

　このような海城は内海の沿岸にいくつかあった。大分の府内城、広島の三原城、兵庫の赤穂《あこう》城、淡路の志知《しち》城、香川の高松城などがそれで、もとは城そのものが美しい風景をなしていた。これらの城の初代の城主はいずれも海に深いかかわりあいを持っていた。そして海賊の鎮圧に努力した。内海の海賊には沿岸の住民もこの海を航行する人びとも手をやいた。とくに沿岸の住民は海賊の難を避けるために、海岸からやや上った山麓や海から見通しのつかない谷間に家をかまえて住んだものが多い。そして不意に襲撃されることを避けるようにした。海岸に人家があるとすれば港町、漁村、塩を焼く人たちが住んでいた。

　海賊というのは所詮《しょせん》は貧しい暮しをしていた群である。その首領は武士としての勢威を張っていたであろうが、首領の側から言っても統制をとりかねたから海賊が減らなかったのであろう。一二世紀末以来、武家政権はその取締りに努力して来たが大きな効果をあげることはできなかった。

　豊臣秀吉の朝鮮遠征はその妄想に似た野心から起されたとする説もあるが、それだけではなく内海の海賊を根絶するための意味もあったのではないかと思っている。海賊はみな操舟の術にたけている。その仲間を水夫として狩り出し、軍隊組織の秩序の中へくり入れることによって、野放図に行動していた者を武家社会の末端に位置づけようとしたのではなかったかと思う。朝鮮に出陣した水夫の住む浦を舸子浦《かこうら》（水夫《かこ》浦）として、水夫は浦屋敷に住み、舸子浦に対しては地先の海面を専用の漁場として与える。これは農村における検地と農地所有の本百姓の創出に対応するものであろうと思うのである。そして朝鮮出陣ほどの大規模な兵船を動かさないと、海賊を漁民＝水夫として体制の中へくりいれられなかったのではないかと思う。

　朝鮮出陣は結果的には挫折に終ったが、漁民の浦々への定住に成功したばかりではなく、首領と海賊仲間との間を完全にひきはなして、再び海賊発生のないようにし

三原は町の北と東の山手に寺が多く、古く落ち着きのある景観が残っている。本町の宋光寺付近　昭和51年3月

たことは大きな成功であったと見てよいのではないかと思う。そして海賊がいなくなると、農民たちが次第に海岸近くに住むようになって来るばかりでなく、海岸の埋立ても進んで来る。

　単なる武力だけでは海賊を消滅させることはできなかったが、大軍隊の末端に位置づけ、さらに生産漁民化していったのであるように思う。そして三原城のような海城も、海城としての活動をしなくてよくなったのである。

　三原城は海城としてばかりでなく、城下町のシンボルとしての価値も失っていく。明治になって鉄道は城郭の中をつきぬけ、駅は本丸のすぐ南にできたのであるが、新幹線の駅ができると、その本丸も削られてしまった。何ともいたましい限りである。

　この町は北の山手、東の山手に寺が多い。海の方から

三原城の壕に下りて興じる子供たち。壕の向うを新幹線の高架橋が横切る　昭和56年6月　撮影・賀曽利 隆

そうした山手を見るといかにも落ちつきのある古い町のおもかげがあり、この山手の見はらしのよいところから町を見おろすと、山陽道の古い町並の向うに日に光る海がのぞまれて内海の古い港としての風格があった。

　ところが新幹線がこの風景を切ってしまったのである。せっかちな文明というものはまことに無風流なものである。そしていわゆる風光明媚《ふうこうめいび》の町ではなくなったのである。

　われわれの精魂こめて調査し、まとめあげたものは三原市史民俗篇として昭和五四年に刊行されたが、ここに記録した事実はぐんぐん過去の彼方へ押しやられていくことであろうと思う。

草戸千軒《くさどせんげん》

口承のなかにあった真実

　三原をすぎるとまたトンネルにはいる。それをぬけると尾道《おのみち》の奥へ出る。丘は新しい住宅でおおわれつつある。一軒一軒を見ると、みな近代的な家である。そして特色のない住宅地がつづく。そして、かなり長いトンネルをぬけると芦田川《あしだ》をわたる。それほど幅の広い川ではないが、河原が草でおおわれている。河原が草でおおわれている川はそんなに多くはない。東京までの間の川を見ても芦田川、岡山県旭川、淀川、岐阜県長良《ながら》川、神奈川県相模川くらいであろうか、他の川は砂原になっているものが少なくない。河原が草原になっている川は一般に流れがゆるやかで、昔は川船もよく通ったようである。芦田川は新幹線の鉄橋を少し下ったところで、長い間河

鎌倉～江戸時代初期まで栄えた草戸千軒の遺跡が埋もれていた福山市芦田川の流れと草に覆われた河原。河原が草で覆われている川は山陽線、東海道線を問わず多くない　昭和40年2月

原の発掘がおこなわれていた。そこは草戸千軒とよばれる鎌倉時代から江戸時代の初頭までの市街地のあとであった。川裾を利用して発達した港町であった。この草戸千軒からさらに南へいくと鞆《とも》の津がある。港町としては鞆の方が栄え、歴史も古く名も通っていた。ところが芦田川の川裾にも港ができたのは、この川をさかのぼると備後の国府（今の府中市）があったためであろう。鞆にくらべればささやかな港であったから草津といったので

草戸千軒の発掘風景。当時広島大学村上正名教授が河原から出土する陶磁器片に着目したことから遺跡の存在が明らかになった　昭和40年12月

福山市の芦田川河口の海岸線を南西にたどると鞆の津がある。鞆の港の丘に立つと、古い倉が並び古き日の繁栄がしのばれる　昭和40年2月

鎌倉時代に建てられた明王院は五重塔や、金堂、庫裏など往時を偲ぶ遺構をもっている。かつて草戸千軒の町衆の経済力がその威光を支えた　昭和40年2月

あろう。それが草戸となまったものと思われる。そして草津といわれるにふさわしい程度の市街地であったが、たびたびの洪水によって何回か立ち退きを余儀なくされたことがあったようである。しかし、しばらくするとまた復活し、そういうことをくりかえしていたのであるが、近くに福山の城下が発達することによって、近世初期に洪水の被害をうけてから多分福山の方へ吸収され、現地復活はなかったようである。そして市街地のあとは河川敷《かせんじき》になり、水路に昔の井戸のあとや杭の列がならんでいたりして、わずかに昔の俤《おもかげ》をとどめていた。

　この遺跡に注目して、河原から出土する陶磁器の破片を集めたり、ささやかな発掘を続けて来たのが村上正名先生で、手をつけてみると切りがないほどいろいろのものが出土し、遺跡の地区も広いものであり、やがて国の補助金を仰いで、広島大学考古学研究室が中心になって大々的な発掘が進められることになる。そしてその全貌が明らかになって来たのであるが、もとは交易によって経済的にもゆたかな町であったらしく、遺跡の西の山麓にある明王院《みょうおういん》という古いりっぱな寺がそのことを証明してくれる。この寺には鎌倉時代に建てられた五重塔があり、金堂、庫裡《くり》なども盛時を偲《しの》ぶことのできる遺構を持っている。金堂、庫裡などは後に改築されたもののようであるが、とにかくここにこういう寺が建立され、それが長く維持されたことは、それを支えた経済的基礎がなければならぬ。草戸千軒の住民がこれを支えたと見てよいのではなかろうか。

　しかし記録も残さずに一つの町が消えると、草戸千軒という言葉のみが伝承され、それは他の地方の何々千軒とよばれるような伝説的遺跡と同様のものではないかと考えられ、この町の実体がどういうものであったかをたしかめようとする人は長くあらわれなかったのである。

　とくに文献史学が発達すると、文献資料に残るもののみが正しい史実で、口碑《こうひ》のみを残すものは伝説とされ、史実として取扱うことは少なかった。伝説として伝えられているものの中にも何らかの事実があるのではないかと考えて、実地踏査や考古学的な発掘がおこなわれるようになったのは昭和二〇年以降であって、それによって口頭伝承のみによっていたものの中にも、史実の含まれているものが少なくないことがいくつも明らかになっていった。

草戸千軒もその一つであり、とくに中世における海上交通の役割を明らかにしてくれた価値は大きかった。この遺跡からは多くの磁器の破片が出土した。その多くは日本産のものではなく、中国製であった。つまり鎌倉時代にこの地方の民間で使用された食器類のうち木器を除くと中国製のものが多かったのではないかと思う。もとより消耗品であるから完全なものはほとんど残っていないが、海岸地方の中世遺跡の発掘が進めば草戸千軒に似たような事実があらわれるのではないかと思う。草戸からは大きな甕《かめ》もたくさん出て来た。その中には備前甕もあったが、尾張常滑《とこなめ》のものが少なからずあった。常滑は中世における陶器の大きな産地であった。その陶器は船によって内海地方へもたらされていたようである。九州地方に陶業の発達していなかったころには、あるいはそのあたりへも送られていたのではなかろうか。さて芦田川をわたると福山駅はすぐである。

福山から笠岡
傾斜畑のある丘陵

福山駅のすぐ北に福山城がある。山陽線の福山駅はもとは高架ではなかったから、駅から高く美しい石垣を見上げることが出来た。本丸の中に大きな松が何本もあって、いかにも古城という感を深くしていたが、天守閣は駅の西側か東側で見るのがよかった。しかし古い城は太平洋戦争のとき焼けて、いまあるものは戦後コンクリートで再建されたものである。

山陽線福山駅はもとは高架でなく、ホームから福山城の高い石垣を見上げることができた。古城の感の深くする城だが、天守閣は戦後再建されたものである　昭和40年2月

ついでに言っておくと山陽線・東海道線の沿線には戦前には江戸時代の天守閣がいくつも残っていた。広島城・福山城・岡山城・姫路城・彦根城・名古屋城などがそれであるが、姫路・彦根を除いてはいずれも戦災を蒙《こうむ》った。しかし昭和三〇年代に入ると、コンクリートによる復興がおこなわれ、戦前あったもののほかに、岩国・伏見・岐阜・岡崎・浜松・小田原などが復活し、さらに城のなかった尾道や熱海にも作られた。それらの多くは博物館として利用されている。

なお大阪城は戦前にコンクリートによって復活し、や

福山駅を東に向うと線路の脇に福山城主の歴代の五輪塔が並んでいる。昔の殿様の墓が線路脇の吹きさらしの場所にあるのは、ここだけである　昭和56年6月　撮影・賀曽利 隆

はり博物館となっているが、大阪城にはもと第四師団司令部がおかれ、その建物が戦後大阪市に引きつがれ、市はこれを博物館にした。そのため天守閣と旧師団司令部を展示場とし、もっとも充実した博物館になっている。日本の博物館は少数のものを除いてはきわめて貧弱で、足をとどめて二日も三日も見学したいと思うようなものはほとんどない。お城の博物館も一時間もかければ事足りる程度で、見たあと心に残るものがほとんどない。これは日本文化の薄弱なことにあるのか、城下を形成した武家文化の貧弱さにあるのか、あるいは当事者の文化財蒐集の熱意識見の不足によるものであろうか。とにかく迫力や魅力を感ずることが少ないのである。だから、もう一度行って見ようと思う気持になることがほとんどない。もう少し何とかならないかと思うことが多い。

さて山陽線で福山駅を東へ出ると、線路の北側に大きな五輪塔がならんでいるのを見かける。城主の墓である。殿様の墓が線路わきの吹きさらしのところにあるのは広島～東京間ではここだけである。大名と住民との関係もこの程度のものであったのかと、ここを通るときいつも感慨をおぼえたが、新幹線の高架の上からはこの墓はよく見えない。こうして過去は次第に忘却の彼方へ押しやられていくのであろう。

山陽線の福山から笠岡までの間にはいろいろ目にとまるものがあった。低い丘陵の間を汽車は走り、低地は田、丘は畑で、山麓の村のはずれには方形のお堂を見かけることが多かった。瓦葺きで四本柱、四方吹き放しの床のついたお堂で、堂の中の鴨居のところにつけた棚に地蔵様や観音様がまつってあり、夏など百姓たちがそこでよく仕事休みをしているのを見かけた。このお堂は広島県の東部に多く分布を見、その数は何百というほどにのぼっている。昔はここでちょっとした集会などもおこない、特に田仕事についての話しあいなどはここでおこなったようである。このようなお堂は兵庫県播磨《はりま》地方にまで多く分布し、それが村落自治に大きく貢献したのであるが、その発生は鎌倉時代ではなかったかと思われる。そして山陽地方ばかりでなく、四国にもかなり広く分布を見ているのである。

福山から東の丘陵の上の畑は段々畑になっているものは少なく傾斜地が多かった。段々畑は三原から西に多い。これは面白い現象だと思っている。一つは西の方が山地の傾斜が急なところの多いことも原因のようであるが、西の方は中世から近世初期にかけては山地に牛の放牧をおこなったところが少なくない。牛は放牧すると等高線にそうて草を食うて歩く習性をもっている。そのことによって傾斜面に段々ができて来る。その段々の幅を

福山から東の丘陵地帯はなだらかなで傾斜畑が多く、山陽路の西によく見かける段々畑は少ない　昭和34年11月

福山駅から笠岡駅の間の車窓では方形のお堂が目につく。地蔵や観音様を祀っており、四方吹きさらしのお堂は夏は涼しく、農民が仕事休みをしている姿をよく見かけた　昭和40年11月

笠岡駅近くの線路沿いの白壁造りの民家。瀬戸内海沿岸の町は白壁の家が多い　昭和34年11月

ナマコ壁の民家。笠岡の街にはナマコ壁の家が多い　昭和40年12月

ひろげてゆくと段々畑になる。そうでないところは傾斜面がそのまま畑になる。たとえば焼畑のおこなわれているところは傾斜面をそのまま伐って焼いて畑にする。だから焼畑はいずれも傾斜面であるが、それが定畑になった場合も傾斜のままである。この場合傾斜の急なところはきわめて多い。そこで土砂のずりおちることを防ぐために、丸太を横にならべて杭でとめ、耕作するときには丸太を足場にして作業をすすめている。すると傾斜が急

だから段畑にするとはきまっていないことがわかる。広島東部から岡山県の海岸地方にかけては牛の放牧のおこなわれることは少なかったようだが、小豆島は古代から中世にかけては牛の放牧がおこなわれていた。ここには段畑が見られる。

　笠岡まで来ると海が見られる。笠岡の西の金浦というところは入江になっていて、入江の奥の海とも川ともつかぬところには、もとよく四ツ手網がはられていた。

　また笠岡駅にそうた民家の壁がナマコ壁になっているのが目についた。笠岡にはナマコ壁の家が多かった。伊豆の下田付近にはこういう家が多いが、内海地方では笠岡付近に比較的多く見られるだけである。どうしてこういう家が多いのか気になることの一つである。内海沿岸には白壁の家が多い。

岡山平野
条里田の拓かれた平野

　さて新幹線の方は福山を出て東進すると笠岡の北でトンネルに入り、ぬけると、玉島近くの平野に出る。玉島から岡山へはひと続きの平野であり、早くから開けたところである。そのことを物語るものに条里田《じょうりでん》がある。条里田というのは長方形に整理された水田である。耕地整理は現在基盤整備といって各地で工事が進み、一枚の水田の広さがおよそ三〇アールくらいになっていて、動力耕耘機《こううんき》が作業できるようになっている。

　この整理のなされる前、明治三〇年すぎから大正時代にかけても耕地整理のおこなわれたことがある。この方は小さいものは五アールくらいから二〇アールくらいまでの長方形に整理され、一定の間隔で農道も作られた。犂耕《りこう》の効果をあげるためのもので、湿田の場合は暗渠《あんきょ》排水もおこなって乾田化した。これは古代に拓かれた条里田に似るけれども、条里田とはやや違う。条里田というのは方六町を一区画として周囲に道をめぐらし、これを三六に分ける。したがって、その一つは方一町で、これを一坪とよび、一坪をさらに長さ六〇間幅六間、又は長

イグサを植えた田。玉島から岡山までは一続きの平野で、水田が早くから開けていたところ。元はイグサが植えられている田が多かったが、次第に目につかなくなった
昭和56年6月　撮影・賀曽利 隆

岡山平野の水田地帯では縦横に走る農業用水路が目につく　昭和40年9月

5月に刈り取りとった二毛作の麦を、麦藁帽子用の麦稈を硫黄でさらす麦稈小屋が田の脇に建っているのが岡山平野の風景のひとつだった　昭和40年11月

水路に浮かぶ農業用の田舟。農具や刈り取った稲を運ぶ　昭和40年9月

さ三〇間幅一二間、または長さ二〇間幅一八間に分けることもあり地形に応じて差があるようであるが、この広さを一反といい、中には二反三反の田も見かける。玉島付近にいたるとこのような水田を見る。そしてそれが岡山市の東部まで続いている。それはこの平野が早く拓けていたことを物語るものであるが、岡山市街地のほぼ中央から南には条里制は見られないというから、条里田のひらかれた頃にはまだ湿地か海面であったものであろう。

　岡山平野はほとんど高低がない。そこで水路が縦横に通じ、それがまた交通路になっていて農家の人びとは田舟を利用して耕作にかよっていた。農道になる部分が水路になっているのである。この水路は大川につながるところに樋《ひ》門をもうけて水の調節をするようになっており、冬になると水位をおとし、田面は乾くようになっていた。そしてその田をうち起して畝《うね》を立て麦を蒔《ま》いた。麦は五月になると刈りとる。そして麦扱機《むぎこき》で穂を落すと、麦藁の穂茎の部分を切りとって燻蒸《くんじょう》小屋に入れて硫黄《いおう》燻蒸をして脱色し、これで麦稈真田《さなだ》を編み、麦藁帽子を作ったものである。この燻蒸小屋が、田毎の隅にたてられて一つの風景をなしていたのであるが、今日は見かけなくなったばかりでなく、麦も作らなくなった。

　春先この平野を通ると麦田の中に藺《い》草の植えられている田も多かった。莫蓙《ござ》や畳表《たたみおもて》の材料にするものである。しかしそういう風景も次第に目につかなくなり、住宅が次第にこの水田を埋めて来るようになった。しかし水路は今もそのまま残っているところが多い。しかし昔のように水路の両岸の草がキチンと刈られてはいないし、水路も水草におおわれているところが少なくない。

　岡山平野というのは、私がこの平野を汽車で通りすぎるようになってから六〇年近くになるが、活気のある平野であった。稲も麦もよくできたし、平野に続く丘陵地には桃が多く植えられて、春になると花の色が美しかった。岡山をすぎると葡萄《ぶどう》畑が丘陵をおおい平地には温室がいくつもならんでいた。いまは丘陵の葡萄園をビニールがおおうようになっている。

　農業をするにしても金もうけになるような農業が早くから盛んだったのである。それはこの地方にすぐれた先覚者が多かったからで、それにはまた民衆の間に学問が行きわたっていたことが原因する。

倉敷

先覚者の遺産

新幹線の新倉敷駅は田圃の中にできた。こんなところに駅を作る必要もないであろうと思ったが、それを誘致するほどの政治勢力がここにあったのであろう。政治勢力の強いところでは思いもかけぬようなところに駅ができる。岐阜羽島・新倉敷・新岩国がそれであろう。しかし妙なもので、初めは昇降客もほとんどなかったものが、いつの間にかふえて来て、駅の周囲に人家が建ち並んで来る。新倉敷もいつの間にか駅の周辺に小さな市街地ができた。

　旧本線の倉敷駅はこの駅よりずっと東の方にある。徳川幕府の直轄領で代官所があり、備中奥地の物資は高梁《たかはし》川によってこの地に運ばれ、これを取扱う問屋が多く、

倉敷の町は備中高梁川の水運で集めた物資を扱う商人町として発達した。通りには白壁土蔵造りの民家が並ぶ　昭和41年10月

商人町として発達した。そして力を持つ商人たちは農地を買収して大地主に成長したものが少なくなかった。そうした資本家の中に大原孝四郎がいた。倉敷紡績会社創設に尽力し、また倉敷銀行を経営した。その子孫三郎はクリスチャンで、進歩的な思想を持ち、父の残した事業を発展させるとともに多くの文化、社会事業を手がけた。美術館を作り、病院を作り、農事試験場、社会問題研究所、労働科学研究所等をひらき、石井十次のはじめた岡山孤児院の経営にも参加協力した。倉敷の町が古い悌《おもかげ》をとどめ、しかも高い文化の香りを持っているのはこのようにすぐれた先覚者があったからだと言ってよい。

しかし倉敷を中心にして、玉島、水島にわたる一帯はいま工業地区としての開発がすすみ、もう牧歌的な農村風景はほとんど消えてしまったと言ってよい。

このようにはげしい変化を見せつつある鉄道沿線の北の丘陵をこえたところには、東西に長く続く広い谷間の平地があって、東は岡山から西は広島県府中市あたりまで続いており、そこにはまだ古い日本の悌を見ることができる。この谷を昔の山陽道は通っていて、宿場町時代の建物を残すところも少なくない。

笠岡から東北にあたる矢掛《やかげ》の町は古い宿場の一つで、今から一五年前頃までは宿場町の悌をよく残し、本陣の石井家、脇本陣高草家も残っていて、ともに国の重要文化財の指定をうけている。

矢掛からずっと西へいった広島県神辺《かんなべ》町も宿場町で、ここにも本陣が残っている。この谷は今から二〇年まえ

山陽道18番目の宿場町矢掛（岡山県小田郡）の街並み。矢掛には大名の泊まった本陣、脇本陣が残っている　昭和46年8月

頃まではぶらぶら歩いてみるのによいところであった。道に沿うて史跡も多いし、沿道の人びともおっとりとして住んでいた。真備《まび》町には吉備真備《きびのまきび》の墓があり、高梁川を東にわたったあたりには古墳が多く、総社《そうじゃ》市上林・岡山市新庄下にある二つの造山《つくりやま》古墳は前方後円墳で近畿地方の応神《おうじん》・仁徳《にんとく》陵につぐ大規模なもので、この地方に根を張っていた吉備臣《きびのおみ》の勢力のほどをうかがうことができる。総社市上林には備中の国分寺もあり、五重塔を残している。

豊臣秀吉の水攻めで知られている備中《びっちゅう》高松城跡も造山古墳の東北方の平野の中にある。新庄下から山陽道を東へゆくと備中と備前《びぜん》の国境にいたる。この国境のあたりを吉備の中山という。この国境の西側に備中一宮《いちのみや》の吉備《きび》津《つ》神社がある。本殿拝殿は応永三二年（一四二五）の建物で比翼入母屋造《ひよくいりもやづくり》・檜皮《ひわだ》葺で壮麗な建物として知られている。ところが国境を東へこえた、備前一宮町には備前一宮の吉備津彦《きびつひこ》神社がある。国境をはさんで大社が二つもある例は他にはない。そして中山は中世には琵琶《びわ》法師《ほうし》、念仏憎、巫女《みこ》など遊行者の集うところになっていた。

岡山

内国博覧会の功績を見直そう

岡山も新幹線の駅ができた頃から見違えるように近代的な都市に成長して来た。この駅のできるまでは県庁の所在地ではあったが、田舎町の観を深くしていた。この町の主要な部分は戦災に逢うて焼けてしまい、その復興

地方の中核都市の特色は文化的蓄積が少ないことにある。岡山市では岡山城と歴代の城主が残した後楽園が数少ない名所のひとつである　昭和42年11月

がおくれた。そして県庁も久しい間、駅の北の焼け残りの町に仮住居していた。この町が田舎町であることを思わせたのは、夜八時をすぎると町の人通りがほとんどなくなってしまうことであった。昼間この町を賑わせているのは、この町の住民ではなく、町の周囲の町村から出て来ている人びとで、サラリーマンも労働者も多くは郊外からやって来ていて、勤めが終れば郊外の家へ帰ってゆき、町はひっそりしてしまう。日本の地方都市のほとんどはこのようにして周囲の住民によって支えられていたと言ってよい。阪神から西で、夜八時をすぎても町に人通りの見られるのは広島・福岡くらいだったろうか。

それが昭和四七年新幹線の駅ができてから大きくかわって来はじめた。とくに岡山は昭和四九年まで新幹線のターミナル駅として関東からの客が押し寄せて異常なにぎわいを呈した。そしてそれが市街地の近代化を促したと言ってもよかった。そして大都市の風格を持つようになって来た。

ただこの町には見るべきものが少ない。もと大名の庭園であった後楽園と岡山城跡くらいが見るべきところであろうか。この駅へ下車した人の多くは、隣の倉敷へ出かけていく。日本の地方における中核都市の一つの特色は文化的蓄積の乏しいことである。多少ともあるとすれば大名政治の残した城跡・庭園・武家屋敷などである。武家政治が終ってもう一一〇年をすぎているのであるが、その間に蓄積されたものがほとんどない。倉敷の文化はその間に蓄積されたものであるが、これは稀な例である。

なぜそういうことになったのであろうか。一つは在地資本の力が弱く、多くの企業は東京・大阪などの大資本によって左右されたためではなかろうか。それが地方の自主性を失わせていった。そのほかにいろいろの理由もあるが、町を一つの公共物と考える意識のうすかったことにも原因があろう。日本の町にはほとんど広場がない。一つには大きな公共的な催しのおこなわれなかったことも原因していよう。日本では明治時代に万国博覧会にならって、内国勧業博覧会がひらかれた。第二回は明治一四年、第三回は明治二三年、ともに上野で開かれ、上野公園は公園であるとともに博物館・科学館・動物園などの公共施設を持った。第四回は明治二八年京都で開かれた。この時初めて京都の市街地を電車が走っている。そして博覧会跡地が岡崎公園になり、美術館・博物館・勧業館・公会堂・動物園なども作られた。裸体画がはじめて陳列されたのもこの博覧会であった。

第五回は大阪で開かれた。その跡地が天王寺公園になっており、市民博物館・動物園・公会堂などは後々まで使用され、堺の大浜に開設された水族館は日本における水族館の最初のものであった。観客数も四三五万人で、第一回のおよそ一〇倍にのぼっている。このような催しはさらに各地でおこなわれるべきものであったと思うが第五回をもって終っている。日本ではこのようなことでもおこなわれないとすぐれた公共施設は容易に出現しないのである。このことは毎年県庁所在地を順番に会場として開催される国体についても言えることで、勧業博のような催しは各地でひらかれてよいもののように思われる。

〔宮本常一〕追悼号に何を載せようかと話しあっていた時に、宮本千晴さんから「車窓からの原稿があるよ」と言われて驚いた。昨年〔昭和五五年〕の春先だったか、『あるく』の企画会議の席で宮本先生が、「また予定通りに進まんようになるんじゃろうから、ワシが一本書いとこう」という調子で、「車窓から」の案を示されたそれであった。『あるく』のためには最後の執筆となってしまった原稿は、小型の、薄い、二〇〇字詰めの原稿用紙で八五枚。最後の行を三字余して終っている。隅をきちんとコヨリで綴じてあった〔追悼号編者・西山昭宣〕。

小高い丘越しに見える塔は備中国分寺（総社市上林）の五重塔
昭和56年6月　撮影・賀曽利 隆

倉吉の斎江鋳物資料室には鋳物の鍋や釜、鋳物の型などが多数保存されていた

倉吉の鋳《い》物《も》師《じ》を訪ねて

文・写真・図　田辺律子
写真　伊藤幸司

一章

民具に魅かれて

私が、古い生活道具に興味を持ち始めたのは、武蔵野美術大学に入ってからのことである。それも、一般教養課程で民俗学の講義を聴くまでは「民俗」という言葉さえ知らなかった。

そんな私が、工芸工業デザイン学科を卒業してからすぐに、鳥取県倉吉市の有形民俗文化財調査「倉吉市鋳物師《いもじ》調査」に参加するようになるまでには、いくつかのいきさつがあった。私をこんなにまで古い生活道具に魅了してしまったのはいったい何なのだろう。

工芸工業デザイン学科での二年間に、私は木工・染織・陶芸・プラスチック・金工といろいろな素材を手にし、物を作ることを学んだ。短期間であったから、技術を充分に修得したとはいい難い。しかし、それぞれの素材の性質を知り、素材を加工するための道具と技術が伴わなくては、自分の思うような形も作ることができないのだ、ということを教えられた。そして、一枚の銅板を叩いて器を作ったり、堅い金属をどろどろに溶かして形を作る鋳造《ちゅうぞう》を初めて経験した私は、金属の性質に何か新鮮な魅力を感じ、金工を専攻したのであった。

学校での課題は、身の周りのもの、生活用品を作るのが前提とされ、部屋に飾るものというよりも実際に使え、機能美をもつものをデザインする。また、同時に製品としての量産・コスト・加工法などを製作とともに考えなければならなかった。課題が出されるたびに、まずは市場調査だといって、現在売られている製品をよく見て回ったものだ。

しかし、どれを見ても何だか冷たく感じられ、生活のにおいがしてこなくて、何か物足りなさを感じた。その気持は、工業製品をデザインし始めてからも同じだった。

私が、物を創ってゆくことに迷い始める少し前からだろうか、大学の宮本常一先生の民俗学研究室にしばしば足を運ぶようになった。民俗学研究室では、毎回、生活文化研究会というサークルが開かれ、学生がそれぞれ歩いて、自分の目で見て、聞いたことをまとめて発表し、その後で宮本先生の話が始まる。民俗が何やら、民具が何やらかいもくわからない状態であったから、話の内容も充分に理解できぬまま過ごした時もあった。それでも、

「今まで見落とされ、無視されていたものの中に、重要な意味を持つものがあり、それらを見出し、もう一度見つめ直す必要がある」

という先生の教えは胸にひびいた。

また、話に聞いたものを実際に見たいと思い、旅行好きな私は、休みを利用してはよく旅に出た。そして民俗資料館などを見て回ったり、人びとから昔の話を聞いているうちに、いつしか、新しいものをデザインするよりもそれ以前の古い生活道具を調べる方に魅かれていたのである。

大学三年生の春、私は「アイヌの民具」（萱野茂著）の出版運動の手伝いで、民具の測図班として参加した。

赤い石州瓦の甍《いらか》の波が美しい倉吉の家並

民具の製図を描きながら気が付いたのは、人びとは素材をうまく利用し、ものの機能を前提としながらも、素材の性質に従って無理のない美しい形を作っているということ、そして、民具には暮らしのなかから生まれた合理性が生かされているという点であった。

「素材を大切にしなさい」

と、工芸工業デザイン学科の先生に教えられた言葉がまさに民具をとおして実感として伝わってきた。また、民具には作った人の主張も見られた。そんな点も私が民具に魅かれた理由の一つである。

　アイヌの民具で、私が実測したもののなかの一つに鉄鍋があった。大きな鍋であった。直径が七〇センチメートルぐらいあった。重くて一人では持ち上げられないものであった。見ると、つるをかけるための穴が耳のところに四つも五つもあけられていた。つるをかけるだけなら、穴は左右一個ずつで良いはずなのに、と疑問に思って、萱野さんに尋ねると、鍋は、部分的に厚みが違うので、鍋を吊した時のバランスをとるために、穴で調整するとのことであった。では、なぜ鍋の厚みは部分的に薄いところと厚いところができるのだろうかと、疑問を持った。そして、鉄鍋を作る工程を見れば、その疑問は解決するだろうと思い、機会を待っていた。

　そんな矢先、鳥取県倉吉市で鋳物師の調査が始まるのだが、参加してみてはどうか、という話が舞い込んできたのである。

倉吉へ

「鳥取県の倉吉市というところで鋳物調査をすることになっているんですがね。田辺さん、この夏にでもちょっと倉吉へ行って、鋳物師の家を見て来ませんか」

　私が鳥取県倉吉市を訪れる機会となったのは、木下忠先生（当時文化庁有形民俗文化財調査官）のお話からであった。その調査の目的は、今まで明らかでなかった鋳物師の実態を調べるとともに、斎江《さいごう》栄家に保存されている資料を国の重要有形民俗文化財として指定しようとするものであった。

　かつて訪れた盛岡・山形・佐渡などの鋳物関係の仕事場は、いわゆる美術工芸・伝統工芸品をつくる工房であり、それらの多くは昔からの鍋釜を鋳《い》ていた工場とは違い、そこでは機械化が進み、鉄鍋や釜

倉吉の町から望む伯耆大山の山容

を作っていた頃の鋳物工場の面影はほとんどなかった。

ところが、倉吉市内には鋳物工場が当時のままの姿で保存されているという。その話に心が動き、倉吉に出かけた。それは、大学四年生の夏であった。

私の住んでいた宝塚市から倉吉市までは、特急列車で約五時間。列車の窓から外を眺めていると、黒い屋根瓦の家がしだいに赤い石州瓦の家に変わり、右手には真青な日本海が、太陽の光を浴びてキラキラと輝いていた。鳥取駅を通過すると約四〇分で倉吉駅に着いた。鳥取県は兵庫県の隣の県であるのに、ずいぶん遠いところまで来たような気がした。

列車から降りたとたん、蒸すような空気に包まれた。冬が長くて寒い山陰のことだから、夏も少しは涼しいのではないかと思っていたのに、それはまったくのあてはずれであった。

倉吉駅前は、小さなビルが二つ三つ見える程度で、思ったより静かであった。そこから市街地へは倉吉線が延びている。しかし、本数が少ないのでバスに乗って向った。駅前の上井《あげい》商店街を通りぬけ、天神《てんじん》川の橋を渡ると再び商店街の中へと入っていった。倉吉駅前よりもここの商店街の方が活気にあふれており、街並みの背後には小高い打吹《うつぶき》山がやわらかな曲線をみせている。山と町とが一体となり、こぢんまりとまとまった町である、というのが倉吉の最初の印象であった。倉吉市の中心街は、山陰本線倉吉駅から離れており、倉吉線の打吹駅付近である。市役所・博物館・図書館・学校・病院など何もかもこの周辺に集中している。

打吹駅前を通り過ぎ、小鴨《おがも》川に出ると道路が二つに分かれる。日本海へ出る赤碕《あかさき》方面と山の方へ向う関金《せきがね》方面であり、バスは左に折れて関金方面へと走っていった。

家並みはまばらになり、急に山が近くにせまり、川をはさんで両側には青々とした田んぼが一面に広がっていた。右前方の遠くには、大山《だいせん》がそびえていた。頂上は雲がかかっていて良く見えなかったが、一目見て、あれが大山だなとすぐにわかるぐらいにひときわ目立って雄々としていた。バスは川に沿って上流へと上がっていった。

「もうすぐですよ」

と、私を案内してくださった手嶋義之先生（倉吉市文化財審議委員）からそう言われて、まもなく上古川《かみふるかわ》というバス停留所に着いた。

斎江家を訪ねる

上古川の村に入り、鋳物師斎江家を訪ねた。屋敷には立派な正門を構え、正門の前には樹齢三〇〇年という大きなムクの木が立っていた。鋳物師の屋敷には、たいてい桂とムクの木が植わっているというが、ムクの木の葉

倉吉の鋳物師・斎江家の主屋。玄関の右脇に大きな踏みフイゴ板が置いてある

はおもに青銅製品の仕上げに用いられる。

門をくぐると、白壁に㊂の屋号を入れた主屋があり、右手に鋳物工場の一部、左手には蔵が並んでいた。真青な夏空に主屋の石州瓦の赤色と壁の白さが鮮やかに目に映り、木々の緑がいっそうそれを引きたてていた。広い屋敷の建物は、倉吉鋳物師の親方の家らしく、いかにも堂々と見えた。

玄関には「小鴨鋳物発祥の地　斎江鋳物資料室」と、書かれた木札が掲げられ、小さな釣鐘がぶらさがっていた。釣鐘をカーンと鳴らすと、奥から小柄な老人が現われた。

「この方が文化庁の木下先生の紹介で来られた方です」

と、手嶋先生が斎江先生に私を紹介してくださった。が、斎江先生はとても意外そうな顔つきで、ニコリともせず、じっと私の方を見つめられた。私が斎江家を見学したい、と前もって連絡していたことが、いつの間にか文化庁から先生が来る、ということになっていたのである。斎江先生が驚かれたのも無理もない。年輩でどんなに偉い先生が来るのか、と思われていたらしいが、ふたを開ければわけもわからぬ小娘が現われたのである。

「あんたにここの鋳物調査ができるかえ」

と、斎江先生は、開口いちばんに言った。この言葉を聞いて、私は少々出鼻をくじかれた思いがした。そして、

鋳物師・斎江家の蔵。扉も重々しい

その時は、なんと頑固そうなおじいさんだろう、と思った。

斎江先生は明治三三年生まれで、斎江家の二二代目にあたる。東京美術学校（東京芸大）の鋳金科を卒業した後、家を継ぐために郷里へ帰り、上古川郵便局長を勤めながら、鋳物工場を営まれた。

「では、工場と資料室をご案内しましょう」と、斎江先生は私を工場へ案内された。

斎江鋳物工場の屋根を支える太い梁。防火のために梁の表面を粘土で包んでいる

鋳物工場は、文化五年（一八〇八）に建てられ、中に入ると、太い柱と梁ががっしり組まれ、ススで黒くなった柱にチョウナ仕上げの跡が見えた。斎江家の創業は、寛永三年（一六二六）九月とされており、昭和初期まで営業を続けた。

「この上をご覧なさい。竹に縄を巻いて、粘土で固めてあるでしょう。これは防火のためなのです」

と、斎江先生は中央の太い梁を指さしながら説明された。見上げると、太い梁は粘土で塗り固めてあり、その一部は崩れかかって、芯に入れた竹が見えた。粘土が今にも頭上に落ちてきそうであった。

この太い柱と梁は、一七〇余年もの間、工場を見守ってきたのだと思うと、歳月の流れがジーンと私の胸にせまってきた。工場の長い歴史が感じられたからである。

次に案内されたのは主屋である。主屋の壁には長さ三三六センチ、幅一六〇センチもある大きな踏み板が立てかけられていた。踏み板は踏みフイゴといって、若い男の人四〜六名がシーソーのように互い違いに片足を踏み込んで風を起こし、鉄の溶解時に送風する装置の一部である。その人を番子《ばんこ》と呼ぶ。

主屋の一室に設けられた資料室に入ると、赤く錆びついた大小の鍋・釜・鉄瓶が何重にも重なり、所狭しと置かれていた。丸い形をした鍋、平たい煎り鍋、耳が三つも四つも付いている大鍋、注ぎ口の付いている口付鍋《くちつきなべ》と、鍋だけをとり上げても幾種類もみられた。これらは決して美術工芸品ではなく、今まで私が探し求めていた暮らしの中から生まれた道具の数々であった。その迫力には圧倒された。十数年前まではどこの家庭でも料理に欠かせなかった鉄鍋や釜が、そこにはたくさん残っていたのである。

それらを手にとって見ていくうちに、鉄という一見冷たい素材の中にも温かさを、古く錆びたもののなかにも新鮮な何かを感じた。アルミニウムやステンレス製の鍋と電気炊飯器が普及した今日では、鉄鍋や羽釜の存在すら、いつしか忘れられてしまった。斎江家で見た鋳物製品の数々は、生活と密着したなかで生まれてきたもので、それをこのまま眠らせてしまうのは、じつにもったいないような気がした。

たとえ未熟であっても、私に何か手伝えることがありはしないだろうか。倉吉の鋳物師調査に加わり、ここで勉強してみたい、と心が動いた。そして、その気持をすなおに伝えたところ、その時はじめて斎江先生は嬉しそうな笑顔をみせた。

「それでは、記念に写真を撮っておきましょう」

と、斎江先生は家の奥から年季の入ったアサヒペンタックスを私に手渡した。私の気持が伝わったのだ。倉吉に来てみて良かった、と思った。

鋳物師の調査がはじまった

私の下宿先も上古川の田熊増弘《たくまますひろ》家に決まり、大学を卒業した年の昭和五四年五月から鋳物師調査が始まった。二年間の調査期間で、一年目は「沿革と製作工程」二年目は「製品・販売・建築」がテーマであった。調査は文化庁の補助事業により倉吉市教育委員会が主体となって行なわれた。私の担当は製作工程で、鋳物の鍋がどのような道具を使って、どのようにして作られたかを記録に残すことである。そして、職人の使用した道具や作られた製品を一点一点測図をする。民具の測図をするのは、将来、斎江家の資料を国の有形民俗文化財として指定申請するための準備でもあった。

鋳物製品といえば、簡単な鍋から高度な技術を要する梵鐘《ぼんしょう》作りまで、多種多様であるが、まず最初は、技術の基本となる鉄鍋作りを調べることになった。

斎江家では資料室以外にも工場内、蔵、はなれなどに鋳物関係の諸道具が散在していた。蔵の並びは、掛け軸・屏風・襖などの入った蔵、漆器類の入った膳椀蔵、家具調度品及び台所関係用具の入っている蔵、現在は斎江先生の仕事場になっているアトリエ、梅干し壷・味噌樽・漬け物カメなどが置かれている味噌蔵、農具を収める物置の棟が続いている。

これらの蔵のうち、もとは鋳物製品の倉庫に使用されていた部屋もあり、また現在、農具を収めてある物置は馬小屋、その二階は養蚕室に使われていたという。そこへ上ってみると履き古した草履、下駄、ゴム長靴、火鉢、石油ストーブ、斎江先生のお母様が嫁入りの時に乗って来たという駕籠《かご》、風呂桶、竹スキー、尋常小学校の制服や教科書、唐箕《とうみ》や鍬といった農具類、ありとあらゆる生活用具がほこりをかぶって置かれていた。

それらの諸道具は、もう役に立たなくなった過去のものなんだよ、と言わんばかりに私の方を見ているようだ

鋳物製品一覧

（右図と対応は1～46まで）

1 小鴨丸鍋（地鍋）	2 四ツ耳鍋
3 大和鍋	4 口鍋
5 輪耳鍋（天明鍋）	6 焼鍋
7 煎鍋	8 佛キ鍋
9 伯耆料理鍋	10 筑料理鍋
11 伯耆料理鍋	12 油屋煎釜
13 煎釜	14 大羽釜（毛切釜）
15 羽釜	16 スリバチ形平釜
17 並平釜	18 釜輪（輪金）
19 鑵子（小鴨茶釜）	20 筒壺（ドンフ）
21 什能	22 磨鉄瓶
23 釣鐘（梵鐘・半鐘・警鐘）	24 五徳
25 角火鉢	26 太鼓形火鉢
27 平火鉢	28 卵形火鉢
29 火鉢ノ落シ	30 角鋳板（コタツ用落シ受ケ）
31 鋤先	32 耕耘用秤
33 丸風呂釜	34 改良丸風呂釜丸
35 太鼓風呂（ショギグチ）	36 五右衛門風呂釜
37 鉄砲風呂	38 長州風呂釜
39 マドオモリ	40 戸車シン付
41 角ス	42 丸アミサナ
43 丸スサナ	44 ロストル
46 建築用風窓	45 建築用風窓
47 紀念碑	48 神鈴
49 鰐口	50 用水釜
51 獻湯釜	52 金米糖釜
53 菓子釜	54 焼酎釜

伯耆・小鴨鍋釜鋳物正價表（斎江鋳造場明治40年3月より）

った。それらは貴重な民俗資料でありながら、資料室にきちんと展示されている道具に比べると、なぜか、自信のなさそうな表情をしていた。

調査の始まった昭和五四年の夏に宮本常一先生が斎江家を訪れ、この物置にある民具を見学された。

「ほうー、よく残されていましたなあ。しかし、もう少し分類整理をしなきゃいかんのう。わしがもう少し若かったらやったんだが……これだけあればたいしたものだ」

と、あたりを見渡しながら宮本先生は言われた。

「これらは、家で不要になったものをわしが何でも投げ込んでおいただけですけ」

と、斎江先生はこともなげに答えた。

今でもダンボール箱や菓子箱、空きビン、缶詰の空き缶に至るまできちんととってあるのである。

「斎江先生は、何でも捨てずに残しておかれるのですね」

と、私が尋ねると、

「昔の者はなあ、いらなくなったものでも二、三年は捨てずに、必ずとっておいたものだけ。二、三年の間には、違った形で使い道が出てくるもんじゃ」

と、斎江先生は答えた。

　使い捨て時代に育った私は、斎江先生の家なら広いからいくらでも物を収めておけるけれど、今の私の東京暮らしじゃとても部屋が狭くてとっておけないわ、と言って逃げてしまうかもしれない。しかし、収納スペースの有無はあまり関係ないかもしれない。捨てたくても捨てきれない気持を人びとは持っていたのである。

　そのことは、倉吉で糸を手でつむぎ、機織りをしているおばあさんの姿を見て教えられた。今だからこそ、工芸品としての売り物を織っているが、以前は自分の着物は自分の手で織っていたのであった。自分自身で丹精こめて織った着物がぼろぼろになっても、ちょっとやそっとで捨てられるわけがない。そこには人には言えない苦労も、一緒に織られているのである。作られたものを買う立場ではなく、作る立場になればそれを理解することができよう。そして、使えば使うほど愛着心が出てくるものだ。また、記念として残しておくという気持がそうさせているともいえよう。

　いよいよ調査が始まった。蔵や工場からほこりまみれの道具を運んできては、まず、タワシで水洗いする。そして、番号を付けて写真を撮り、次に民具調査カードを作る。作業は門脇俊正さん（倉吉市教育委員会）の協力で進められた。調査が始まった時点では、どのような道具が何点あるかさえ、かいもくわからない状態であった。

「こんな遠い倉吉に来てまでして、ほこりにまみれ、作業する姿を郷里のご両親が見られたら、さぞかし嘆かれるだろう」

と、汗をかきながら作業している私の後ろ姿を見て、斎江先生はよく言われた。

「そんなことないですよ」

と、答えるのがいつもの私の口癖であった。謙遜しているようにみえるが、実際のところ本人はケロッとし、けっこう楽しんでやっているのである。鋳物道具を水洗いしていると、思いもよらなかったところに墨書や刻銘の紀年銘が浮び上ってくる。そんな時は思わず、

「先生、見て！見て！」

鋳物バサミを手に、その使い方を説明をしてくれる斎江さん

と、小学生のように歓声をあげて、斎江先生のところへ走って行った。それは考古遺跡の発掘で土器などの埋蔵品を掘り当てた喜びと似ているのではないか。

「今までほこりをかぶって、長い間寝ていた道具もこれできれいさっぱりして、ようやく日の目を見るようになったと喜んでいるだろうなあ。それも若い女の子に洗ってもらって」

日に日に、きれいになって並べられてゆく道具を見て、斎江先生は冗談を言いながらも何かと励ましてくださった。

調査が進むにつれ、協力者も増えた。門脇尚子先生が倉吉西中学校の郷土研究会の生徒たち数名を連れて、蔵の整理を手伝いに来ては、汗とほこりまみれになって一緒に作業をしてくださり、私はますます勇気づけられた。

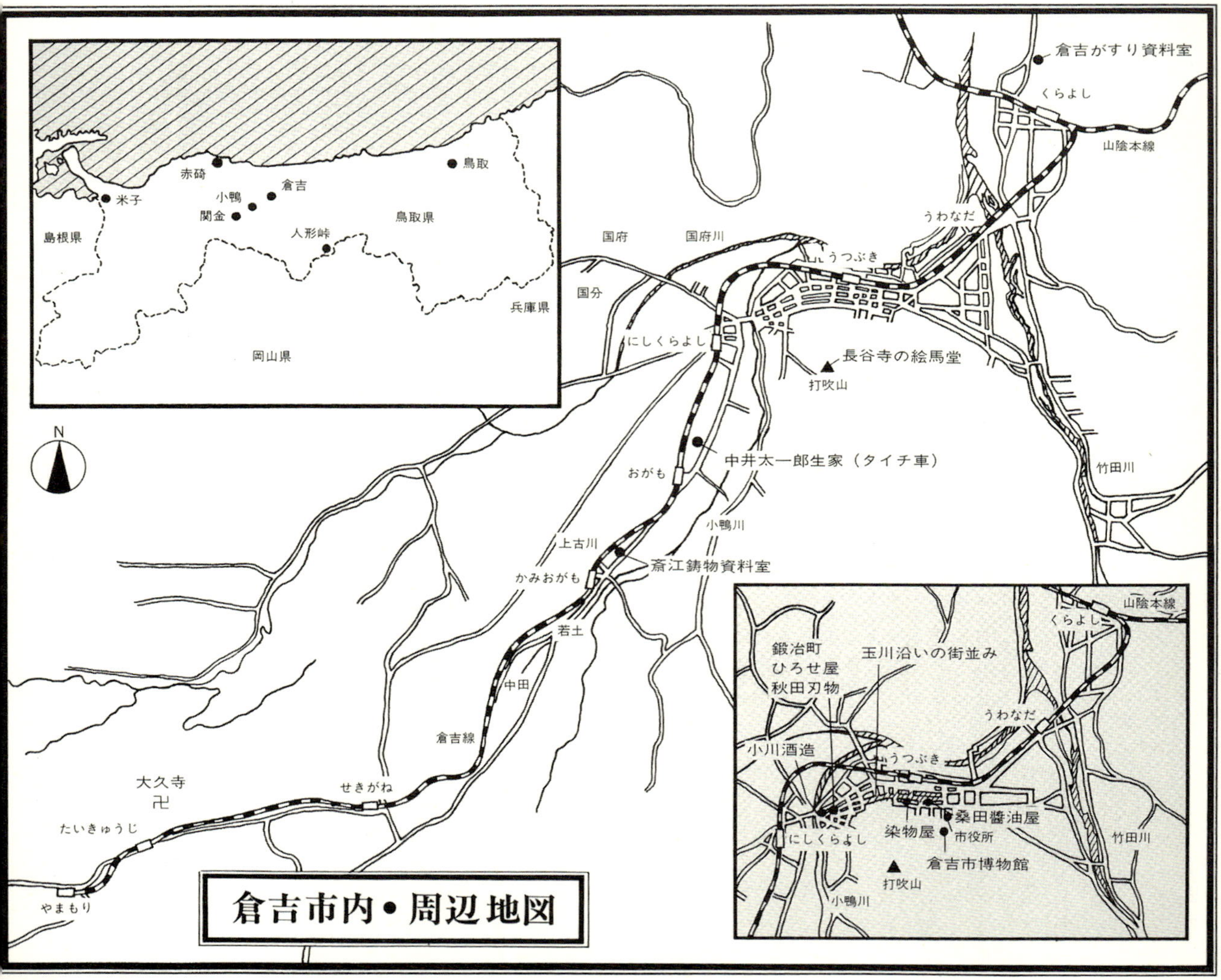

二章

なぜ倉吉に鋳物が発達したのか

鋳物の発祥地は大阪府の河内丹南《かわちたんなん》で七〇〇年頃とされている。次に古いのが栃木県佐野《さの》で七八〇年頃、そして埼玉県川口《かわぐち》が九四〇年頃に始まったといわれている。

鳥取県の場合は、それらよりずっと時代が新しくなり、因幡《いなば》の用瀬《もちがせ》で一四〇〇年代に鋳物が始まった。しかし、これから私が調べようとする伯耆《ほうき》の倉吉鋳物の発祥年代は明らかではない。

『諸国鋳物師《しょこくいもじ》名記』の文政年間（一八一八～三〇）以前の記録には、上古川に斎江家・蓑原《みのはら》家、若土《わかつち》に佐治《さじ》家・馬渕《まぶち》家、中田に熊谷《くまたに》家と、五軒の鋳物師の名が記されている。

鋳型に埋め込んだ文字凹型（写真手前）と凸型（写真奥）

倉吉の地に鋳物技術をもった人が住みつき、鋳物を始めたのはなぜだろうか。それには、いろいろな条件が考えられる。

まずは鋳物の原材料の鉄、すなわち銑《づく》をいかに手に入れたかが問題となる。そして、鋳物を作るためには、鋳型用の粘土と川砂が必要であり、また、鋳型を乾燥させたり、型焼きをするため、また鉄の溶解に炭が不可欠であった。

倉吉付近には、三朝《みささ》町穴鴨《あながも》をはじめ、関金町大谷《おおたに》の大谷山、同じく関金町の湯関《ゆのせき》、松河原《まつがわら》の小倉山《おぐらやま》、小泉《こいづみ》村の万場鉄山《まんばてつざん》といくつものタタラ山があり、銑はそこから馬で運んでいたようだ。タタラというのは、日本古来の製鉄炉で、砂鉄を木炭で還元して銑または鉧《けら》を作ることをいう。銑は、鋳物師が使う鋳物材料となり、鉧《けら》は鍛冶職人が刃物などの鍛造《たんぞう》に使う。

また、島根側からも銑を買い入れている。日野方面で採れた鉄を山林王といわれた鉄山師田部《たなべ》家からも買い入れている。奥出雲地方には絲原《いとはら》家や有名な菅谷高殿《すがやたたら》もあり、有数な鉄の産地であった。島根産の銑は安来《やすぎ》に運ばれ、そこから船で赤碕港に着き、倉吉に運送された。

鋳物土は、寛政年間（一七八九～一八〇一）は、シイ谷というところで採取していたという記録がある。明治になるとおもに長坂《ながさか》の土を使うようになった。それは長坂で瓦が焼かれるようになり、その瓦土が鋳物土にたいへん適していることがわかったからである。実際にその土を見ると、思ったより色が黒くて、少しねばり気があった。

木炭には黒炭《くろすみ》と白炭《しろすみ》がある。鋳型の乾燥・型焼きには黒炭を用い、鉄を溶かす燃料には白炭が使われた。黒炭は雑木、白炭はアベマキを用い、黒炭は白炭よりも柔らかく火力が弱い。明治に入ってからはコークスが白炭の代用として使われるようになったが、炭の入手は重要な条件であった。

斎江家には、専属の山子《やまこ》がいた。山子とは、それぞれ

鋳物師や鍛冶屋の信仰を集めた島根県能義郡広瀬町の金屋子神社

山を与えられて炭焼きしていた人をいう。木炭は椋波《むくなみ》・立見《たてみ》・横手《よこて》・般若《はんにゃ》・忰谷《かせだに》・長谷《はせ》・杉野《すぎの》・新田《しんでん》の村々で焼かれていた。

　上大立《かみおおだち》に住む古老の話では、昭和初期頃までは斎江家の馬子《まご》が二人、馬に大きな炭俵をのせて運んでゆく姿をよく見かけたという。一般には、一駄《いちだ》に炭三〇貫といわれるが、斎江家の記録では、一駄に五〇貫とあるから、運ばされる馬の方もさぞかしたいへんであっただろう。

　このようにして運ばれた木炭は、年間にどれ位の量が消費されただろうか。銑をこしき（溶解炉）に入れて溶かし、溶けた鉄を鋳型に流し込んで、鋳物を作る一回の作業工程を一吹《ひとふき》という。明治三七年の記録によると一吹につき白炭五〇〇貫、黒炭四五〇貫を使用していた。斎江家の場合、年間三〇~四〇回の吹《ふ》きを行なっていたから、一俵四貫目の炭俵で約八三〇〇俵となる。

　ついでに、吹きについて少しふれておく。吹きが行なわれるのは、秋から翌年の春にかけてである。それは、職人には農業を兼業している者が多いので農閑期を利用するということと、夏場は湿度が高いので避け、空気が乾燥している時期に行なう方が炭の効率が良いという理由からである。こうして秋から春にかけて、三日吹きと四日吹きを村の冠婚葬祭の日を除き行なった。

　こうして、村の人びとの労力を得、鋳物師が必要とする銑・炭・土などをすべて付近から集めることができたため、倉吉は鋳物が発達する地理的条件を備えていたと考えることができよう。

鋳造再現

　大学で金工を専攻していたとはいえ、斎江家に残されていた道具のほとんどは、始めて見るものばかりであった。その上、使い方もわからなかった。それは同じような道具であっても職人の道具は、自分に合ったものを自作することが多く、いちおう基本形はあるものの、さまざまな形に変化しているためである。

　鍋の木型一つにしても、それが、鋳型を作るのに必要な道具だということはわかっていながら一点一点につい

倉吉市余戸谷町八幡神社は島根県の金屋子《かなやご》神社の末社で倉吉の鋳物師、鍛冶屋の信仰が篤かった

タタラ製鉄を行なった島根県飯石郡吉田町の家並。吉田町の菅谷高殿《たたら》では1751年から大正10年まで製鉄が行なわれた

ての戸籍、つまり、その一点についての使用年代、製作者、使用目的がはっきりしない。その点を斎江先生に尋ねてもすべてはわからなかった。

そこで、私は、斎江鋳造場で一時期を勤め、後に小鴨鋳物工場の経営に当たられた宍戸実治さん（明治三八年生）にそれらの点を教えていただくことになった。宍戸さんはふさふさとした白銀の髪の老人で黒いベレー帽を

吉田町菅谷でのタタラの復元作業

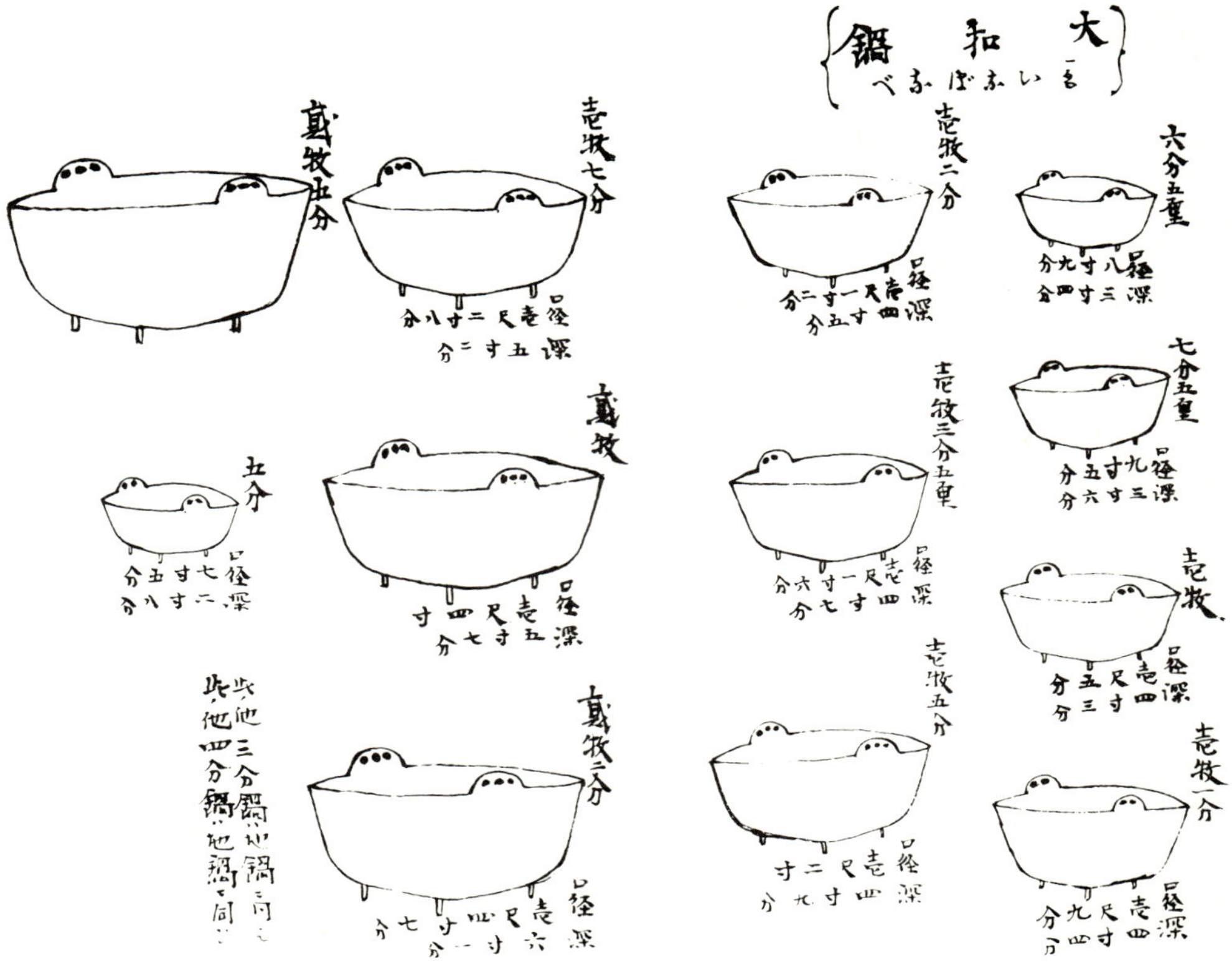

斎江家の蔵に保存されていた大和鍋の寸法図。「鋳物の製品牧帳」（明治30年）

かぶって、私の前に現われた。

「これは、何の製品をつくる時の道具なのですか。どうやって使うのですか」

と、私は同じような形をした木型を並べていくたびも質問を繰返した。そうすると、宍戸さんはそれらをじっと眺めた後で、たいへん丁寧に答えてくださった。

「これはなあ、地鍋《じなべ》の木型です。鍋でもいろんな種類があって、伯耆鍋とか小鴨鍋《おがもなべ》とか言われるもので、この辺で作っていた鍋のこと、ほら、この角がとがっているだら。この形が特徴で、因幡鍋《いなばなべ》とか大和鍋《やまとなべ》とかいうのは角がなくて丸い曲線をした形なのです。この木型ともう一つの木型を比べれば、角があるか無いかで出来上がる鍋の種類がわかるだら」

「へぇ、なるほど、鍋は全部同じ形をしたものだと思っていたけれど、ずいぶんいろんな形があるのですね。で、これらの木型をどうやって使うのですか」

と、私は木型を見ながら、宍戸さんに尋ねた。

「この木型の芯を中心に回転させて鋳物土を挽いてゆく。そして、鋳物土を粗いのから次第に細かい粒子の土に変えていくときれいな鋳型ができる。あッ、これはわしが作って長い間使っていた二升鍋の木型じゃ。なつかしいなぁ。斎江さんは、ようこんなものを残されていた」

と、宍戸さんは答えながら、木型のなかから突然、自分が昔使った木型を見つけては驚かれた。そして、同じような質疑応答が続き、宍戸さんは、実物の説明のほかに図や絵も交えて説明してくださった。

「じゃ、工場の方へ行ってみようや。実際に土を使って

鋳物の木型や道具の調査を行なう斎江さん（写真奥）と元鋳物工場経営者の宍戸実治さん（写真手前）　撮影・藪中洋志

鋳型作りを行なった方が、口で言うよりはわしも説明しやすいし、田辺さんもわかり易いだろう」

と、宍戸さんは立ち上がり、工場の方へ向った。

「さて、この道具を使うには、あの道具も必要になるなぁ。こんな形をした道具は、田辺さんが整理した時に出てこなかったかぇ。あるはずなんだが」

　そう言われて私は、整理された資料のなかをあさってみるのだがなかなか見つからなかった。長い時間がかかっても見つからなかったので、宍戸さんも資料室へ捜しにみえた。

「あっ、これこれ、そうだったなぁ」と、宍戸さんは昔の道具を一つ二つ引っぱり出しては、とても懐かしそうな表情をされた。


首からカメラを下げて、手にはメモ用紙と鉛筆、足元には小型のカセットテープレコーダーを置いて写真・録音・メモの三本立てで宍戸さんの話を記録してゆく。

　そんな私の様子を見てか、宍戸さんの熱意も日増しに高まっていった。背広からシャツ姿に、ズボンはパッチに、皮靴はワラゾウリに履き替え、きれいな白髪を日本手拭でしっかりまとめて、という具合に。

「この間、田辺さんに話していた道具は、こんなものだよ」

と、資料室ではすでに無くなっている道具をご自身で作って持って来られたこともたびたびであった。

　宍戸さんの再現した鋳造法は、倉吉ではモッソウ式といわれる惣型《そうがた》法を用いての鍋作りである。これは、最も古い技術であるケズリ式を少し改良した方法で、倉吉地方では大正頃から始められた。

「大正五、六年頃に小鴨川が氾濫を起こしてこの辺が大洪水にみまわれたことがある。工場もなかの道具も全部水につかり、流された道具も多い。それが契機で新しいモッソウ式を取り入れるようになったんじゃ。それまでは年輩の職人たちが頑固で、なかなか新しい方法を取り入れようとしなかったが、洪水があって以来は、わしらのような若い者が積極的にモッソウ式を取り入れるようになった」

と、宍戸さんは話した。

　いよいよ二升鍋の製作が始まった。宍戸さんは鋳物土と川砂、ハジロ（粘土汁）を混ぜて真土《まね》をつくり、木型を回転させながら粗真土《あらまね》、中真土《ちゅうまね》、

鋳物製作行程

ケズリ式とモッソウ式

斎江鋳物工場ではケズリ式（上の工程図）とモッソウ式（下の工程図）と呼ばれる二通りの鋳物製造方法が行われていた。

ケズリ式は古くからの製造方法であり、モッソウ式はケズリ（削り）式を改良した方法である。いずれも惣型法、一般には模惣（ムッソウ）と称される鋳造方法で、ケズリ式は最初に外形の鋳型を作り、その外形の鋳型の内側に泥や砂を詰めて固めて、中子（ナカゴ）を取り出し、製品となる厚み分だけを削って中子を完成させる方法である。

一方、モッソウ式は、最初に外形鋳型の他、タネ型と呼ぶ中子専用鋳型を予め作り、それで中子を作る方法である。これは明治後期に斎江鋳物工場の職人が大阪よりその技術を持ち帰ったが、タネ型を製造するなどケズリ式より手間がかかったために、当時の斎江家では用いられなかった。しかし後になって、新潟から斎江家に来た小林という職人が、再度モッソウ式による鋳物製造を試みたが、やはり手間がかかり体力がいるとして、古手の職人はケズリ式で通し、小林と古手職人の間で反目が生じたという。そこで小林は隣の地区の佐治鋳物工場に移り、そこでモッソウ式による鋳物製作を行い、この方法で成功をおさめた。

大正時代になると、斎江家でもモッソウ式が盛んに行われるようになったが、特注品の大型鋳物は、必ずケズリ式で行っていたという。

断面図で見る鋳物製作行程（惣型法のケズリ式）

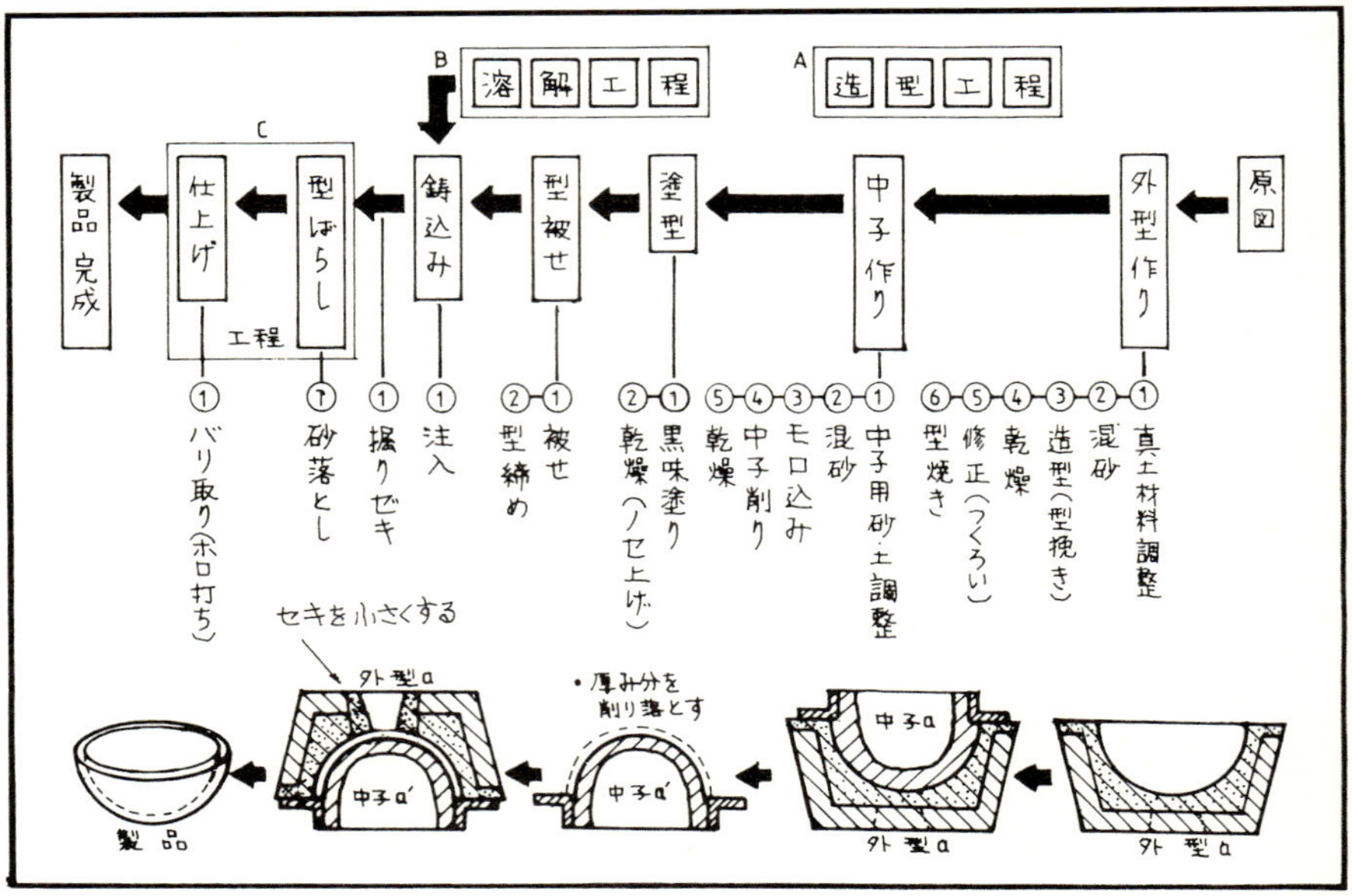

断面図で見る鋳物製作行程（惣型法のモッソウ式）

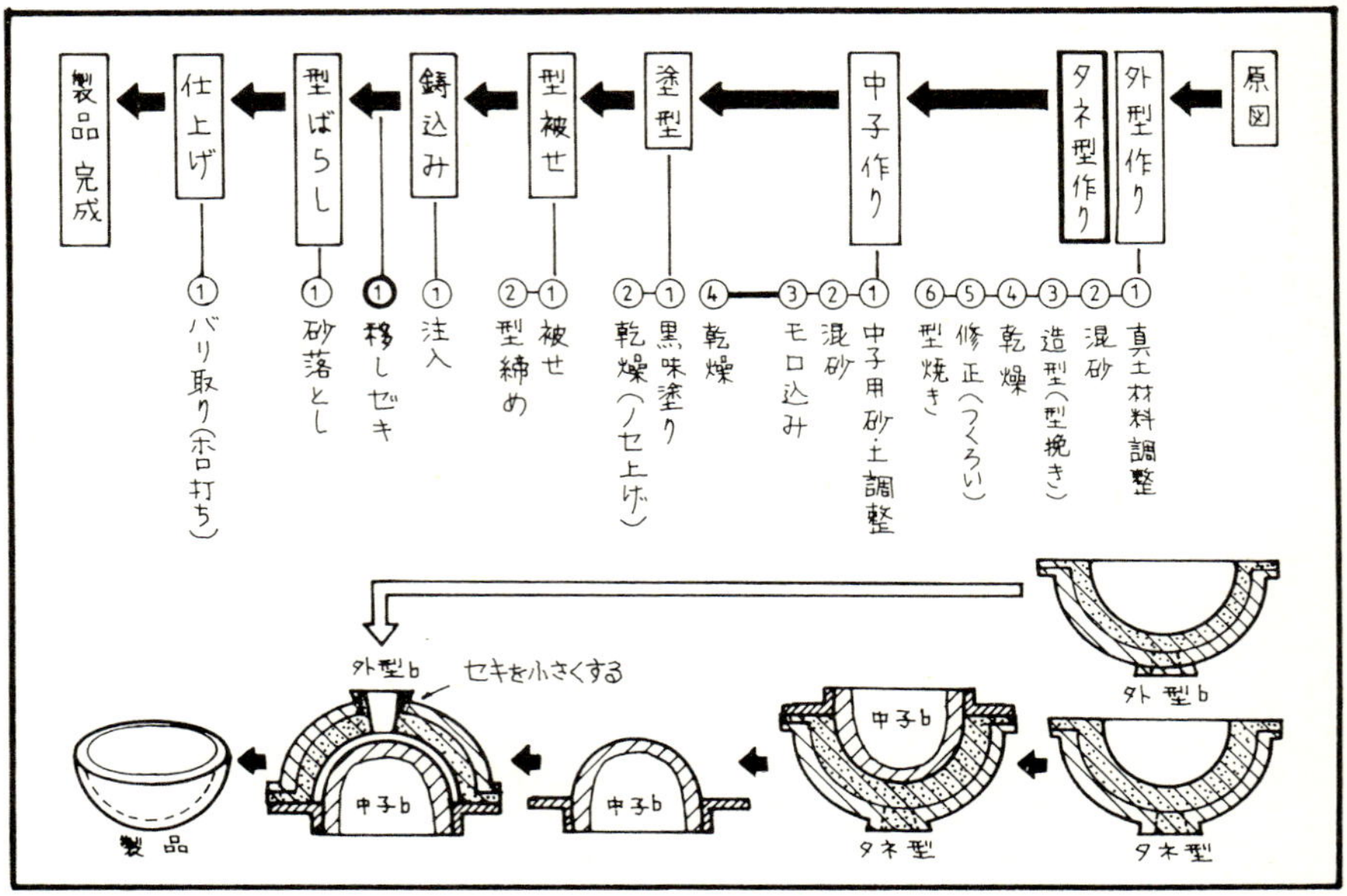

惣型による鍋の製作工程（ケズリ式）

『倉吉の鋳物師』（倉吉市教育委員会）より抜粋して構成

■原図

鍋の形を決めて
の回し型を作る

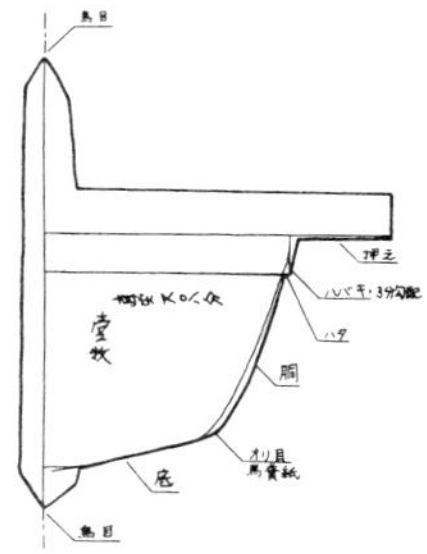

■外型作り

1 真土材料調整
2 混砂

真土《まね》材料（粘土、川砂、ハジロ）を整え、クワ、シャベル、角ドオシを使って砂を混ぜ、手で土を混ぜ合わせる

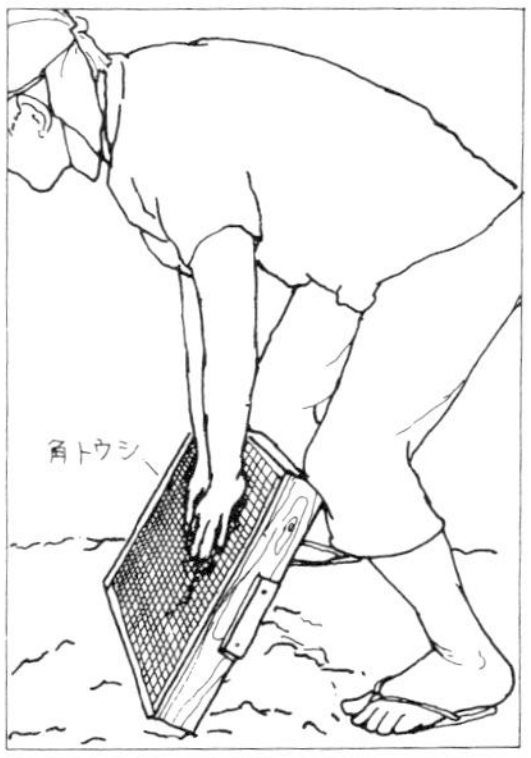

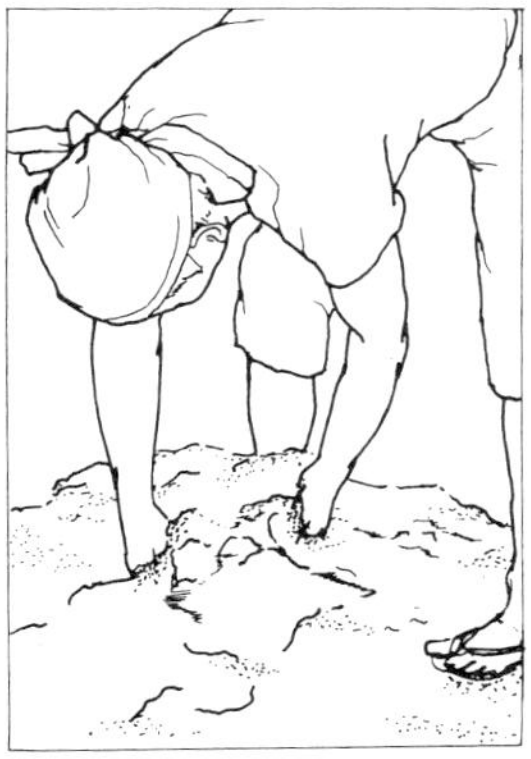

3 型挽き

回し型をウマで固定し、回転させながら鍋の鋳型（外型）を作る。これを型挽きという。

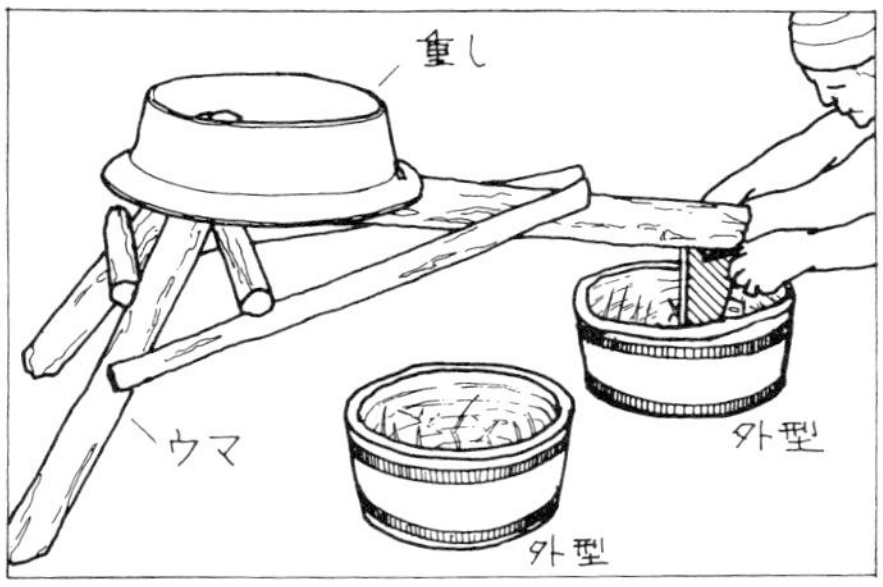

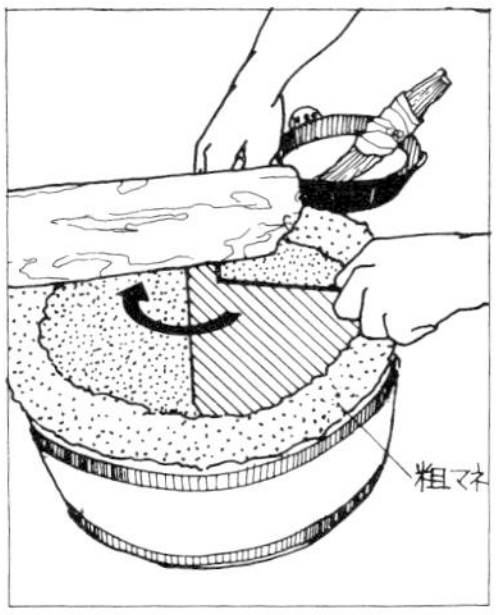

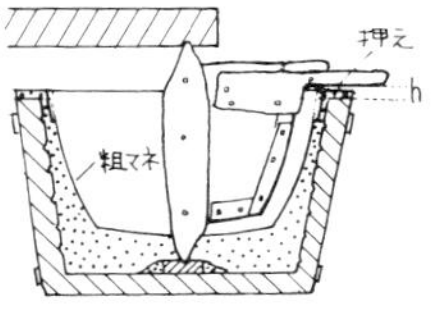

鋳型断面図

型挽き作業。粘土と川砂で鋳型を作る

4 乾燥

外型に火のおこった炭を入れて表面だけを乾燥させる

5 修正・乾燥

土型にハジロ（粘土汁）を塗り、中マネ、上げマネをひき、鋳型の修正を行った後、再び乾燥させ、型を挽いた時にできた出っぱりをとり除く

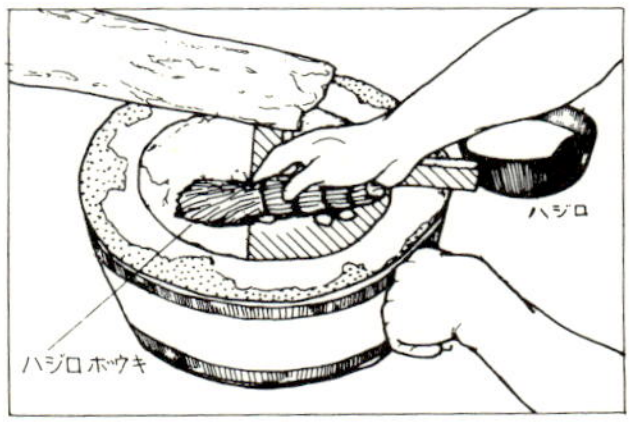

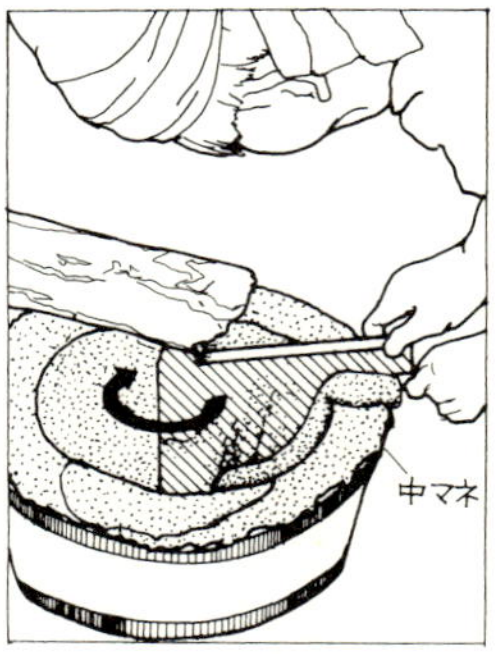

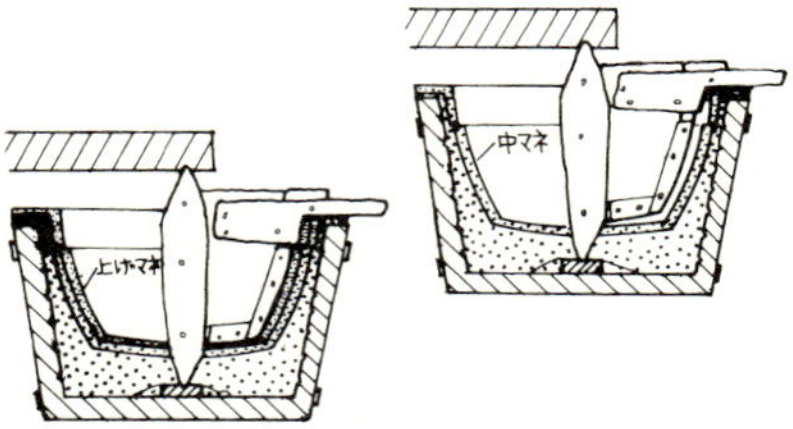

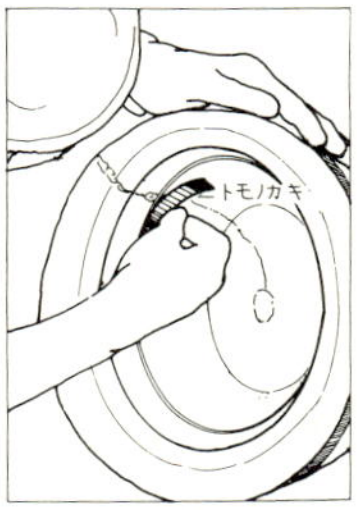

6 型焼き

外形を重ね合わせて、中に火種をいれてしっかりと焼き固めると外型作りが終了する

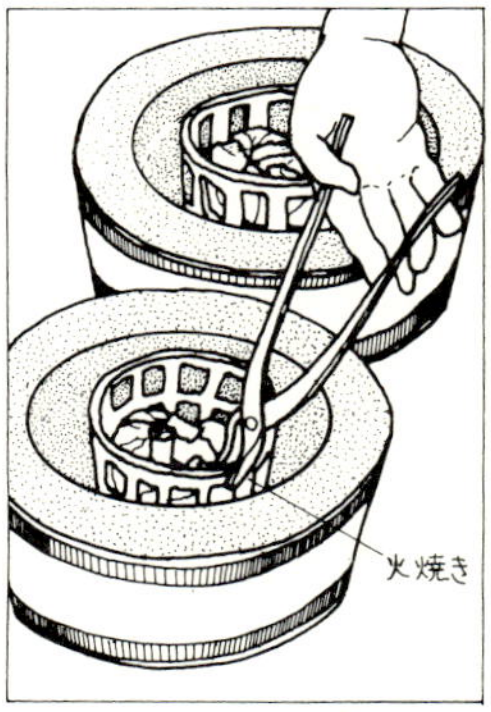

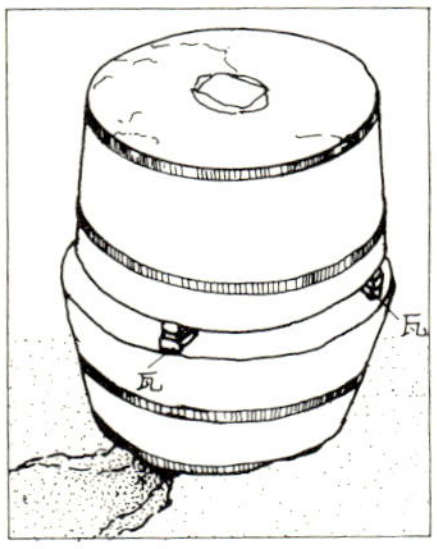

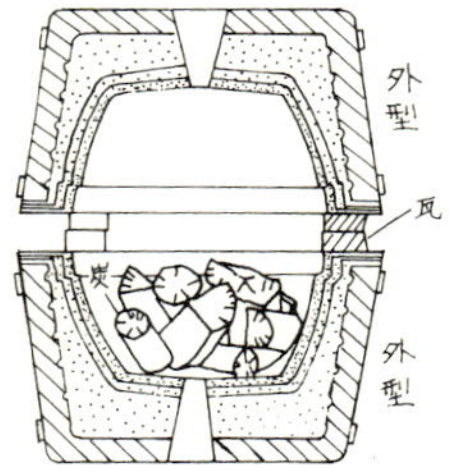

上《あ》げ真土《まね》を順に挽いて鋳型を作り始めた。

鋳型を挽き終わり、型を直接炭火で焼き、熱が冷めると黒味《くろみ》を塗る。黒味というのは炭の粉を水で溶いたものに粘土汁を混ぜたものである。鋳型に黒味を塗っておくと、流した鉄の型ばなれが良いという。また、鋳肌《いはだ》（鋳物製品の表面）もなめらかになる。この作業を塗型《とかた》というのであるが、この塗り方にも熟練を要する。厚く塗りすぎても薄すぎてもいけない。女性の髪の毛で作った長さ三〇センチメートルほどの筆でクルクルッと円を描くようにして一気に塗り上げなくてはならない。宍戸さんの慣れた手つきは、なかなかまねができるものではなかった。

こうして鋳型（外型《そとがた》と中子《なかご》）ができ上がると、型を縄でしっかりと締め、いよいよ鋳込《いこ》み作業（溶けた鉄を流し込む）にはいった。

黙々と作業を続ける宍戸さんには、途中で質問をはさむことができないほどの緊張がみなぎっていた。この場では、鉄を溶かすための道具のコシキがなくなっていたので、仮の溶鉱炉を用いてアルミを溶解した。

鋳造工程のうち、特に鋳込み作業は一人でできる作業ではない。そのため、近所の宍戸鶴寿さんや教育委員会の荒川博満さん、博物館の真田広幸さんや藪中洋志さんらの力を借りた。

真赤というより、もっと白色に近かったと思う。どろどろに溶けた金属をシャクで受け、鋳型に流し込んだ。その鋳込みの瞬間を集まった調査員は息を

■中子《なかご》作り

1 中子用砂土調整

2 混砂

外型作りと同じように、中子用の砂・土を整え、混砂をする。

3 モロ込み

外型に中子砂をつけるのがモロ込みである。型焼きの時に開けた中央の穴にザゴミというガス抜き用の土を埋め、次に中子砂を叩きしめ、ジョウロをつけてクビをつなぐ。そして、火種を入れて乾燥させた後、中子をとりだす。

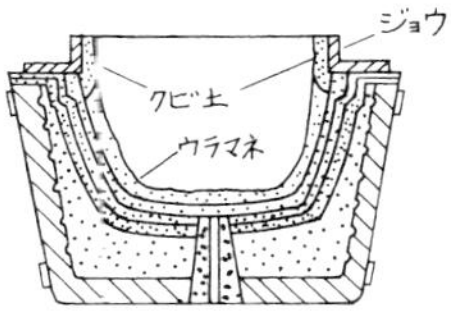

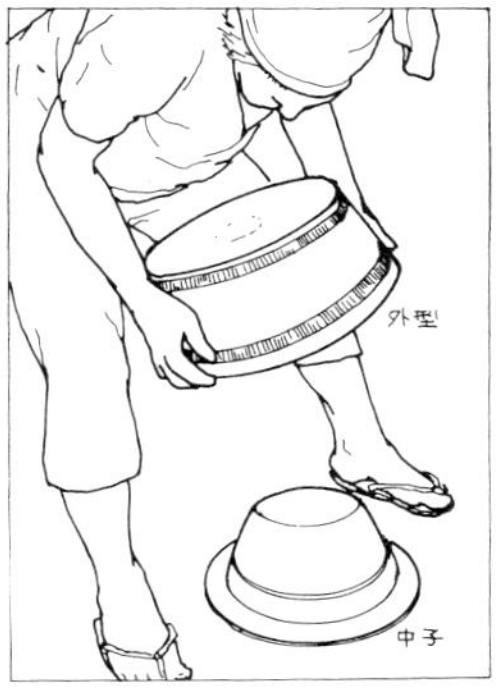

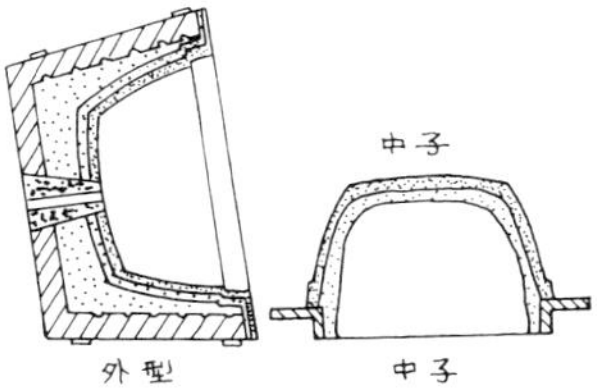

のんで見つめていた。

「この腕を見てごらん。細かくて黒い斑点がたくさん残っているだら」

太い腕には点々が見られ、しみのような跡が残っていた。

「これはなぁ、どろどろに溶けた鉄を鋳型に流す時に鉄が火の粉のように飛び散ることがある。それが腕や手に当たると皮膚から出ている少しの油でもって、コロッと玉のようにはじけるだら。その跡だけ」

どんなに危険で困難な仕事であったかをその斑点の刻みこまれた太くてたくましい腕が何よりも物語るようであった。

五ヵ月ばかりの間に惣型法による鍋と鋤先《すきさき》、生型《なまがた》法によるロストル・車輪の鋳造再現実演をして頂き、今まで眠っていた古ぼけた道具たちが、また、いきいきと蘇ったのである。

そして、以前アイヌの鉄鍋を見た時に持った疑問もそこで解決した。鍋の厚さが部分的に異なるのは、中子を削る時の不均一と、外型と中子を組む時に中心がずれることが原因であった。

鋳物師を支えた村

宍戸さんに鋳物製作工程を再現していただき、いかにして鍋釜ができあがるかをこの目で確かめることができた。鋳物は、単にそこに職人がいるだけで

4 中子削り

外型と中子を合わせたもののすき間に鋳込みを行なうのであるが、そのすき間は中子の表面を削って作る。モッソウ式ではこの作業は必要ない

・削る順序と削り方

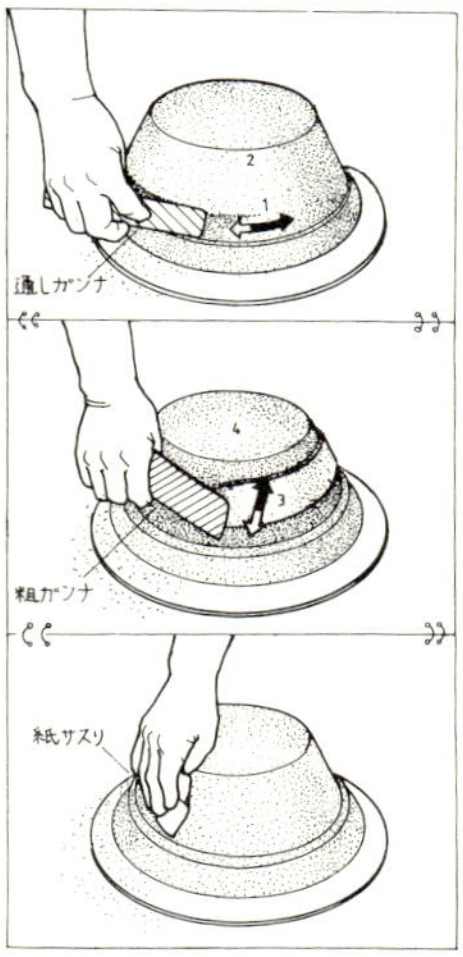

塗型《とかた》

外型と中子に黒味を塗る。黒味は型ばなれをよくするために塗る。黒味の乾燥をノセ上げという

1 黒味塗り

2 乾燥ノセ上げ

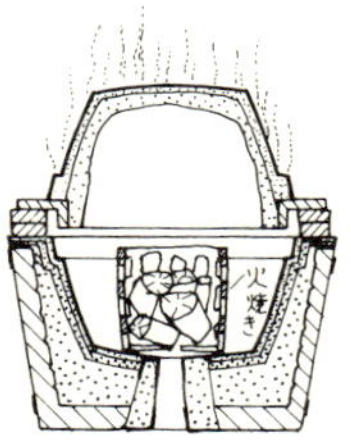

型被せ

中子に外型を被せ、掛け木と縄で型締めを行なう

1 型被せ

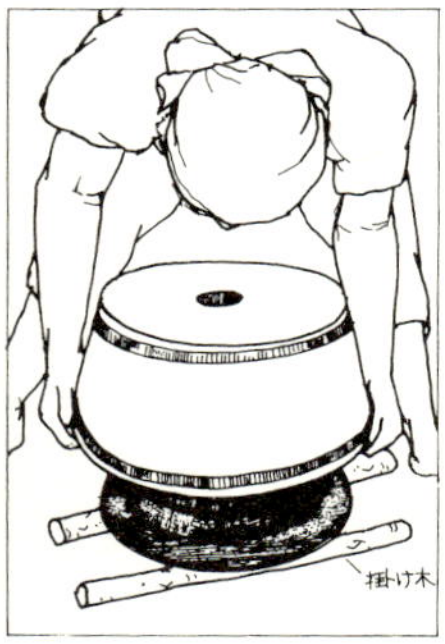

2 型締め

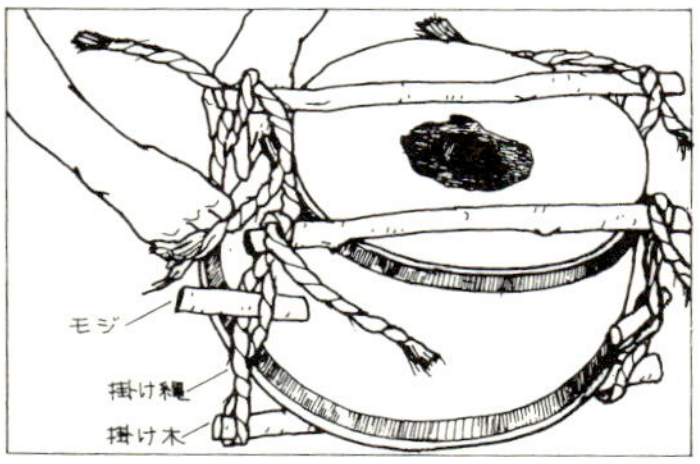

は産地を形成することができない。それらを支える背後の村があり、人がいて、はじめて産地を形成し、製品は各地の人びとの手に渡っていく。

銑、粘土、木炭以外にも、鋳物作りに欠かせないものがあった。松葉・松・ワラ・縄・俵などである。松葉は木炭に火をつける場合や中子の乾燥に使った。縄は鋳型の上型と外型、あるいは外型と中子をしっかりと締めつけるのに用い、ワラ・縄・俵は、梱包に使われた。

これらの諸材料を集め、また、できあがった製品の仕上げと梱包、発送を行なうためには、鋳物師を囲む村の人びととの労力が必要であった。

鋳物師を囲む付近の村々では、それらの農閑期稼ぎを「うら仕事」といった。うら仕事には土集め・金洗《かねあら》い・仕上げ（切金《きりがね》・ほろ打ち・みがき）・鍋荷がある。

土集めとは、鋳型用の土を運んでくることであり、

鋳物の鋤先の復元作業。上型と下型の型締め作業

鋳込み

溶けた鉄を鋳型に流し込み、湯道部分の鉄をすばやく取り除く

1 注入

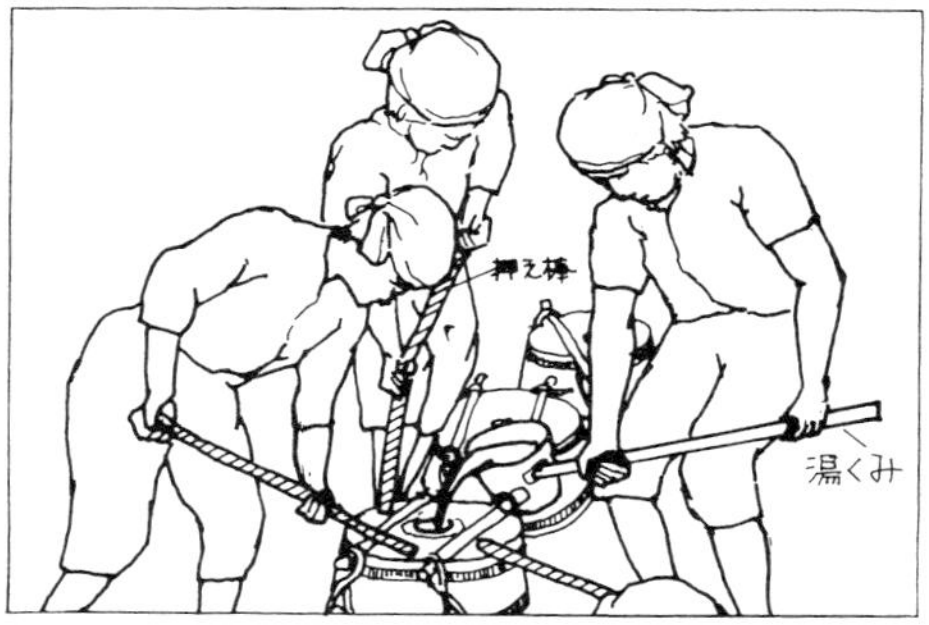

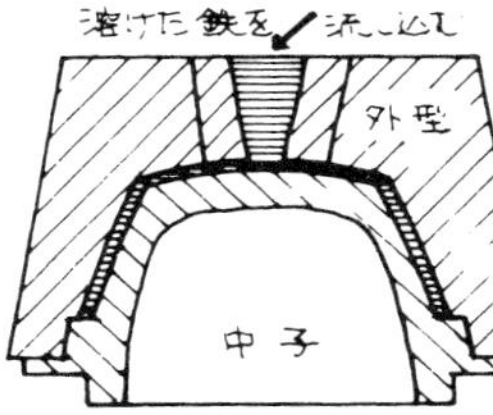

2 掘りゼキ

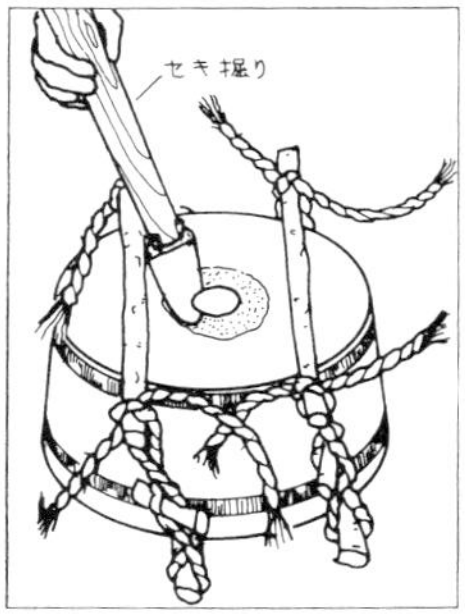

型ばらし

鋳込んだ鉄がさめたら掛け木と縄をはずし、製品を取り出す。中子はくずしてしまうが、外形は一吹きに三回使うことができた

1 型ばらし

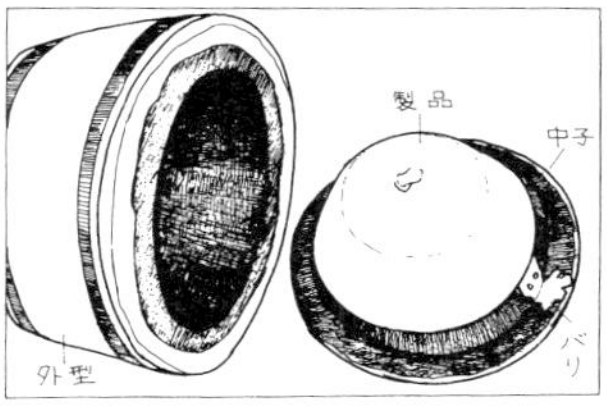

2 砂おとし

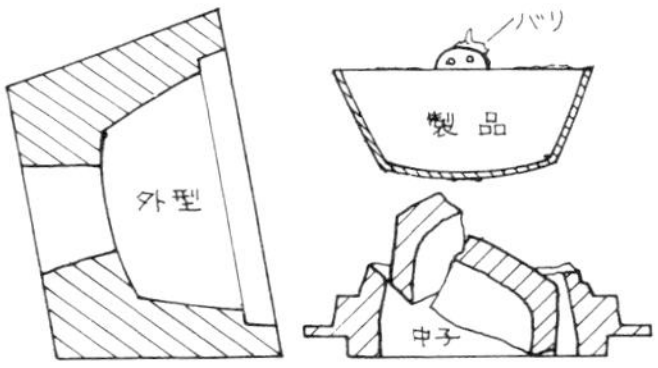

仕上げ

ほろ打ち棒でバリ（鋳型からはみ出た余分な鉄片）を取って仕上げとなる

1 バリ取り

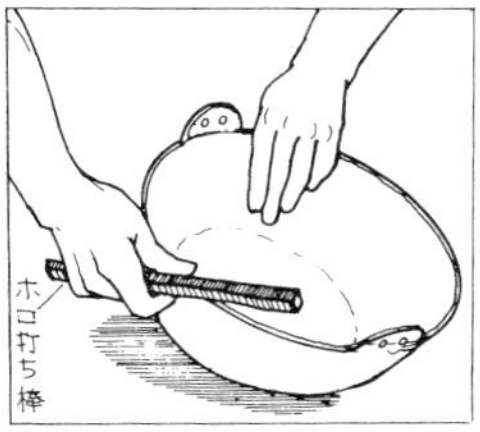

完成

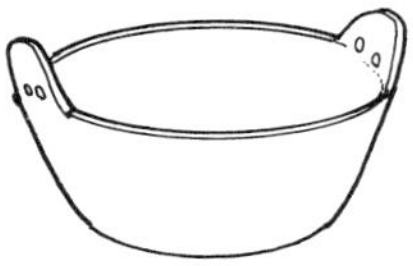

金洗いというのは、村を流れる川の泥をすくい、鋳物工場から流れ出た鉄の破片を引きあげる作業をいう。

　切金とは鋳肌に思いがけないスが入っていたり、穴のあいた欠陥品を象嵌《ぞうがん》すること。ほろ打ちとは、鋳型からはみ出た余分な鉄片を打ち落として形をととのえる作業をいい、みがきは、職人の家内《かない》衆や村の女の人の仕事であり、つやのない羽釜や茶釜をオイコ（背負い籠）に入れて家に持ち帰り、銀色に輝くまでピカピカに磨く作業である。磨き粉の代用に花崗岩の川砂を採り、ワラジやアシナカの古いのを二つ折りにしてこする。磨き終わると小川に行って洗い流し、乾いた布でふく。注文が入ってくると灰研《はいと》ぎをし、熱湯につけてさっと引き上げる。この作業を湯上げという。よく錆びる釜の錆とりは、当時、嫁泣かせの仕事であったという。

　そのほか、海岸から松葉を拾い集めるおばあさんがいるし、古金《ふるかね》といわれるめげた鉄鍋や釜などを集める人もいる。この古金は、新しい鉄と混ぜて使われ、古金を入れれば入れるほど金気《かなけ》（サビが出ること）が少なかったという。

　仕上げの終わった製品は、鳥取県内・岡山・兵庫・京都・広島・島根（隠岐島を含む）、遠くは九州の福岡・大分まで売りに出された。注文をとっては行商に出る者、荷物を運送する者、何らかの形で村人たちは鋳物師の家と関わりを持っていた。このように村人の協力があったからこそ、鋳物業は成り

立っていたのである。

鋳物師は、単に賃稼ぎの場を提供しただけでなく、親方として子方とともに生きた。この地方では力ある者が村を守る習慣があった。

「山の立木の三分の一は、予備に残しておかなければならない」

「古川《ふるかわ》（上古川）の戸長になるとタクアンは充分に漬けておかねばならない」

「五〇年ほど前まで、さいみそ二俵分は作っておいて、壷ごと分けてやった」

という話を所々で耳にする。それは親方が子方のめんどうを見ながら生活をたてていく習慣をそのまま伝えてきた現実みを帯びた言葉である。

こうして村で作られる鋳物製品は、斎江家では明治後期の最盛期に五四種類もあった。それに大小の大きさを加えるとおびただしい仕様数になる。それら多くの鋳物製品が、実際にはどのような状態で使われていたのかを私はひとつひとつ記録にとどめようとした。

鍋荷。完成した鋳物鍋を重ねて藁でくるんで出荷する（復元作業・穴戸鶴寿氏）

倉吉市近郊の山の樹木からは鍛冶や鋳物工場用の木炭が製造された

三章

大久寺の釣鐘

夕暮れのせまった道を下宿のおばさまから借りた自転車で走って家路へつく。

ただ今、と言って田熊家の玄関をくぐると、夫人の敏江さんがいつもお母さんのように私をあたたかく迎えてくださった。

おばさまの手料理は、一日の疲れをいやしてくれた。日本海で採れるイカの刺身やカレイの塩焼やサバの酢漬けが食膳をにぎわした。野菜もほとんどは畑で採れるものだったから青々として水々しい。春に採れたワラビやゼンマイ、タケノコなども塩漬けにしてあって、ちらしずしに入れたり煮物にした。これら山菜は、塩漬けにしておくと一年は保存がきくということである。また、もろみの中にニンジンやスルメイカの千切りを混ぜて、麦麹で発酵させたものも保存食として作られていた。少し癖があるが、温かい御飯につけて食べるととても美味しい。ダイコンやカブラの漬け物、奈良漬も作って地下室に置いてあった。

敏江さんは関金町泰久寺《たいきゅうじ》村にある大久寺《だいきゅうじ》から田熊家にお嫁に来られた方であった。

「今度の日曜日にでも、お天気が良かったら大久寺に連れて行ってあげましょう」

と、おばさまはご主人といっしょに私を大久寺に誘って

石の笠をかぶった六地蔵

くださった。五月のさわやかな日曜日であった。

　上古川駅から倉吉線に乗ると、関金駅の次が泰久寺である。二両編成の電車は、乗客もまばらでなかなかすぐには発車しない。窓側に座って外を見ていたら、向こうの方から大きな荷物を持ったおばさんが、手を振って合図しながらこっちへ走ってきている。ハァハァと息を切らしながら電車に飛び乗ったとたん、ドアが閉まりようやく電車は動き出した。一時間に一本あるかないかぐらいの本数だから、乗り遅れるとたいへんだ。

「ああ、間に合って良かった」

と、その人は独り言を言い、荷物を下ろした。

「あら、田熊の敏江さんじゃない。久しぶりねぇ。どちらまで?」

「実家の母のところまで」

「大久寺のおばあさん、もう八〇歳ぐらいになられるでしょう。お元気かな……」

　畑の作物の話やら子供の話やら、二人の楽しげな会話は続く。

「この倉吉線はな、今、問題になっている赤字ローカル線で、いずれは廃止される運命にあるんだよ」

と、敏江さんのご主人がつぶやいた。村の人びとの足として、また気軽な社交場が一つ消えてしまうかと思うとなんとも残念であった。

　泰久寺駅に着いた。駅のすぐ後方には山がせまり、入母屋《いりもや》造りの茅屋根の家が、上古川の村よりも多く目についた。畑の中に家がポツリポツリと散在している。遠くに火見櫓が見え、青銅製の小さな警鐘がかかっていた。駅から大久寺まで行く途中の道の曲がり角には、石の笠をかぶった六地蔵が並び、逆光を浴びていた。お地蔵さまの顔は笠の影になっていて良く見えなかったが、近づいてみると六体ともそれぞれ温和な表情をしており、民話の世界にいるような気がした。

　大久寺は約四九〇年前に建てられた曹洞宗の寺で、私が訪れた時はちょうど本堂の補修工事中であった。鐘楼堂には古そうな鐘が吊してある。その釣鐘には、製作年月日こそ入っていないが『上古川　鋳物師大工　斎江新七』の刻銘があった。

　ここにも斎江家で作られた鋳物が来ていると思うと嬉しかった。この釣鐘の突座《つきざ》のハス模様はかなりすり減っているし、意外と古いものかもしれない。いつ頃のものかと尋ねてみたがわからなかった。そこで、鐘に刻まれ

大山神社奥宮の大山寺の梵鐘。斎江家が文化年間に鋳造した

東伯郡関金町の大久寺鐘楼には斎江家が鋳造した釣鐘が架けられていた

た「斎江新七」という名をメモして帰り、ほかの釣鐘の銘と照らし合わせると、倉吉市和田《わだ》の定光寺《じょうこうじ》、東伯《とうはく》郡東郷《とうごう》町宮内《みやうち》の一の宮大明神、倉吉市国府《こう》の国分寺の釣鐘の鋳物師の名に斎江新七がみられた。これらは三つとも享和二年（一八〇二）に作られたものである。とすると、大久寺の釣鐘もおそらくこの頃に作られたものに違いない。

なぞ解きのように今までわからなかったことが一つずつ解けていく。それ以来、私は寺へ行くたびに釣鐘の銘を見て歩くことにした。大きな梵鐘は、戦争中の供出でなくなっている場合が多いが、半鐘や喚鐘は日常生活に不可欠なものであったためか残されてお堂の中か外縁の庇に掛けられている。気をつけて銘を見ていくと、斎江家以外にも佐治・馬渕・蓑原といった鋳物師の名も見られた。

春から夏へ

調査の少しの合間をみては、上古川の周辺を探索することが、一つの楽しみになっていた。五月は晴天の日が多く、各家の庭先や畑や田んぼの間の道端、河原の堤には赤・黄・橙・ピンク・白と色とりどりの大小の花が咲き乱れ、明るく爽やかな日が続いた。山陰といえばどんより曇った暗いイメージを持つ人が多い。私もその一人であったが、歩いているうちにそのイメージはどこかへ消え去った。

上古川周辺の家は大きな木の家囲いがないので、主屋や納屋、庭のようすが外からでも良く見える。風呂に燃やす薪といっしょに養蚕用のマブシがほうり投げてあったり、使わなくなった鋳鉄製の長州風呂が水溜めに使われていたり、穴のあいた羽釜が植木鉢に、石臼が洗濯物の物干し竿の台になっていたりする。このように道具が用途を変えて使われていく姿はおもしろい。

また、こんな光景にも出会った。ある日、斎江家の近くの農家の前を歩いていたら、ガラガラと大きな音が聞こえてきた。庭の方へ近づくと、モンペ姿に手拭でほおかむりした女性が、回転式の稲扱《いなこ》きを足で踏みながら大

上古川では小川でよもぎを洗う主婦を見かけた

豆の束を機械に当てて、大豆のサヤを茎から落としていた。そばには四本脚の唐箕《とうみ》が置かれている。唐箕とは、実とカラを風選する道具をいう。稲扱き機や唐箕といえば、もう使われなくなった道具だとばかり思っていたのだが。

「この唐箕はどんな時に使うのですか」

私はその女性の仕事が一段落ついたところで尋ねてみた。

「こうやって稲扱き機で大豆のサヤを落とし、次にサヤをカラと実に分ける時に唐箕を使うとええ」

と、女性は答えた。実をとり出すには、「豆打ち棒で叩くよりは唐箕の方が能率もいい。稲扱き機も唐箕も現在では、上古川でも使っているところはないし、もし、使い方を見たければ、明日の夕方にでもいらっしゃい、と言ってくれたので、翌日見学に行った。はき出し口のところに麻の袋を受け、大豆のカラが飛び出す方の口には、カラがあちこちに散らばらないようにムシロをかけて押さえてあった。女性が唐箕の羽根を回転させると風が起きて袋の中に大豆の実がたまっていった。私はこの時にはじめて実際に使われている唐箕を見たのである。

上古川に来て、一〇日も過ぎれば、付近の人びとが私の顔を覚えてくれるようになり、気軽に挨拶を交わすことができるようになった。いつもカメラを肩からぶらさげて歩いているため、鋳物調査で来ている私だとすぐにわかるらしい。

オイコを背負って、片手に草刈り鎌を持った別の女性が通りかかった。

「ちょっと、写真を撮らせて下さい」

と、この時も声をかけた。私はこの村に来て、何でもが珍しく見えてしようがなかったのである。そして、女性の後について歩いて行くと、小川近くで四、五人の人が集まり、田んぼを眺めながら話に花を咲かせていた。その中の一人は、小川の清流で採りたてのヨモギを洗ってザルに入れていた。

「このヨモギを餅にして食べるのですか」

と、尋ねると、

「これはなあ、洗って陰干しにしておいた後で、煎じてお茶のようにして飲むんじゃ。そうすると肝臓によく効く漢方薬になるんじゃ」

と、教えてくれた。きれいに洗われ、青々としたヨモギがザルいっぱいになり、太陽の日差しを浴び、水滴がキラキラ輝いていた。

一日の仕事を終えての帰り道、うっすら青く淡い夕焼け空を背に、赤や黒のランドセルをしょった小学生が二、三人、畔道に咲いているレンゲ草やシロツメ草を手にして、道草をくいながら楽しそうに帰っていく。

こんな光景を見ていると、ふと奈良の斑鳩《いかるが》を思い出した。私は、法隆寺のある斑鳩の里、竜田《たつた》で生まれ、二〇歳までそこに住んでいたのである。何か忘れかけていた懐かしい春のにおいがそよ風とともに漂って、私の前を通り過ぎていった。

ある夏の夕暮れ時、私は上古川から、隣村の石塚《いしづか》まで、自転車を走らせた。夏になると日は長く、涼しい風を切って走るのは本当に快いものである。ついこの間までは梨の交配だの、やれ、田植えだのと猫の手も借りたいほどに忙しくしていた農村風景が見られたのに、田んぼの苗は大きく育ち、緑色の稲の穂が顔をみせはじめていた。舗装された大きな道路ではなく、草の生えた細い道をわざと選んで、ガタッガタッと揺れながら自転車を走らせた。

少し行った広場のところで、小学生十数名と母親たちの姿が見えた。何をしているのだろうと近寄ってみると、外にござを敷いて長机を並べ、上に皿を置いて食事の準備をしていた。すぐそばには、鉄鋳物のクドを設え、五升炊きの大きな鉄鍋がかかっており、何かがグツグツと煮えている。母親がやって来て鍋蓋をとって料理をかき回した。プーンといいにおいがした。

「あっ、カレーだ」

おいしそうなカレーが鍋からあふれんばかりにでき上

穀物の風選用の唐箕がまだ現役として使われている

っていた。

　ここでは今でも鉄鍋が生きているのだと思うと、とても嬉しかった。じっとしていられなくなり、さっそくカメラを取りに行き、息を切らしてそこに戻ってみると、子供たちがめいめい白い皿を持って嬉しそうな表情で、母親にカレーをついでもらっていた。

「今晩は何の行事なのですか」

と、尋ねると、子供会の七夕祭だという。ふと、見上げると、一本の笹が傍らに立てかけてあり、色とりどりの折り紙や切り紙、短冊が風に吹かれてサラサラと音をたてて揺れていた。

　鉄鍋ばかりに気をとられ、月日も曜日もすっかり忘れてしまっている。その日は八月七日。旧の七夕の日であった。

カレーを煮ていたのは鋳物の大きな鉄鍋

　このようにしてたった二、三ヵ月の間に、私は、今では使われていない道具だとばかり決めつけていたものが、現在でも多様な使われ方で暮らしの中に生き続けているのを改めて自分の目で確かめることができた。そして斎江先生の、いらなくなったものでもまた利用できる時が来るものだ、という言葉を思い出した。道具は必要に応じて生み出され、月日がたつにつれ、他のもっと便利なものが出て来た時、不要になる。しかし、それを再利用することを人びとは考え出した。
　再利用される時は、そのものの持つ最も基本的な機能だけが注目され、転用されていく。たとえば、先に述べ

屋外に設けられているクドと鋳物の大釜（東伯郡三朝町）

右　藁製の鍋敷と鍋（倉吉市大立）
左　自在鈎につるされた鉄鍋
下　桑田醤油店のクドと羽釜

た長州風呂釜は、水留めに使われ、水を入れて焚くというより、水をためるという器の機能、そして水を入れても腐らないという利点だけが残る。石臼は、物干し竿の土台や漬け物の重しに使われる。粉を挽くという機能が失なわれると、重くて安定した利点を転用するようになる。それは、きわめて当り前のことだと言ってしまえばそれまでであるが、このようなことに限らず当り前のこととして見過ごさず、何かを見出しながら村を歩いてみたいと思った。

四章
鍛冶町と倉吉千刃

例年になく長い梅雨であったせいか、昨年よりも涼しい二年目の夏である。

私は下宿を倉吉の中心街、瀬崎町《せさきまち》の黒田家に移した。黒田家は、町屋の造りで、細長い間取りになっていた。奥には小さな中庭があり、夫人が育てている鉢植えがたくさん並んでいた。隣の家ともぴったりとくっついており、二階のベランダからは隣の家へ渡れるぐらい家々は近づいて建てられていた。

鍛冶屋「ひろせ屋」の古風な看板

玄関を出ると向い側が駐車場になっており、そこには、もと「寿座《ことぶきざ》」という小さな芝居小屋が建っていたという。畳敷きの小屋では演芸が催され、町の人びとの娯楽の場であった。黒田家から少し歩くと、トコロテンとイギスを製造している店、三朝町周辺で採れるトチの実を原料としたトチの実餅や羊羹をつくっている菓子屋も営業していた。

稲扱きで、全国に名をなした倉吉千刃《せんば》（千歯・千把とも書く）は、鍛冶町で江戸末期から昭和初期まで作られていた。その発祥理由はまだ明らかではない。

千刃は「センバコキ（千把扱き）」といい、一度に稲を千把も扱くことができるほど能率が良いので、そのように呼ばれるようになった。センバがゴケダオシとかゴケナカセという異名をとったのは、後家、すなわちやもめ女が雇われて働く機会を失わせるという意味からである。センバコキは農家にとって、それほどまでに画期的な発明であったのだ。

千刃の製造が最も盛んだったのは、明治中期から大正初期にかけてで、当時、鍛冶町には二〇数軒の千刃鍛冶があったという。町の人の話を聞くと、最盛期の鍛冶町は、朝から晩まで千刃の刃を叩くカンカンカンという音が鳴り響き、活気に満ちていたという。

しかし、現在、倉吉にはたった二軒の鍛冶屋が残っているにすぎない。一軒は鎌の絵がある古い看板を掛けた「ひろせ屋」、もう一軒は「秋田刃物店」である。

ひろせ屋の鍛冶場は、漆喰で固めた風道が天井までのび、下の穴のところでコークスを真赤に燃やしている。その中へ鉄塊を入れ、赤白くなった鉄を鎚で鍛造する。

職人が座るそばには、焼入れに使う水をためるフネがあり、大小さまざまな金鎚、鉄を挟むハシ類、仕上げ用のセンといった道具が壁にびっしり並べられていた。

仕事場の奥の壁にはススで真黒になった祠があった。その祠は金屋子《かなやご》神を祀っている。金屋子神社の本社は、島根県能義《のぎ》郡広瀬《ひろせ》町西比田《にしひだ》にあるが、分社は倉吉市の八幡神社の境内にあり、毎年一一月八日のフイゴ祭に「金屋子神」と書かれたお札が配られる。

鍛冶屋が何軒も軒を並べていた鍛冶町も、今は金物屋・目立て屋・洋装店・履物屋に姿を変えてしまっている。なぜ、この二軒の鍛冶屋が続けられてきたのだろうか。

倉吉の鍛冶屋は、ほとんどが千刃専門にやっていた。千刃が売れるにしたがって我も我もと千刃作りを始め、全国に出張していった。しかし、倉吉千刃が有名になると各地で同じような模造品が売られるようになり、また、昭和初期頃に回転式の脱穀機が出はじめると急に需要が落ち込んだ。千刃だけでなく、ナタ、カマといった刃物が中心の鍛冶屋は、千刃が売れなくなっても他にたよるものがあったため、今日まで生き伸びた。その刃物専門店がひろせ屋と秋田刃物店であった。

ひろせ屋の若主人は、仕事場の奥から古い鎌の刃を何本も持って来た。鎌の幅は一・五センチメートルぐらいまですり減っている。

ハガネがたくさん入っているから、ここまで使えたという証拠。だからこれは、ひろせ屋の製品の良いあかしになる、ということであった。現在でもナタやカマを四国にまで売り出しているという。そして、千刃の話を聞きたいのなら「赤島金物店」か「熊谷目立屋」へ行くと良いだろうと言われた。さっそく、赤島金物店へ足をのばしてみた。

赤島金物店に入ると、額に入れられた稲扱きの看板が掛けられている。金物屋に変わった今でも当時の千刃職人であった誇りを持ち続けている心意気が感じられた。

赤島金物店には千刃扱きの史料がある。それは、『明治三年八月吉日稲扱万覚帳《いなこきよろずおぼえちょう》 伯州古金屋菊蔵』というもので、行商の記録である。ほかにも明治一三〜一五年にかけての行商日記がある。それを見ると、菊蔵さんはじつによく日本中を千刃の直し職人として歩いていたことがわかる。

菊蔵さんは、北は北海道函館から、南は九州長崎まで、たった三年間に、倉吉（鳥取）—岡山—下関（山口）—長崎—鯛ノ浦（長崎）—福江（長崎）—境港（島根）—倉吉（鳥取）—大森（島根）—宮ノ腰（石

倉吉千刃。倉吉で生産される千刃こきは、各地の農村に普及していた

倉吉千刃づくりの職人だった門原豊政氏（明治23年生）。千刃を作るのは冬。それ以外の季節には千刃の直し職人として東北・北海道方面に行商に出たという

川）―新潟―酒田（山形）―深浦（青森）―函館（北海道）―青森―七戸（青森）―金ヶ崎（岩手）―松島（宮城）―東京―横浜（神奈川）―四日市（三重）―松阪（三重）―佐用（兵庫）―倉吉（鳥取）―岡山―大阪―東京―宮古（岩手）―盛岡（岩手）―大槌（岩手）―田尻（宮城）といった具合に、たいへんな道のりを歩いている。

ところで、日本中に倉吉千刃の名が鳴りひびいたのはなぜだろうか。

ある日、朝岡康二先生（当時、東京の育英工業高等専門学校勤務）が、日本常民文化研究所の紀年銘農具調査で稲扱き千刃を取り上げることになり、倉吉へ調査に来られた。

「やあ、今年は東日本中心ということで、東日本の千刃をあちこち調べるのですが、どこへ行っても倉吉千刃が出てきましてね。倉吉は西日本に入るんだけど、こりゃ、早いうちに行っておかなきゃいかんと思って、来たわけなんです」

朝岡先生は頭をかきながら、そう言われた。

そして、千刃の刃の部分に、製作された年月日と製作者の名が陰刻されていることなどを教えてくださった。

私は朝岡先生のお供をして千刃鍛冶職人の門原豊政さんを訪ねた。門原さんは明治二三年生まれで、近所でも評判の話好きなおじいさんであった。千刃の話を始めると何時間でも続く。それも昨日まで千刃作りをやっていたかのように生き生きと話してくださった。

「千刃の作り方はなあ、左足でフイゴを押しながら、左手でハシにはさんだ真赤な鉄板を押えて、右手に持った鎚でトンカントンカン叩いてゆくだら」

と、手振り身振りで話をした。それは、鉄を叩いているかん高い音が今にもトンカントンカンと聞こえてきそうな話ぶりであった。

「あの台木に書かれている墨書は何と読むか知らないだら。あれはこうやってなあ」

そう言いながら左手で台木を支え、右手に持った筆で『無類《むるい》飛切《とびきり》伽羅《きゃら》鋼《はがね》請合《うけあい》』と独特な手つきでサラサラッと文字を書くまねをされた。熱意のこもった話し方に、つい時間がたつのを忘れて話に聞きいった。

千刃を作るのは冬場の仕事で、それ以外は直し職人として行商に出たそうだ。門原さんは秋田や青森、北海道方面まで行商に出かけている。

門原さんが秋田に行ったのは明治四〇年頃であるが、この時に秋田の農家の経営規模の大きいのには驚いたという。東北では一軒で千刃扱きを五、六丁も持っている家がたくさんあるが、伯耆では一、二丁しか持っていないのがふつうであった。

門原さんの話では、職人が倉吉を出発する前に「あきんどさん」は先に現地へ出かけて宿を借り、仕事場の算段をして「あつめこ」を雇う。吹子《ふいご》などの大きな荷物はすでに送ってあり、職人は路銀をもらって後から出かけ

た。仕事場は宿屋の前であったり、空き部屋を利用した。また、農家を一軒借りて自炊しながら仕事をすることもあった。

その他にも明治四五年から二年間は天橋立《あまのはしだて》付近に出か

倉吉鍛冶町の鍛冶屋「ひろせ屋」の仕事場。炉（写真中央）で鉄塊を熱する

け、福井から九頭竜川《くずりゅうがわ》沿いに山へ入って油坂峠《あぶらざか》を越えて岐阜県白鳥《しろとり》町の二日町で一年過ごしている。

直し職人は、一年間の出職で直しを二千丁手掛けるという。しかし、新しい物が売れるのは百丁ほどであったらしい。ちなみに、千刃扱きは普通に使って三、四年もつ。四年目には止め金を打ち換えて直さねばならなかったという。

あまり傷みがひどくて直しのきかない時は五〇銭ぐらいで下取りをし、新品を売りつける。新品は、明治後期で一丁一、二円であった。下取り品もできるだけ良い物を引取り、それに手を加えて新品同様にして売った。

しかし、直し職人は、とにかく千刃を農家に一回使用させ、出来の良し悪しを判断してもらってから金を受け取った。もし、使ってみて使いにくいところがあれば、また手を入れた。

千刃の産地は、倉吉以外にも全国各地にあった。若狭の早瀬《はやせ》、大阪、津山《つやま》、尾道《おのみち》、大和郡山《やまとこおりやま》でもつくられていたが、そこには倉吉の千刃技術が導入されていたという。

門原さんの話を聞いているうちに、倉吉の技術がなぜ全国に伝播していったかというのが、私の興味を引いた。それは、倉吉の職人はハガネを使わなくても、鉄をハガネに近い性質に仕上げる技術を持っており、安価で丈夫な製品を作り出すことができたからである。

青酸カリ、鮎のウルカ(鮎の内臓)、白色硝石、塩、味噌などを混ぜて薬品をつくり、これを塗って焼き入れるのである。そうすると、扱き台の墨書に見られるごとく「伽羅鋼」になる。伽羅というのは少しという意味だから、文字通り「少しハガネ」、実際にはハガネに似たものとなる。

私が興味を持った事は、もう一つあった。それは、岡山や広島の方へ千刃の行商に出た者が鋳物の鍋釜の注文も同時にとって帰ってくるという話であった。量は少ないにしろ、千刃の販売と鋳物の販売が関係しているということを知った。

昭和初期に回転式足踏み脱穀機が発明されてからは、倉吉千刃はまったく姿を消してしまった。

回転式といえば、農具でタイチ車という回転式除草機がある。これも倉吉産である。ほかの地方では田草取りとかタウチグルマなどと呼ばれているものである。

タイチ車は、倉吉市河原町に住む庄屋の中井太一郎という人が明治後期に考案したものである。それは、木の丸太に刃を突き刺したものでころがして使う。従来の草取り機は、草取りの突起部分が平面についていたが、タイチ車は、円柱状のものに突起をつけた。その円柱は、タイチ車の柄を引くことによって回転するようにできており、今までよりも効率良く除草が行なわれる。タイチ車は、日本の農具史上で大きな発明であった。

このようにしてみると、いかに倉吉の人が研究熱心であったか、器用さを持っていたかがわかる。

今回はふれないが、「倉吉がすり」についても同じことがいえる。倉吉がすりに使われる手つむぎの糸は大へん細く撚《よ》られており、その糸を使って織られたかすりの特徴は絵がすりといわれる。年代が古いものほど絵模様が複雑で巧みなものが多いといわれる。

玉川沿いの町と醤油屋

玉川は幅三メートルぐらいの小さな川である。川には幅六〇センチメートルぐらいの石橋が家ごとにかけられていて、川に沿って赤い石州《せきしゅう》瓦と白壁の土蔵が続いている。特に東仲町は、二〇〇〇年も前からの家もある。

素朴できどらない美しさのある玉川沿いの土蔵の奥にそびえる赤レンガの煙突が目に入り、私はそこを訪ねてみた。その煙突は、桑田醤油工場の中にあり、ご主人の忠三郎氏に案内していただいた。

うす暗い工場へ入ったとたん、私は思わず大声を出しそうになった。大きな桶は私の身長よりずっと高い。いったい何石ぐらい入るのだろうか。それも、全部竹のタガがはまった古そうな桶樽類がずらりと並んでいたのであった。

玉川沿いの民家にかけられた雪がつもった橋
撮影・伊藤幸司

カマドも大きい。カマドには豆を煮る大羽釜がかかっており、口径三尺（九〇センチ）もある。豆を蒸す時に使うセイロも横にゴロリところがして置いてあった。このセイロは、先の大羽釜の上にのせて使うものであり、これも口径四尺（一二〇センチ）をこえ、深さも九〇センチは充分にある。

もろみをしぼり出す装置はフネといい、大部分は木製でできている。たまりをかき混ぜる小道具・手桶にいたるまで、何もかも創業当時のままの姿であった。建物は明治になって作られたというが、このような工場にはじめて足を踏み入れた私は、年季の入った大樽や大桶をはじめとする工場全体に圧倒されてしまった。それも、醤油のこうばしい香りが漂う中だから一層のことである。

「醤油工場の民俗資料館にいるようです」

と、思わず私は言った。

「以前は、大きな桶や樽を作る職人がこの付近にもたくさんいましたが、今は作れる人はいません。竹のタガを

桑田醤油工場にあった大桶

修理できる人が一人いるだけです。私は、今まで使ってきた道具を新しいのに替えて使おうとは考えたことがありません。竹のタガを修理する人がいる限りもとの道具を少しずつ修理をしながら使い続けるつもりです。修理のできる職人が一人もいなくなった時には、工場を閉鎖します。そして、工場を閉鎖した後は、家ごと、工場ごと民俗資料館にしたいと考えています」

と、ご主人は話した。

　ご主人は、現在、倉吉市博物館館長でもある。私は、このご主人に限らず、古き良きものは保存して、後世に伝えようとする気持ちが倉吉の人びとの中に流れているのではないかとその時に思った。

大釜と造り酒屋

　倉吉の調査も終わりに近づき、二年目の冬を迎えた。例年より早くに雪が舞い、赤い瓦の家並みもすっかり白く化粧していた。山陰の底冷えは突き刺すような冷たさがあった。

「大きな鉄の羽釜を今でも使っているところを見学したいのだけれど、この辺で見られるところはどこかしら」

と、私が黒田さんに尋ねると、小川酒造に行ってみることを勧めてくださった。

　そこには鉄の大羽釜があった。口径四尺（約一・二メートル）深さが一・四メートルもある。それは、倉吉で作られたものではなく、三州岡崎「ヘサ」製であった。大正の終り頃から昭和初期にかけて、大量にしかも安価で売られた三州岡崎製の鋳物製品によって、倉吉の鋳物は打撃を受け、しだいに衰退していった。

　これと似た話は以前に聞いていたが、まさか、このようなところで三州岡崎製の鋳物にお目にかかるとは思っていなかった。

　冬を迎え、酒屋ではそろそろ仕込み準備を始める頃である。今年は一二月下旬に大釜で湯を沸かし、米蒸しを行なうという。

　米蒸しの日の朝、七時半頃に湯が沸き立つからというので、その頃を見はからって酒造場へ出かけた。大羽釜は、地下に埋められているような状態である。木の蓋がとられると、湯がグツグツと沸き立っていた。その上へヒノキ製の大きなセイロをのせる。どうやってのせるのだろうか、と興味津々見ていたら、コロを上手に利用しながら、男の人が長い棒を使って、一人で動かした。セイロは、口径四尺（約一・二メートル）深さ一・三メートルもあり、木製スノコが底に敷いてある。その中に前日洗っておいた米を入れて布をかぶせ、四五分間位蒸す。しだいに白い布は蒸気で持ち上げられ、ふくらんでいった。湯が沸きたち、強い蒸気が勢いよく天井まで吹きつけた。近くに寄って写真を撮ろうとしたら、杜氏《とうじ》が火傷をするから近づいてはいけない、と私に注意した。四五分もすると広い部屋は蒸気でいっぱいになった。

　蒸し上がると布を取り、若い蔵人が上はTシャツ一枚、下はパッチ姿で熱々のセイロの中へ入った。スコップのような道具で蒸したての熱い米を外へ出した。まだまだ白い蒸気がたちこめて、すごい熱気である。蒸したての熱さと汗だくになって米を出す若者の姿は、初冬の外気の冷たさをすっかり忘れさせた。

杜氏というのは酒をつくる職人のことで、その長である。ここの杜氏は岡山から来ている。仕込みが終わり、新しい酒が出来上る三月末まで倉吉に住み込んでいるという。

杜氏が蒸したての米を板に叩きつけ、手で何度も練って餅をつくっていた。

「ほうら、おいしいから食べてごらん」

造り酒屋の小川酒店では鋳物製の大羽釜で湯をたぎらせていた

と、その餅をくれた。決して柔らかくはなかったが、一口食べると米の自然な甘さが口いっぱいに広がった。

このようにして、町の中を歩きながら、また、斎江家のある上古川を思い出しながら、ふと頭に浮んだのは、当時の面影をとどめつつ今まで保存されてきたのが誰のどのような力であったのか、ということであった。

民具をとおして見つめる

今回の私の倉吉市鋳物師調査は、一生に二度とない大きな意味を持つ経験であったと思う。最初は不安であったが、思いきってひとりで未知の世界へ飛び込んでみると、さまざまな人に出会い、私の知らなかった世界を知ることができた。

民具の根底に流れているものとは何か、倉吉の調査は、それを私に考えさせるきっかけであった。

民具とは何なのだろう。民具という言葉はあまりにも漠然としていて、その定義づけをせまられても今の私には答えられない。たとえば鋳造道具も生活道具を作るための道具であるから、民具といえよう。それらは、使う人間がいて、使う技術が伴って、はじめて生かされる。人と道具を切り離すことはできないし、また、その技術を習得するまでの努力や、習得した技術を実際に生かしてものを作っていく過程での苦労は、単に経験とか体験とかいう言葉では言い表せないものがある。

民具を理解するための一つの糸口として、作った人と同等の立場から民具の価値を見出すことを行なっていく必要を感じる。

　民具には、形有るもの以外に、かつて使われていたが今では実際に手で触れることができず、目で確かめることのできないものがある。そして、形以外にも民具を作り出した背景や職人の技術も無視できない。以前に使われていた民具は、人びとの心の中に生きて潜んでいる。形あるものを調べていくことと同時に、それら形ないものを引き出すことを試みなければならない。そして、滅びぬうちにそれらを記録しておく必要がある。

和紙工場の大羽釜。紙の原料の楮《こうぞ》を煮る（気高郡青谷）

うなぎ捕りを作る

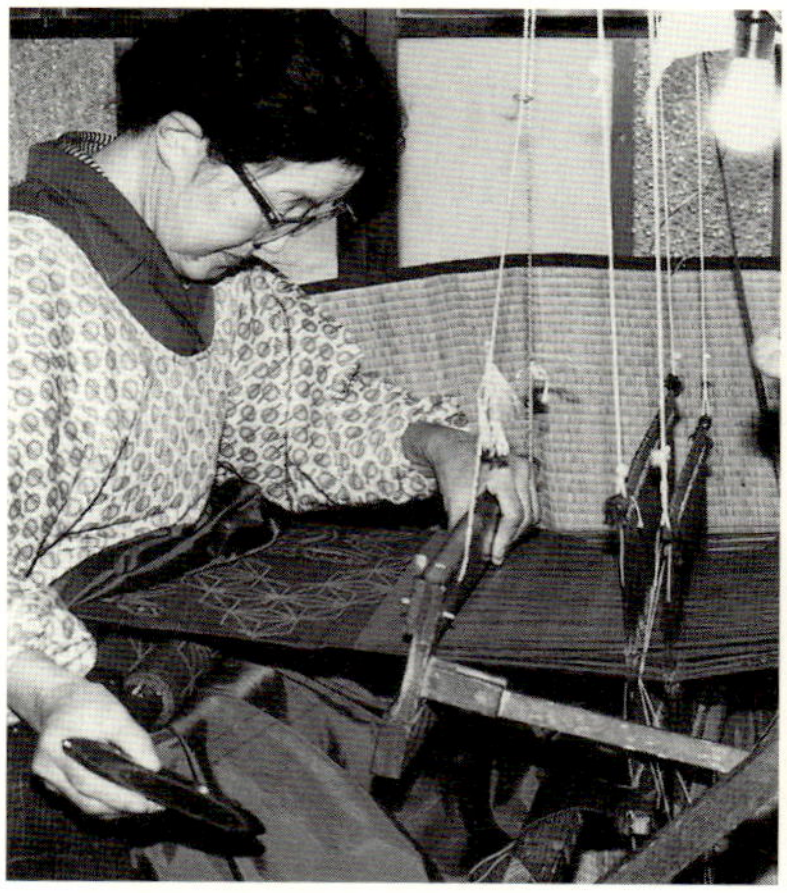

倉吉がすりを織る（倉吉市大立）

糸をつむぐ

　一年目の調査報告書を出版した時、ちょっとした出来事があり、そこで、私はひとつの壁に突きあたった。報告書を協力してくださった方々に配り、きっと喜んでもらえるのではないかと内心、うれしさでいっぱいであったが、はたして、そうではなかった。報告書は、基本となる鍋の製作技術を中心として鋳造工程をまとめたものであったのだが、私は慣れぬ調査やその報告という目先のことばかりに気をとられていた。そして、民具を作り出していった人々の心や心情を忘れて、一方的に走りすぎていた。夢中になればなる程、肝心なことを見落としてしまう。

　たとえば、与えられた課題の鍋釜を記録することだけに終始し、職人の技術やエネルギー、そして物を作り出してきた人びとの価値観を知り、その世界に踏み込むことをおこたっていた。

　そのことを私に教えてくれたのは、宍戸さんであった。報告書では宍戸さんの持っている技術についてずい分手落ちな書き方をしてしまったが、そんな私に対して、それでもあたたかく見守り、励ましてくださった。

「若い者はこれから先が長いのだから、今のうちに機会のあるうちに本物を見、聞き、知らなくてはならない」などと言って、宍戸さんは、私の持っている世界を広げるために、何かと指導してくださった。
「同じ報告をするのなら、誰一人からでも何一つ文句の出ないようにしなきゃいかん」
と、宍戸さんは言われ、私は、同じ事柄について何度も念を入れて聞き直すような態度を調査を通じて教えられていった。二回目の調査報告を出すにいたっては、悪戦苦闘であったが、最初にぶつかった壁が私を大きく変えていった。

本物を見、聞き、知るということがどんなに大切なことであるのか、それを知った上で、ふまえた上で、民具を見つめた時には、また別の見方、世界がひらけてくる。ふと、立ち止まって考える余裕を持つこと、それが調査において必要になるだろう。たとえ、一つの鍋釜であっても、そこからは、果てしなく大きな広がりがでてくるものである。

民具を調べる手始めとして、素材や使い方、それがいかに作られていたかを、まず調べることが基本となろう。また、ひとつの民具がどのような風土で作られていったか、それを支えていった人びとについても見落としてはならない。さらに、どのような人びとの手を通じて民具が広く伝播していったか、そのことが民具を受け入れる人びとの暮らしをいかに変えていったかをきちんと見極めていきたい。

それとともに、民具の根底に流れているものとは何なのかをとらえたい。まずは、民具を作った人の立場を理解し、そこから民具に表われている人の心をよみとっていきたい。できたら、人のあたたかさや優しさ、そして、厳しさもいっしょに。そのことから技術の意味や職人の世界を探り、その果たした役割を考えていきたい。

人間が生きていくこと、暮らしていくこととは、いったい何なのだろうか。断片的ではあるかもしれないが、民具を通じて、そのような人びとの営みが、少しずつ目の前にひらけてこようとしている。

私にとって、民具は、過去のものではなく、現在の、また、今後の生活の中で生じる種々の問題を解決する糸口を示唆してくれるものだと思っている。

雪の倉吉の街　撮影・伊藤幸司

海士漁を専門にする串の集落の遠望。佐田岬半島の突端が近くなるとウワテ（瀬戸内海側）もシタテ（宇和海側）も、急峻な断崖が続く。串の集落もそんな半島突端近くの狭い台地にたてられている　撮影・賀曽利 隆

風哭き 海吠える 佐田岬半島

文　田村善次郎

写真　新田好・賀曽利隆・須藤功・山崎禅雄

燈台への想い

暮れるに早い冬の日、外は急速に暗くなっていった。夜のとばりが深くなるにつれて、道の曲折は大きく、その数を増してゆく。そして、集落の灯は、間遠《まどお》になっていった。

八幡浜《やわたはま》から佐田岬《さだみさき》半島の先端近くにある町、三崎《みさき》にむかうバス。

窓に顔を近づけ、外を眺めようとしていたが、やがてあきらめ、シートにもたれ目を閉じた。旅愁とでもいうのであろうか、初めての土地にたいするそこはかとない期待と不安、浮んでは消える断片的な想いに身をまかせていた私の瞼に、燈台が写った。美しく澄んだ空と、海の紺青を背景にくっきりと白く浮きあがった燈台、あれは佐田岬の燈台であったろうか。

若い燈台守夫婦の楽しげな語らいの場が見える。夫は佐田啓二、よりそう妻は、高峰秀子。一転して嵐となる。飛沫をあげて襲いかかる海、容赦なく吹きつける風、燈台に灯をともさんと危険に身をさらす夫と、それを助ける妻……。岬の燈台守夫婦の情愛と哀歓を詩情豊かに描いた映画、あれは確か「喜びも哀しみも幾年月」といった。ずっと前に見た映画で記憶の底に沈んでしまっていたのだが、さきほどバスの窓からちらっと見えた港の標式燈の灯りに誘われて、浮きあがってきたのだろう。

佐田岬を訪れたいという想いは長い間心の隅にあったのだが、あの映画を観た時から私にきざした想いだったのだろうか。じつは、佐田岬の燈台が映画の舞台になっていたというのは、記憶違いであったことを後で教えられてがっくりするのだが、それにしても人の記憶は面白い。とんでもない時に、忘れてしまったと思っていることを、かなり鮮明に思い出すものだ。佐田岬と佐田啓二、それに港の灯という連想の重なりであろう。それもまた良きかな。だとすれば、この旅は岬の燈台を訪れることからはじめることにしよう。

しかし、燈台までの道は、バスの中で夢見心地の状態で考えたほど近くはなかった。

八幡浜駅前からバスで二時間四〇分、八時近くになって三崎に着いた。八幡浜市内では下校する高校生を中心に満員であったが、伊方《いかた》町から瀬戸《せと》町を過ぎるころには、大半の客が降りてしまい、終点まで乗っていたのは私だけであった。

三崎は、三崎町の中心的な集落。岬半島（佐田岬半島）の先端に近く、宇和《うわ》海にのぞんだ入江の奥に位置し

大正7（1918）年の建設以来、豊予海峡を行く船舶の道標となっている白亜、六角形の佐田岬灯台
撮影・賀曽利 隆

右　三崎町の海岸通。お鼻と呼ばれる岬半島突端部の拠点の町で、商店や旅館、フェリーターミナルなどがある
左　三崎港に着いた九四フェリー。九州大分県の佐賀関と三崎の間を1時間10分ほどで結ぶ　撮影・賀曽利 隆

ている。現在は、四国と九州の佐賀関《さがのせき》とをつなぐ、九四国道フェリーの四国側の起点となっている。平地の極端に少ない岬の中では、比較的広い平地のあるところで三崎本浦の中心的な集落として、古くからの漁家などの集中していたところであるが、今その中心部は商店が軒を並べ、小都市の風をなしている。

　バスが止っても、席を立たずにキョロキョロしている様子から、他所者であることを見てとったのであろう、運転手がどこまで行くのか、宿は決めてあるのかと、声をかけてくれた。夏になると結構、外からくる観光客も多く、また魚が豊富なために磯釣りなどで賑わうこともあって、民宿があり、旅館も何軒かあるということであった。しかし、空腹をかかえてあちこち探すのもおっくうになったので、教えて貰った港近くの宿に泊まることにした。

海鳴りの宿にて

　伊方生れの詩人、高橋新吉は、

「伊予の西南の象の鼻のように突き出た半島…」と詠んでいるが、岬の人たちは一口に、

「岬十三里」

といい慣わしている。半島の付根から燈台まで、直線距離にして四〇キロ、一〇里ほどであるが、浜に沿い、海蝕崖の上をたどり、峠をこえ、村と村とをつないで通じていた旧道ならば、優に一三里はあったに違いない。今日、私がバスにゆられてきたヘヤピンカーブの多い国道一九七号線は、もっと長い距離になるはずである。

　三崎から燈台までは、一二キロくらい。バスの便はない。途中の村を訪ねながら歩いてゆくつもりであったが、定期に運行されている乗合タクシーがあると聞いたので、それを利用することにした。八幡浜から三崎までの国道沿いの集落は、一日四往復半（三崎行五便、八幡浜行四便）にしろバスの便はあるが、それからはずれた集落には、バスははいっていない。それでは不便だということで、朝昼夕方の三便程度、乗合タクシーが定期便として運行されているのである。現在は平均すると一戸一台以上の自家用車があるから、数の上では不便はないことになるが、集合タクシーは自家用車に乗れない老人の用足しや、中高校生の通学用に、主として利用されている。三崎にはタクシー会社が二社あり、それぞれ一〇台程のタクシーを所有しているのだが、私が滞在してい

た数日間は、出払っていることが多かった。稼働率は都市並に高いといえるようだ。そのことだけから結論づけるわけではないが、このようなところにも、この岬に住む人々のいわゆる農民的といえない性格が、強くあらわれているように思うのである。

三崎町の集落のほとんどは海辺にある。細く長く海に突き出た半島の、海からすぐ山になるような急崖か、傾斜地ばかりで平地のほとんどない地形から、当然そうならざるを得ないのだが、その集落の家々の大半が海に向いているのである。そのことは、現在の生業はどうであれ、開発の当初は海に生き、海を生活の場とする人々によって拓かれたものであることを物語っているのではあるまいか。

佐田岬に住みつき、村をつくった人たちは、漁民、あえていうならば海民であったに違いない。

三崎の宿で通された部屋は港に面していた。床についた私の頭の先から、何ともいえない物すさまじい音が響いてきた。その響きは、すでに部屋にはいった時から気がついていた。しかし、暖房のモーターやテレビの音にまぎれて、それほど気にしなかったのだが、周りが寝静まり、他の音がなくなると、響きが大きく耳につくようになったのである。床からでて、窓をあけた。満月に近い月は、雲にさえぎられていたけれども、空はほのかに明るく、海は暗かった。怠けものの私に窓をあけさせた響きは、海からの声であった。宇和海を渡って三崎の入江に吹きつける風が、磯に打ちつける波の勢をより一層強めるのであろう。海鳴りと表現すれば、それですむか

宇和島海は凪（塩成）

朝日さす宇和の海に
亀の池（伊方町）

も知れないのだが、私には風が哭《な》き、海が吠えているように聞こえた。

今は冬だから、特別に強い風が吹くのだろうかと思ったのだが、どうもそうではないようだ。

岬半島では北西の風をアナジあるいはアナゼといい、南からの風をマジとかマゼといっている。そのいい方に従うと、冬を中心に六カ月ほどは強いアナジが吹き、夏はマジが多く吹くという。夏のマジはまた、年に五、六回は台風となって、大きな被害を与えるのが常となっている。ちなみに佐田岬航路標識事務所のデータによると、年間を通して風速一〇～二〇メートルの風が二〇〇日、二〇～三〇メートルが九〇日、三〇～四〇メートルの風が五、六日あるという。恒常的にかなり強い風が吹いているといってよい。

岬の村の暮しを考える場合、立地や地質条件と同時に、この風によって受ける制約の大きかったことを、計算にいれなければならないだろう。宇和海に面した斜面と、瀬戸内側とでは違いがあるにしても、決定的に暮しの条件を変えてしまうほどではなかったであろう。

そのよい例が、今夜の、この海鳴りで

ウワテの瀬戸内側の深い湾入（釜木の湾）

深い入り江に良港二名津はある

かつて海士漁もさかんだった松の集落

釣漁の船はあい競って港に向かう

ある。さきほどは、宇和海から入江にはいる風をまともにうけると書いたのだが、地図を見るとすぐわかるように、三崎の集落は南西にむいた入江の奥に位置している。つまり、北あるいは北西のアナジをまともにうける立地ではない。そこですらこの状態であるから、他は推して知るべしということになる。海から潮を含んで吹きあげる強い風は、土地を耕し、作物をつくって生業をたてる農民の、最も嫌うところである。

背後の山の傾斜地に「耕して天に至る」と表現されるほどの段々畑を拓いて作物を栽培していたからといって、農民であったということにはならないだろう…。

窓を閉め床にはいった後、時に吠えるが如く、時に哭くが如く枕にひびく海鳴りの音を聞きながら、私は眠れぬままに、

「この岬と、このはてしなく広がる海は漁人、海人のものであったに違いない。今回の私の旅は、燈台や段々畑もさることながら、そのような、岬の海で生きてきた海人の暮しと生きざまを見、考える旅にしたい」

と考えていた。

シカの岬・ハマチの海

燈台方面に行く乗合タクシーは、八時一五分三崎発、九人乗のワゴン車であった。二社で運行の割り振りを決めているらしい。串《くし》、正野《しょうの》とまわって、岬の鼻にある燈台に通じている県道終点まで行く客は、私一人。途中、背負篭を背負った婦人が乗り降りしただけであった。終点まで四〇分弱。そこから燈台までは、きびしくそそり立った海蝕崖の上につけられた道をたどって、三〇分程の距離である。

眼の下の海は、遠目には凪《な》いでおだやかに見えたが、目をこらして見ると、かなり流れが早いようだ。沖は白く波頭が砕けて、一線に光って見える。岬の人たちは、瀬戸内海側をウワテまたはウワバといい、宇和海側をシタテ、シタバと呼んでいる。岬の鼻から沖合にかけて、白く一筋の波立って見える線は、ウワテの潮流と速吸《はやすいの》瀬戸《せと》つまり豊予《ほうよ》海峡との境にできるシオノメ（潮目）であるという。ウワテとシタテでは潮位にかなりの差があるのであろう。

いまきた道を振返って見ると、海蝕崖の見事に発達した海岸線が見える。ウワテ側の海岸の方がこのあたりではははるかに傾斜が急になっている。道路はその中腹につけられており、道路にそって民家が点在している。乗合の運転手君によると、いずれも一本釣を中心にしている漁師の家であるという。

ここは、ハマチの日本でも有数な好漁場のひとつである。ハマチは年間を通して釣れるし、また、ハマチ以外にもハルダイなどの高級魚が多く釣れ、親子二人で年間に二千万、三千万という水揚げをする家が何軒もあるという。道ぞいに見かけられる家には、何軒も鉄筋二階建ての堂々とした邸宅が目についたのは、そういう好況の反映であろう。脱サラをして帰郷し、漁をしている若い人が何人もいるという。

燈台にむけて延長工事をおこなっている県道の工事現場をすぎると、昔ながらの狭い山道になる。道の両側には、暖帯性の常緑樹が生い茂って枝葉を重ね、トンネルをつくり急に山奥深くに迷いこんだような気持になる。

正野の港から燈台にかけての佐田岬先端部は俗にオハナといわれている。ハナは突端を示す鼻であり、それに敬称を付けているのである。それはかつてこの一帯が、宇和島藩の御立山であり、狩場となっていたからだという。また。イラズノヤマともいわれており、村人の立入りは禁止されていた。ひそかにここを往来する時は、木の枝にぶらさがって、枝から枝を伝っていったものだと伝えられている。地上を行くと足跡が残って、立入ったことがわかり厳しい詮議を受けたからであろう。

この狩場は殿様の狩場で、時に殿様がやって来てシシ狩りをおこなっていた。シシはシカのことである。現在イノシシは時々見かけることがあるが、シカは全くいない。しかし、昔はシカがたくさんいたことは伝承として語られてもいるし、正野や串の旧家といわれるほどの家では、メシジョウケを吊り下げるのにシカの角でつくった鉤《かぎ》を使っていたものであるという。

話は横道にそれるけれども三崎町内の名取《なとり》の神社入口に祀られている何十体かの地蔵の中に、シカの背に立った仏像を刻んだものが一体あった。これには年号はなかったが、石像の右横に「亥ノ年男」と彫られていた。鹿地蔵と呼ばれている由である。三崎本浦の道端にも、シカを刻んだものがあった。これは角柱形の石の正面に、頭を左に向け、前足を×型に組んだ立像であるが、いかにも彫りがうすく、注意して見ないと見すごしてしまう体のものであった。これも、鹿地蔵と呼ばれている。もとはこの角柱の上に地蔵様が据えられていたのではないかと思われる。いずれも、シカの供養のために建てられたものだと聞いたが、詳しくは確かめていない。いずれにしろ、昔は岬半島の山にはシカがたくさんいたのであろうし、シカの棲めるような山が広くあったということでもあろう。

ともあれオハナは樹木のうっそうと繁る森林であったという。今はイラズノヤマであった当時のような大木こそなくなってはいるが、ハマヒサカキ、ハマビワ、マルバシャリンバイ、ウバメガシ、ヤブツバキなどの常緑樹が、特色のある林相をつくり、メジロなどの小鳥が多くみられた。

その林の中をしばらくたどると、急に視界が開け、ウワテ、シタテの潮流が一目で見渡せるところに出た。ウワテ側は小さいながら入江状になっており、わずかな浜もあって、傾斜もゆるくなっている。ところが、シタテ側は、きりたった断崖となっている。ここにも小さな断層がみられる。

佐田岬半島は、東西に伸びた主軸にほぼ直交するような形で、何本もの断層帯が走っている。その断層帯の海辺は、潮流に洗われて湾や入江を発達させ、陸地部は雨に流されて谷となり、土砂の堆積を見て、比較的傾斜のゆるい平地を形成している。三崎町の範囲で見ると東から釜木《かまき》、二名津《ふたなづ》、三崎、串、正野の湾入がその大きなものであり、正野小学校のある藤実《ふじのみ》は断層谷の代表的なものであろう。これらの湾入部は、イワシなどの廻遊が多く見られたところである。よい網代《あじろ》（漁場）となっていたので、イワシ網などの網漁が盛んにおこなわれていたし、湾奥には平地もあったことから、古くからの主要な集落が発達したのである。

さきにあげた断層は、岬半島を胴切りにしている断層のオハナ突端に露出しているものであった。ここはオソゴエと呼ばれている。オソはカワウソのことのようだ。断層帯の狭い鞍部をウワテ、シタテに越えてゆくカワウソがよく見られたことからつけられた地名であるという。

カワウソはたくさんいたようで、カワウソに化かされたといった類の話は、いくつも残っているし、三崎から高浦に行く途中の小さな川の畔に、カワウソ地蔵が祀られていると聞いて探したのだが、みつけることができなかった。そういえば、三崎の町の西北端にある三〇〇年をこえるというアコウ樹の上方の墓地の地蔵堂の中には、かわいらしいタヌキ地蔵も祀られていた。

かつての岬半島は、シカやカワウソ、タヌキなどのたくさんいる、野生の王国とも呼べるようなところであったようだ。海で漁《すなど》りをし、山で狩りをする人びとにとって、岬半島は住みやすく、暮しやすいところであったのに違いない。

燈台はオソゴエから小山をひとつ越えてすぐのところにあり、朝の陽に映え、ひときわ白く輝いていた。

岬の先端に立つと、九州の島々や山が目の前に見えた。九州は近いのである。今も、国道フェリーが三崎と佐賀関を結んでいるが、古くから佐賀関との往来は盛んであった。かつて、岬の人たちは、急病人が出ると櫓《ろ》をこいで一時間、速吸瀬戸の急流を渡って、大分や別府の病院に連れていくことが多かったという。

瀬戸の中程をかなり大きな貨物船がゆっくりと進んでいった。崖下には岩礁が見えかくれしている。沖合にかけて白い泡立ちが見えるのは暗礁であろう。七、八〇〇メートル先に小さな標式灯のたてられているところが黄金碆《おうごんばや》である。波の泡立ちはそのあたりを中心にたくさん見える。潮の流れが早く、無数の暗礁があって海底地形の複雑なこの周辺は、航海する船にとって有数の難所

佐田岬灯台への細道は暖帯性の樹々が覆った緑のトンネル。
かつての宇和島藩の御立山の名残り 撮影・山崎禅雄

佐田岬灯台。四国の佐田岬半島と九州の佐賀関半島の間の豊予海峡は、速吸瀬戸とも呼ばれる。潮流が早く行きかう船の難所でもあるが、佐田岬側、佐賀関側のそれぞれの漁民の漁労活動の場である　撮影・新田 好

であった。それと同時に、瀞《はや》の周囲は魚にとっては格好の棲処《すみか》となるところでもあったから、釣漁場としても知られている。

オハナの突端は、岬半島の数多い釣漁場の中でも最もすぐれた網代の集中しているところで、タイ、サワラ、ハマチ、イサキ、スズキ、メバルなどの一本釣に適した高級魚が豊富にいるという。一本釣の場合、魚の多く集まる場所に餌を与えて、魚を長時間とどめるようにして釣りあげるカイツケ漁の方法がとられることが多いのだが、ここでは夏から秋にかけての最盛期には、カイツケをする必要がないくらい魚が長くとどまっているという。

中でもケワゲ、ワエマワシ、カジヤダシ、ハヨウトなどの網代は、一年中ハマチの釣れるよい場所で、正野の漁師の専用漁場になっているところであるという。それ以外にも網代は多いのだが、たいていは佐賀関との入会漁場になっていて、佐賀関の一本釣漁師も来ている。これは古くからの慣行であるが、現在、佐賀関からの出漁船は三〇艘と制限されており、出漁の時には、はっきりわかるように旗をたててくるというとり決めになっているという。そして違反を一回する毎に出漁船を一艘ずつ減らすという。

黄金瀞のあたりでは年中釣舟の姿を見ることができると聞いていたのだが、今日は一艘も見ることができない。風が強くて荒れ模様であることに加えて、旧暦一四日という、最も潮のこまい日であるから舟を出さなかったのだと後で聞いた。魚は潮の動きが少ない小潮では釣れない。大潮の時が一番食いがよいのである。

燈台の北に小さな大島《おしま》がある。その鼻に、地蔵らしき石碑のたっているのが見える。

今、岬と大島の間は仕切られて、ハマチやアワビの蓄養池となっている。門はしまり、立入禁止の札が下っていた。人影も見えなかったので、はいるのを止めた。帰りかけて振返って見たら、池から魚をあげている人の姿が見えた。人がいたのなら声をかけてはいって行けばよかった。一人だと気弱く憶病になっていけない。後悔しながらも、そのまま燈台を後にして正野に向かった。

住みかわり
生きかわる岬の海人

三崎町大字正野は内之浦湾の西半分（東半分は大字串）から燈台までの広い範囲を含んでいる。

野坂神社のある浜から上手にかけては、岬半島の他の集落に似た密集形態が見られるが、藤実、水尻《みずしり》、蜂《はち》ノ巣《す》、長浜《ながはま》などは家が点在していて、村の開発が他とは異なっていたことを示している。正野の地域はさきにも触れたように宇和島藩の狩場で、イラズの山と呼ばれていたところである。ふだんは山番《やまばん》以外には人影を見ないところであった。つまり、江戸時代には人家がなかったのである。山番は六軒あって、六人衆と呼ばれていた。このイラズの山が拓《ひら》かれはじめたのは、幕末の慶応三（一八六七）年以後のことで、六人衆が草分《くさわけ》であるとされて

岬半島の細い尾根道をいく海士と農婦たち　1950年代　撮影・新田 好

いる。串での話によると、このイラズの山を拓いて住んでもよいということになった時、他所から人を入れるかどうか、二派にわかれて争いがあったという。オハナの周りの海は串の海士の稼場であり、山番頭も串の人が勤めていたことなどから、串の権利が強かったのであろう。

ともあれ、オハナが開放され、人が住めるようになって、半島各地から移り住む人が多く急速に拓かれていったようで、

「人が増えるは都会で別府、田舎で正野」

とうたわれたほどであったという。明治四、五年頃には、串から離れて独立した集落となっていた。ここに移り住んだ人の中には海士、漁士（三崎町では、アマは海士、漁師は漁士と書いている）もいたが、耕地を拓いて農業によって暮しをたてようとした家が多かったという。

しかし、大正六年、ここが陸軍の要塞となってからは、開墾ができなくなり、男は沖に出て漁をし、陸の畑は女の仕事ということになった。

男が沖にでて漁業に従い、女が陸で畑仕事をするというのは、正野に限らず岬半島一般の風であったといってよい。

正野での漁は潜水漁と一本釣が主であるが、隣接する串が潜水を主とするのに対して、正野は一本釣を主とする人が多かった。この伝統は現在も続いている。

潜水漁、つまり、アマ漁の場合、現在は女だけが潜るところが多くなっていて、女の専業のように考えられているが、もとは男も女も共に従事するところが多かった。しかし、そうした潜水漁民の中で、男だけが潜水漁をおこない、女は従事しないところもあったようだ。この岬半島がそうだし対岸の佐賀関も、男が主であったらしい。しかし佐賀関には明治時代には女海士もたくさんいたのだが、アワビの採取は男海士に限られていたようである。

宮本常一先生は男だけが舟に乗る漁民と女も舟に乗って海に出る漁民とあり、それぞれ系譜を異にするのではないかといっておられたが、潜水漁民の場合も同様のことがいえるのではあるまいか。

佐賀関も、岬半島と同じようにアマのことをアマシと呼び、海士と書いている。

アマシと呼び、海士と書くことについて、佐賀関では次のようにいい伝えられている。江戸時代この地は肥後

細川藩（熊本）の飛地となっており細川氏が宮中や将軍家に献上するための乾鮑《ほしあわび》、熨斗《のし》、煎海鼠《いりこ》などの調製をするのが佐賀関の海士の任務であった。そのため海士は厚く保護されており、武士に準ずる身分のものとして士の称号を与えられたのだという。

岬の場合も役鮑《やくあわび》として宇和島藩に串鮑を納めており、佐賀関と似たような事情であったのであろうか。貞享元（一六八四）年頃の記録では、三崎浦に、一九〇〇盃の串鮑が課せられている。

今、一九〇〇盃の内訳を各浦別に見ると、三崎本浦五五〇盃、佐田一七五盃、大佐田一七五盃、井ノ浦五〇盃、名取一二五盃、田部一二五盃、間津（二名津）一二五盃、明神五〇盃、松浦一二五盃、串四〇〇盃となっており、大久、平磯、高浦は磯働《いそばたらき》のないところであるから役鮑はないと注記されている。

当時ここにあげた十三浦と釜木浦を加えた一四浦が、三崎浦に属する組浦として、三崎浦の庄屋管轄下にあり、大久、平磯、高浦を除く一〇浦でアワビ採取がおこなわれていたことが知られる。

幕末から明治以降、海士漁をおこなっていたといわれているのは、名取、松、与侈《よぼこり》（松からの分れ）、串、正野の五地区であるが　昔はもっと広い範囲に海士はいたのであろう。最近までは海士が多くいたとされている集落のうち、正野を除く名取、松、与侈、串の四集落は、いずれも見事に発達した海蝕崖の上にある狭い台上にあるのがきわだった特色となっている。この四集落以外の浦は、いずれも断層帯がつくった湾入の中に発達した集落であり、先述のように、網漁を中心としたところであるということができる。

地質が地形を規定し、その地形が人の暮しを規定する、百パーセントそうだといってしまうと嘘になるが、かなり大きいとはいえるだろう。岬半島は、そのことが典型的に見られる地域ではないかと思える。そのことが、私にはたいへん興味深いのである。

海士には海士漁に適した土地があり、網師には網漁にふさわしい場所がある。

人はそれぞれの持ち伝えてきた生活技術に適したところに住み、暮しをたてる。その反面、その場所に住みついたことによって、その地にふさわしい技術を身につけ、生業とするようにもなる。固定的でないのが人間のたくましさであり、複雑な面白さをつくり出してゆくところでもある。

正野は、串その他から移住してきた人たちによって拓かれたところであることは前述したところであるが、それ以前、ここに人が住んでいなかったかというと、そうではない。地籍は串に属するけれども、正野に接しているミノコシや内之浦には、縄文、弥生時代の遺跡があり、古くから人が住んでいたことを示している。そこまで古くさかのぼらなくても、この地が狩場になる近世初期以前であっても、全くの無人の山ということはなかった。

正野には、平家の落人が住みついたというところが何カ所かあり、そこには平家の落人を祀ったオムロがあるという。オムロというのは祠《ほこら》のことであるが、そのオム

岬半島の突端近い尾根の緩斜面に拓かれた大瀧の集落。刈り取った麦の束が干されている　昭和42（1967）年　撮影・須藤 功

口は、たいてい三抱もあるような銀杏《いちょう》の木の下にあるという。平家の落人伝説は岬半島にはかなりたくさんある。この地が池大納言といわれた平頼盛《よりもり》の荘園であったこともあって確実視するむきもあるが、私には確かなことはいえない。しかし、そういう伝承があり、現在も祀られているということは、それが平家の落人であるかどうかはともかく、人が住んでいたと考えてよい証拠になる。しかし、それが現在の人に直接つながるものではない。

話が横道にそれて恐縮だが、昭和五六年に三崎坊ノ鼻の道路工事の際、全部で百基を越えるであろうという五輪塔《ごりんとう》群が出土した。現在、その主なものが復元されて道端に祀られている。その五輪塔群の造立年代は、南北朝期から江戸時代にかけてのものが大半であるとされているが、中には五輪塔の笠部の軒反りの状態などから、鎌倉時代まで、時代が上るものもあるのではないかといわれている。

五輪塔がほとんどであるが、中

に二個ほど国東《くにさき》半島特有の国東塔と思われるものがあり、また、凝灰岩製のものが相当見受けられた。凝灰岩は岬半島にないもので、その石質から豊後石だろうとされている。九州とのつながりが、たいへん強かったことがわかる。その場所は現在もすぐ上が墓地になっており、古くから庵《あん》があったという。たびたび地すべりのあるところで、石塔の破片などがたくさん散乱していたという。出土した五輪塔群も、何時か地すべりで埋まり忘れさられていたものであろう。

五輪塔や宝篋印塔《ほうきょういんとう》は町内のあちこちに見受けられ、イボ神様などとして祀られている。しかし、江戸期のもの何体か以外は、誰それを祀ったという伝承が全くないという点に私は興味を持った。それは、これらの五輪塔や宝篋印塔を建立する力を持った人びとが、この地に住んでいたということを物語っていると同時に、そういう人びとと、現在この岬に住み、暮している人びととの間に、先祖と子孫という関係がないのではないか、そしてそれが、正野でのオムロとして祀られている平家の落人と、現在の正野の人と直接の関係がないのと同様ではないかと、考えるからである。

三崎のあちこちに宝篋印塔も残っている　撮影・賀曽利 隆

要するに、地形や風などの点から農耕には不向きであったにしても、鳥獣や魚介類の豊富な岬半島は早い時期から人が住んでいた。しかし、そこに住んでいた人たちは、一カ所に定住することを目的とした人ではなかったであろう。さらにいえば、中世の激動期、あるいは中世から近世初期に前代の伝承を受けつなぎ得ないほどの大きな住民の交替があったのではないかと、想像しているのである。

佐田岬に住み、佐田岬とその周辺の海を拓いた人びとは、土地に縛られ「一所懸命」を生き甲斐とする人たちであったとは思えない。何回もの住民の交替をくりかえし、前代の人と次代の人とは、直接血のつながりを持たない人であったろう。しかし、文化の系譜という点から見れば、深い関係を持って現在にまでつながっているのであろう。

海民の文化という大きな系譜の流れの中で、岬の人は交替をくりかえしながら住みつき、生きついできたに違いない。

三崎の坊の鼻から掘り出された五輪塔群。国東塔も混じっている。豊後石（凝灰岩）製のものが多く、九州とのつながりを思わせる　撮影・賀曽利 隆

ヘイカサと段々畑のナツミカン

夏のマジ、秋から春先にかけてのアナジと方向は変っても、年中、海から吹きつけてくる強い風は、岬半島の暮しに大きな制約を与えたに違いないと、初めに書いた。

そのことを具体的に示す景観は、岬半島のいたるところで見ることができる。その第一は、集落の背後や集落と集落の間に拓か

上　灯台が程近い先端部、水尻付近の畑は狭い。しかし石を積んだ畑はどこもきちんと耕されている。撮影・賀曽利 隆
下　高い防風・防潮用の石垣の塀（ヘイカサ）の内側に民家が密集している（井野浦）昭和34（1959）年頃　撮影・新田 好

岬半島先端部、正野の尾根筋の斜面の畑で麦を扱く農婦と、黄色に熟れた麦畑　昭和42（1967）年　撮影・須藤 功

れた段々畑の防風垣であり、ついで、集落や家々の海に面した側を中心に積まれた防風防潮の石垣であろう。

防風石垣のことを岬では、ヘイカサといっている。もっとも現在では、家の新改築が進み、もとからの家はほとんど残っていないような状態であるから、緑泥結晶片岩を二メートル近くも積んで屋根だけが頭を見せているといったところは、少なくなっている。しかし、かつては、石垣の村として有名な南宇和の外泊《そとどまり》ほどではないにしても、それに準ずる特徴のある集落景観がたくさん見られたに違いない。

家を新築して鉄筋コンクリートにしても、目の前に開ける海側の窓は少なく、小さくしているし風当りの強い崖上斜面では、石垣にかわって高いコンクリート塀をたてて風を防いでいるのである。

俗に青石と呼ばれる緑泥結晶片岩のヘイカサが比較的よく残っているのは、正野であった。藤実でも何軒か見かけたし、野坂神社の東南側、港に向いた側には三メートルをこえる高いヘイカサが、三〇メートルくらいの長さで続いて残っているのは見事であった。何年か前までは、野坂神社の境まで続いていたというが、神社入口の部分はとりこわされて、いまはなくなっている。ここの石垣は防風のためであると同時に、防潮のためでもあっ

た。現在は港が拡張されており、防波堤も大きく堅固になっているが、台風の時には、この高いヘイカサを波がこえることがあったという。

話を聞かせてもらいたいと思って、何軒かの家を訪ねたのだが、どこから入っていくのか、そのたびにとまどってしまった。家が密集していて屋敷が狭いということもあるのだが、たとえ家が道路に面していても外に向かって開かれている部分がほとんどないのである。屋敷の中には、母屋のほかに納屋、便所、隠居などの附属屋がいくつか建っているが、それらの建物が狭い中庭をとって敷地一杯に建てられていて、塀の役割をしており、入口がその建物の間につけられた三尺間口の勝手口のような戸であったりするからである。要するに、屋敷全体が石垣や建物で囲われており開放部が少ないのが印象的であった。これが風除けの目的だけであるのかどうか、もう少し追求してみたいことのひとつである。

ヘイカサに触れたついでに、この地方の特色ある景観をつくっている段々畑について触れることにしよう。

南予の海岸地帯は段々畑が多いことで知られているが、岬半島もまたその中に含まれる。

海からすぐ山になるのである。

山が直接海に落込んだような急傾斜地ばかりの半島に住居を定めた人びとは、集落の背後の山を中心に、比較的傾斜のゆるやかな、表土の厚いところを選んで畑に拓き、イモやムギをつくって食糧にあててきた。傾斜がゆるやかといっても、傾斜度二〇度をこえるところが多く、中には三〇度をこえる急傾斜地まで拓いているところが少なくない。

水をバケツで運ぶ。石垣に建て付けた木戸と庇は新規開店の床屋の入口（串）昭和31（1946）年
撮影・新田 好

こうした傾斜の急なところでは、耕土の流失が必然的に激しくなるので、階段状にして畦または石垣を築いてそれを防ぐ工夫をすることになるのであろう。

岬半島の地質は、中生代の三波《さんば》川系の変成岩類（いわゆる青石）であって、地層がもろく、地すべりをおこしやすい性質を持っているという。地すべり防止のためにも階段状にする必要があったのであろうし、さらに、堅固にするために草畦ではなく、石垣を築く必要があったのであろう。

岬の段々畑のほとんどは、緑泥

岬半島先端部の宇和海側の正野や串の集落では、高いヘイカサ（石垣）を築き潮の飛沫と風を防いだ。家々は全て石垣の内側に建てられていた（正野）　昭和28（1953）年　撮影・新田 好

片岩を形よく割って、整然と積んだ石垣畦になっている。石垣を積んだ段々畑は畑面にほとんど傾斜がなく、水平に近い状態のものが多いが、古くはこれほどきちんとしていなかったという。古い時代の段々畑は土を掘り返して底に山石を割って敷き、そのうえに土を一メートルくらいかけてつくったものである。それを改良した畑では、ほりかえして底の石をとり出し、畑面が水平になるようにして、畦は、掘り出した石を積み上げて石垣にしたのであるという。

草畦から石垣にかえていったのが何時頃からであったのか、確かめ得なかったのだが、畑につくっていた作物が、サツマイモ、ハダカムギ、アワ、ダイズといった自給中心のものからナツミカンにかえられていった時期と関係があるのではないかと推測している。

現在、岬半島、特に三崎町では、畑のほとんどが柑橘園になっている。アマナツとサマーオレンジであるが、昭和四〇年頃までは、ナツミカンが主であった。温州ミカンは適さないということでほとんどつくられていない。この地にナツミカンが栽培されるようになったのは、明治一六年以降のことである。温暖な気候と土質がナツミカンにとって最適であったところから、すぐれた品質のものができ、栽培面積が広がっていったものである。

岬半島の段々畑は、先に述べたように、漁家が食糧を自給するために拓いたものであったが、ナツミカンを取りいれることによって、商品生産に展開してきたものである。ナツミカン栽培が軌道に乗るようになってミカン専業農家が出現し、漁業で生きて来た岬でも農業で暮しがたてられるようになったのである。

それは、長い岬半島の歴史の中で、画期的なことであるといえる。ミカン栽培が盛んになるのと併行して、江戸時代以来、この半島の主要な産業としての位置を保ってきたイワシ地曳網などのイワシ網漁が衰退していったのは、歴史の輪廻というものであろうか。

ミカン栽培はまた段々畑の景観を、すっかりかえてしまった。常緑のミカン畑の周囲には、風除《かぜよけ》のための杉が植えられており、一年中、緑濃い。かつて麦秋の頃ともなると、黄金色に波打って山の高見まで続き、耕して天に至るという感懐を抱かしめた景観はなくなった。

背負子を背に肥料を運びあげ、サツマイモを運びおろした青石を敷いた道は、今もまだそのままの形で残っているところが多い。しかし、今、その道に配水用のパイプが敷かれ、頭上には運搬用の小型モノレールの線路が敷かれている。そして収穫時期ともなると、モーターの音が山々にこもったひびきをあげ、黄色く輝くミカンを満載したモノレールがすべるようにおりてくるのである。

漁の棲《す》みわけ
——海士・漁士の網代

海士の話や出稼ぎ漁の話などを聞きたくて、正野と串で何人かの人たちにあった。

正野は一本釣が中心で、漁士《りょうし》専門である。海士は、串が専門であるという。正野でも海士をやった人は多かったし、現在も何人かは潜っているらしい。しかし、ここは漁士だと意識しているのは、面白いことだと思った。ちなみに漁士というのは、一本釣や配《はえ》(延)縄《なわ》などの釣漁をやる人のことであるという。網漁をする人を何というのか聞き忘れたが、漁士という言葉の中には含まれていなかった。

正野は先にも書いたように、慶応三年以降、串その他から移って来た人たちによって、拓かれたところである。当初は農業開拓が主

速吸の瀬戸にのぞんだ岬の鼻には、アワビも多い。白亜の燈台の下に集まる海士船　昭和28（1953）年　撮影・新田 好

であったらしい。ところが、この地が要塞地帯になったことによって、農業が制限されるようになり、漁業に転じたものである。その前身は何であれ、漁業としては後発の地である。

オハナ周辺の漁場は、もとからの海士である串などの人たちの稼ぎ場として、権利が認められていたところである。自分たちの稼ぎ場にほかの人がはいることは生活にかかわることだけに、大きな抵抗があるのは当然のことである。漁業の場合には、自分たちが権利を持つ漁場であるといっても、そこにいる魚介類の全てに権利があるのではないことが多い。アワビ、サザエ類を主な採集物としている海士にとって、タイやハマチは対象外のものである。他の人がそれを獲ることは許されることなのである。

後発の正野の人たちが漁業をおこなうとすれば異なった技術で、異なった獲物を対象とすることで抵抗なく生業をたてることができた。それがハマチなどの高級魚を対象とする一本釣だったのであろう。漁業の場合は、そういう棲みわけが、いろいろなところに見られる。

佐田岬漁港に係留している一本釣り漁船。豊予海峡のサバ、ハマチ、アジなどを釣る　撮影・賀曽利 隆

オハナの漁場に佐賀関の釣り船が来ているのは、古くからの慣行によるものである。それは、佐賀関と、岬の海士および漁士との深いつながりを物語るものだといってよい。それ以外にも、広島県の豊島《とよしま》の人たちが、この沖合の網代にタチウオ釣りに来ているというのも、地元の漁法と抵触しないからである。岬の海士が明治以降、九州から韓国、朝鮮の海域にまで広く出稼ぎ漁にいくことができたのも、同じ理由つまり、岬の海士ほど深い所に潜ってアワビをとることのできるアマのいる所が少なかった、ということによるものであると考えている。

ヒョウタンズミ・フンドズミ

佐田岬半島を歩いて、私が一番興味を持ったのは、この地方の海士であり、海士漁のことであった。

岬では女は全く潜《もぐ》らないというわけではないが例外的なもので、潜るのは男の仕事と決っている。女の人の中には磯に行ったこともないという人もいるくらいである。潜ることを、ここではスムといっている。潜ることをカヅクという所は多いがスムというのは少ないのではないかと思う。今わかっている所では、岬以外では佐賀関と、それに山口県の大津郡大浦《おおうら》がスムといっている。この言葉は、岬の海士の系譜を探る手掛りになるものではないかと思うが、今の私にはこれ以上のことはわから

海士の少年たち。岬半島の子供は幼い頃から海を遊び場とし、小学生の頃から海に潜っている。大人のように船は使わずに磯から海に入って潜る。みんな一人前にイソガネ（アワビカギ）を締めたフンドシに刺し、手には獲物をいれるテゴ（網袋）や、浮いてきたときに掴んで休むための浮桶などをもっている

上　昭和32（1957）年

右下　昭和28（1953）年頃

左下　海蝕岩の鼻を回って漁場へ向う海士の少年たち。昭和35（1958）年

撮影・いずれも新田 好

ない。

　岬の子供たちは幼い時から海を遊び場としているので、海士になるために特に練習するとか、修業するとかいうことはない。小学校六年生くらいになると、舟で沖に出ることはないが、磯から潜ってテングサやアワビなどを採って、学校の費用くらいはもうけたものである。海士が採取するのはアワビ、サザエが主であるが、それ以外にウニ、ナマコ、テングサ、クロメなども採るし、モリやホコ（カナツキともいう）を使って魚を突きとる、いわゆるミツキ漁もおこなう。

　アワビ、サザエなどはそれぞれ採取する時期が決っている。それをクチアケという。アワビ、サザエのクチアケは旧三月一五日から旧九月一杯、テングサは旧五月一日から旧九月末日まで、ウニ、ナマコは一月一五日から三月一五日までである。

　岬には、良い網代がウワテ、シタテともにあるので、潮、風、天候によって、ウワテが悪い時はシタテ、シタテが悪い時はウワテに行くということができ、たいへん条件がよい。これは一本釣の場合も同じである。

　子供の時から潜っているので一六、七歳になると、もう一人前の海士になるのだが、人によって技術の差はでてくる。上手下手は当然ある。

　岬では、深いところまで潜ることができて、たくさん漁獲量をあげることのできる人をオオアマ（大海士）といい、下手な海士をガゼアマとかコアマという。またヒョウタンアマ、フンドアマ、クリアゲアマというい方もする。

　ヒョウタンというのは、海士が海にはいって浮きあがってきた時に、これに乗って身体を休めるのに使う浮き樽のことである。今は樽を使っているのだが、ヒョウタンを使っていた時代があったのであろう。これなども岬海士の技術の系譜を探っていく手掛りのひとつになるものかも知れない。韓国の済州島の海女も、ヒョウタン（パガジ）を使っているようだ。

　ヒョウタンアマというのは、舟で沖にでて深いところに潜るのではなく、磯あるいは、磯辺に近いところで採集に従う海士のことである。潜る時に分銅《ふんどう》は使わないで自力で潜り、三〇分から一時間、海中にいて身体が冷えたら陸にあがって身体を暖めるのである。これをヒョウタンズミといっている。

　ヒョウタンズミに対して、潜る時にフンド（分銅）をおもりにして、その助けを借りて潜るのがフンドズミである。分銅は一貫八百匁位（約七キロ）の重さのもので鉛製のものを使った。鉛の分銅の方が鉄よりも同じ目方でも沈むのが早く、引きあげるのも早いという。

　分銅は、底についたら引きあげてもらい、浮きあがる時には、腰にまいた命綱を引いて合図を送り、舟上にいる人に命綱を繰上げてもらうので、クリアゲズミともいう。分銅を使わなければならないほど深いところに潜れる海士が、フンドアマとか、クリアゲアマと呼ばれるのである。岬の海士でフンドズミができなければ一人前ではない。

　ヒョウタンは海中に浮べておくので、当然、流されないように重りのついた綱をつけているのだが、そのほかに採ったアワビなどをいれる網袋を吊り下げている。この袋をテゴといい、シュロ縄で編んだもので、もとは自分で作ったものである。

ヒョウタンとテゴ、それと、アワビをおこすのに使う鉄製の四、五〇センチのイソガネは、海士道具のなかでも最も大事なものである。それだから、正月には、神様と一緒に床の間に祀り、お供えをする。

フンドズミ、クリアゲズミの場合、一舟に三人乗ってでるのが普通であった。海士二人に櫓《ろ》のこぎ手一人である。櫓をこぐのはトモオシ、あるいは櫓番といい、現役をやめた年寄りが多かった。海士は五四、五歳で引退することが多かった。

海士は同時に海にはいるのではなく、交互に潜り、舟に残っている方が分銅をくりあげ、命綱をひきあげるのである。潜る深さは一五、六ヒロから二二、三ヒロ（一ヒロは両手を左右に広げたほどの幅）、分銅綱は二五ヒロ位のものであるが、命綱は三〇ヒロから三五ヒロもの長さにしている。短いと動く範囲が狭くなることと、潮に舟が流されるからである。じっとしているだけなら二分ぐらいは潜っていられるが、深いところで仕事をするとなると、一分三、四〇秒ぐらいが限度である。そのためアワビなどが多くいる場所にあたって、一回でとりきれない時には、その場所に次も潜るようにしなければならないので、海士は潜る時に必ずヤマを見て場所を覚えていたし、こぎ手もヤマミの上手な老人がよかったのである。大海士といわれるような人はヤマアテが上手で、寸分のくるいもなかったものであるという。

海士漁の眼鏡

現在はウェットスーツを着て、足にゴムのヒレをつけるので、命綱は使わなくなった。浮き上がる速度が速くなったからである。ウェットスーツを着るようになったのは昭和三六年からで、それまでは六尺ふんどしをつけただけであった。ふんどしは六尺ふんどしでないと身体がしまらない。フカにおそわれた時など、これを解いて流すことで、難をのがれることができるといわれていた。

ウェットスーツ（これを潜水服といっている）を着るようになってから、海にはいっている時間が長くなり、採集の能率があがった。また、足にヒレをつけるようになってから、泳ぐスピードは目にみえて速くなった。しかし、命綱をつけなくなったので、時にヒレが片方だけ脱げたりするとまっすぐに浮き上ることができず、前とは違った危険がおきてきた。

潮流の激しい岩礁地帯での作業であるから危険も多く、裸で潜っていた頃の海士は身体に生傷が絶えたことがなかった。ウェットスーツを着るようになって、身体を傷つけることは少なくなったが、着る時にすべりをよくするために洗剤を身体に塗るので、肌を痛める人もいる。ただ、身体の冷えないのはよい。裸の頃は冷たい冬の海に潜ったりすると身体が冷えきってしまい、舟にあがっても火にあたれないほどであったが、今は一年中潜ることができる。

上　潜水眼鏡は五島列島から伝わり、明治24年から使われ始めたという。それ以前は眼鏡なしで潜った　昭和28（1953）年
右下　潜る前に“オエビス”と唱え、イソガネで潮水をすくって手の平で受け、それをすすり、頭につけるのが海士の作法だった　昭和34（1959）年
左下　命綱を腰にまき、テゴを胸に頭から海に飛び込む岬の海士。腰につけた分銅は１貫８百匁ほど　昭和34（1959）年
撮影・いずれも新田 好

串の海士は、アワビ、サザエの漁期が終る一一月頃から、フクナワ（河豚配縄）をやる人が多い。クロウニ、ナマコを潜って採る人もいる。ウニ、ナマコのクチアケは正月五日頃から三月一五日までである。昔はとらなかったが、一四、五年前からとるようになった。フクナワはその前からで、かれこれ二〇年くらいなるという。

テングサは昔からとっていた。テングサの口が明くのは六月の大潮（旧暦でいうと五月一日）からで、終りはアワビ、サザエと同じである。テングサは海士だけでなく、女も子供もでていっせいにとるから、六月の大潮の時にあらかたとってしまうという。期間中、平均してとれるものではないから、一人前の海士はあまりとらない。コアマ、ガゼアマの仕事なのである。

ずっと昔は眼鏡をつけないでヒラメで潜っていたという。昔の人の方が目がよかったのであろうか。岩にへばりついているアワビの目がよく見えたという話も聞いた。アワビの目というのは殻の頂部の盛り上り部分に列状についている穴のことである。

岬の海士が眼鏡を使うようになったのは、明治二四年からだという。それは、長崎県の五島《ごとう》方面から伝えられたのだといわれている。その頃にはもう五島あたりに、出稼ぎ漁にでていたのであろうか。最初の頃の眼鏡は桐でつくった枠にガラスをはめた簡単なものであったが、後には改良されて、大正時代になると、真鍮もしくは洋銀を枠にしたイッチョウメガネが使われるようになった。これは両眼を同時に覆うことのできるものであるが鼻は出したものである。それ以前はフタツメガネであった。

現在も使われているゴム枠で鼻まで覆うことのできるタコメガネは、戦時中から使われるようになったものである。メガネをかけると水中でもよく見えるので、メガネを持っている人は水揚げがあがり、持たない人との間での差が大きく、その使用をめぐってやかましい議論があったという。

年月日の記載がないので、正確にはわからないが、明治末頃のものではないかと思われる規約書に「鮑採取スルハ海士目鑑ヲ用ユル不苦事」とあるのは、メガネの使用をめぐって紛糾《ふんきゅう》があったことの反映であろう。

タコメガネになってよくなったことは、潜った時に眼鏡の中に鼻で空気を吹きこむことができるようになったことである。眼鏡をかけていると、深くなるにつれて水圧が強くかかり、とても潜れたものではなかった。三、四ヒロになるともういけない。無理をして潜ると、眼球がとび出すといわれた。それで、もとの眼鏡には、水圧を調整するために、口から息を吹きこむゴム管とホーヅキをつけていたものであった。

ホーヅキというのは、正方形にきった鹿皮を二等辺三角形になるように折って、両辺を貼りあわせて袋にしたもので、大きさは二等辺の一辺が五寸、四寸五分、四寸、三寸とあり、それぞれの体力と技術に応じたものを、二個ないし四個とりつけた。潜る前にホーヅキに空気を吹きこんで、ふくらましておくのである。ホーヅキをつけることによって、水圧調整がかなり自然にできたものである。ホーヅキも後にはゴム製の袋を使うようになっ

上　獲物がつまった網袋をさげて串漁港に帰ってきた海士。右端の白い服の男は仲買人のようだ　昭和34（1959）年　撮影・新田 好
下　潜水の後の休憩。濡れたフンドシを干し、ドンザを着て暖をとる　昭和27（1952）年　撮影・新田 好

た。

眼鏡が使われるようになって採取の能率はあがるようになった。そのことだけが原因だとはいえないが、それもひとつの理由となって、岬漁場のアワビ、サザエが減少していったようで、大正元年一二月に取極められた「契約書」を見ると、前から決められていた旧一〇月一日から翌年三月一五日迄の繁殖期の入海禁止と同時に、舟ズミをも禁止している。舟ズミとは舟で沖に出てとることであるから、フンドズミと同義である。

異国の海へ

岬の海士で一人前といわれるほどの海士のほとんどが、戦前までは出稼ぎをおこなっていたというのは、海士の潜水技術がすぐれていたということだけでなく、地元での資源枯渇と何等かの関係があるのだろう。

岬の海士が何時から出稼ぎ漁をするようになったかということは、岬の海士および海士漁が何時から始まったのか不明なのと同様にわからない。

岬の海士の起源について「四国中国廻浦御用日記」（天保四年＝一八三三）には、寛政一一年（一七九九）までは、宇和島藩領内に海士はいなくて、漁民は余暇に鉾突遊漁をしているだけであったとでている。そこで、長崎から「水練稼之者」を呼んで採介採藻をやらせるようにしたことから、地元の者もならって海士をやるものが多くなったという。その後、三崎浦の庄屋の話として、

岬灯台を見つつ速吸瀬戸を行く櫓こぎの一本釣り漁船　昭和28（1953）年　撮影・新田 好

海士が三〇人いて、一年にアワビ六千貝ほどを献上していると記されている。

これが正しいとすれば、岬の海士漁は寛政一一年からということになるのだが、これはいささか疑わしい。というのは、さきにあげたように、寛政一一年よりも一〇〇年以上前の貞享元年に、三崎本浦以下の一〇浦で、串鮑を貢納しているからである。それと、これは私の感じでしかないから固執はしない。しかし、海士稼ぎが主であったといわれている松、串などが、一八世紀末か一九世紀になって網漁あるいは農業から海士漁にかわったとは考えられないし、またそういう伝承もないようである。松や串などの草分けになる人たちがいつそこに住みついたのか確かめられなかったが当初から潜水技術を持ち、それを主な生活手段として暮しをたててきたのであろうと、私は考えている。

海士の出稼ぎについても、江戸時代に外に出ていたという記録は、これまでのところ知られていないようだ。だからといって、なかったとはいえない。瀬戸内海から九州にかけて、独特な漁法を持った漁民が、地元の漁場だけでなく、藩の境をこえて広く出歩いていたことは、よく知られた事実である。

中でも、福岡県の鐘《かね》ヵ崎《さき》のアマが古くから広い範囲に周期的な移動をおこなっていたことは有名である。だから岬の海士もというわけではないが元来、移動性を強く持ったアマの系譜をひいていると考えられる岬の海士が、ウワテ、シタテの漁場だけに縛りつけられていたとするよりは、時によって外にも出ていたと考える方が、私には納得がいくのである。そのような伝統があって、明治以降、多くの人が出稼ぎ漁にでるようになったと考えているのである。

さきに、眼鏡の導入による水揚げの増加が、乱獲、資源の涸渇につながり、出稼ぎを多くしたと書いたが、その背景として、幕末から明治期にかけて、急激な人口増加があったことが推測される。

その人口増加を可能にした理由のひとつに、甘藷が導入され、普及したということがあるようだ。甘藷が岬半島で栽培されるようになった時期は明らかでないが、初めの頃に作られていたアカイモにかわって、俗にカライモといわれる白色種が導入されてから、急速に栽培面積が広がったといわれている。カライモがはいったのは、現在瀬戸町に属する旧四ッ浜村では、嘉永年間（一八四八～五三）だといわれている。このカライモは収量が多いだけでなく、夏期の貯蔵にも耐えるものであった。

ここでは詳しく触れることはできないが、甘藷の導入、普及が、生産力の安定した上昇をもたらし、人口増加を生み、そのことが出稼ぎをうながしたと、宮本常一先生は、郷里の周防大島を例にあげて述べられている。岬半島でも、それに似た現象が見られるのである。

串や正野など岬の海士の出稼ぎの中で、明治時代に最も多かったのは、韓海（朝鮮海域）への出漁だったようである。明治四〇年の三崎村の出稼ぎを調べたものによると、漁業出稼ぎは、朝鮮方面が佐田四五人（内女一五人）、串一〇〇人、大分方面が串一〇〇人となっており、串からの朝鮮海域出漁が最も多くなっている。明治四〇年二月に三崎信用組合長名で県知事あてに出された「韓国出漁報告」をみると、三〇艘、一八〇人がアワビ採りに、七艘、三五人がブリ釣りに出ている。佐田の女一五人を含む四五人の韓海出稼ぎが、ブリ釣りであるのかどうか確認していないが、串からの出稼ぎは海士が主であったことは確実である。

アワビ採りは三月下旬に出帆し、一〇月中旬に帰っている。出漁場所は江原道のチャオリ近海、慶尚道の尉山方面から釜山近海、巨済島近海からいわゆる多島海とよばれる全羅道の、生日島、珍島、安昌島、大黒山島、忠清道沿岸（仁川附近）と記されており、非常に広範囲に及んでいたことがわかる。なお、ブリ釣りは四艘が全羅道楸子島沿岸、三艘が慶尚道釜山近海となっている。

ちなみに、収益の配分は舟毎におこなうのであるが、売上高から運送費などの経費を差引き、舟も一口として、乗組員数プラス一口で割って分配している。したがって舟によって若干の差は出るが、平均してアワビ採りが一口一〇八円、ブリ釣りが一一七円八〇銭となっている。その当時の貨幣価値からすると、大変よい収入であった。（以上の資料は『佐田岬半島三崎における出稼漁業の変遷』武智利博による）

ついでに、さきの明治四〇年の資料によって漁業以外の出稼ぎをみると、大工出稼ぎが朝鮮二二人、大分方面二〇人、八幡浜方面一〇人、熊本方面三人、台湾四人、満州二人となっており、上記の六一人は、いずれも三崎から出ている。雑用が台湾に三崎から八人、満州に佐田から六人、航海業として船長が佐田六人、三崎一人、機関長が佐田一一人、船員四〇人があげられている。漁業出稼ぎ、特に正野を含むと思われる串のアワビ採りが如何に多かったかが知られる数字である。

岬から韓海域への海士出稼ぎがおこなわれるようになったのは、明治二七年頃からだとされている。

明治二〇年に、串の植田氏や加藤氏らによって組織され、アワビ・サザエなどの缶詰工場を経営していた丸一組が明治二七年に、五〇人ほどの海士を雇って、全羅南

井野浦の浜に建つ網納屋。昭和30年代に入るとミカン倉庫として使われた
昭和28（1953）年　撮影・新田 好

佐田岬半島の中ほど、宇和海沿岸の川之浜の大敷網　昭和35（1960）年　撮影・新田 好

道の大黒山島に行ったのを皮切りに、年々行くようになったという。そうして毎年出漁しているうちに、移住する人も出てきた。移住した人は、正野の人が多かったという。私が話を聞かせてもらった明治三七年生れのK氏も、その一人である。K氏は一六歳から韓海に行きはじめた。その当時のきまりでは、一八歳にならないと、一人前として一口の割前《わりまえ》はもらえないことになっていたが、一六歳でも一八歳の人よりもたくさんアワビを採っていたので、特別に一人前貰ったという。

　韓海行きには親方がいて、海士を募集するのである。親方のことを船頭ともいった。海士は採ったアワビを親方に売るのであるが、その売渡値段は募集の時に決めている。海士は一舟に八人くらい乗って行った。海士の乗る舟をアマ舟といい、三トン位の小さな漁船であったから、韓海まで日数がかかった。

　岬を出て関門海峡にはいり、福岡県の宗像《むなかた》大島あたりで日和を見て、対馬《つしま》に行き、対馬で更に日和待をして、一気に巨済島に渡り、それからは沿岸伝いに目的地に行くのである。順調にいっても二五、六日、時には一カ月以上かかることもあった。

　時により、人によっても違うけれど、普通一人の親方がアマ舟二艘か三艘を仕立てたものである。アマ舟のほかに、オヤ舟が一艘ついてゆく。オヤ舟は、アマ舟が採ったアワビを集荷し、運搬する舟である。アマ舟よりは大きく、一〇トン位のものであった。

　旧三月になると出発するのだが、潜れるのは八月一杯であった。九月にはいると禁止されていたのである。

　K氏は最初に忠清南道の仁川港の近くに行き、それ以降、全羅南道麗水郡、莞島郡、珍島郡などに行ったが、二五歳の年に出稼ぎを止めて莞島に移住した。莞島には愛媛県の人を中心に、四、五〇軒の人が移住しており、その中に正野から出た人が五、六軒あった。莞島では夏はアワビを採り冬は一本釣をしていた。魚の多いところであったが、終戦とともに帰って来た。岬から韓海への海士出稼ぎは昭和一二年に始まった日中戦争の激化が原因となって、昭和一五年頃には中止されている。

　岬海士の韓海出稼ぎは、大正も末から昭和にはいると、かなり減少していったように思われる。それはK氏の例で見られるように、出稼ぎ出漁から韓国での根拠地になっていた地に移住し、そこをベースにして、年間操業をおこなうという形にかわっていったことと関係があるようだ。

　これは潜水漁業だけのことではない。韓海の沿岸一帯には、日本人漁民が移住してできた漁村がじつにたくさんあったのである。韓海への出稼ぎ体験を持つ海士としては、K氏らの年代が最後になっている。串、正野では八〇歳以下、明治四〇年代以降に生れた人になると、九州、四国沿岸への出稼ぎがほとんどということになっている。

海士と磯買《いそが》い

　韓海で操業する場合、どういう手続きをとっていたのか、具体的には理解できなかったが、国内他地区で操業する場合は、その漁場の権利を持つ地元と交渉して、権利を買わなければならなかった。岬の海士はアワビ、サザエが目的であったから、磯のアワビ、サザエの権利を買うのである。これを磯買いといった。

　磯や地先の漁場は、漁業組合などができてからは、そこが持つようになるが、ムラの権利である場合が多かったから、ムラ総代や役員と交渉して買ったものである。アワビ、サザエのたくさんとれるよい磯は競争者が多く、入札方式をとるところが後には増えてきた。磯を買って

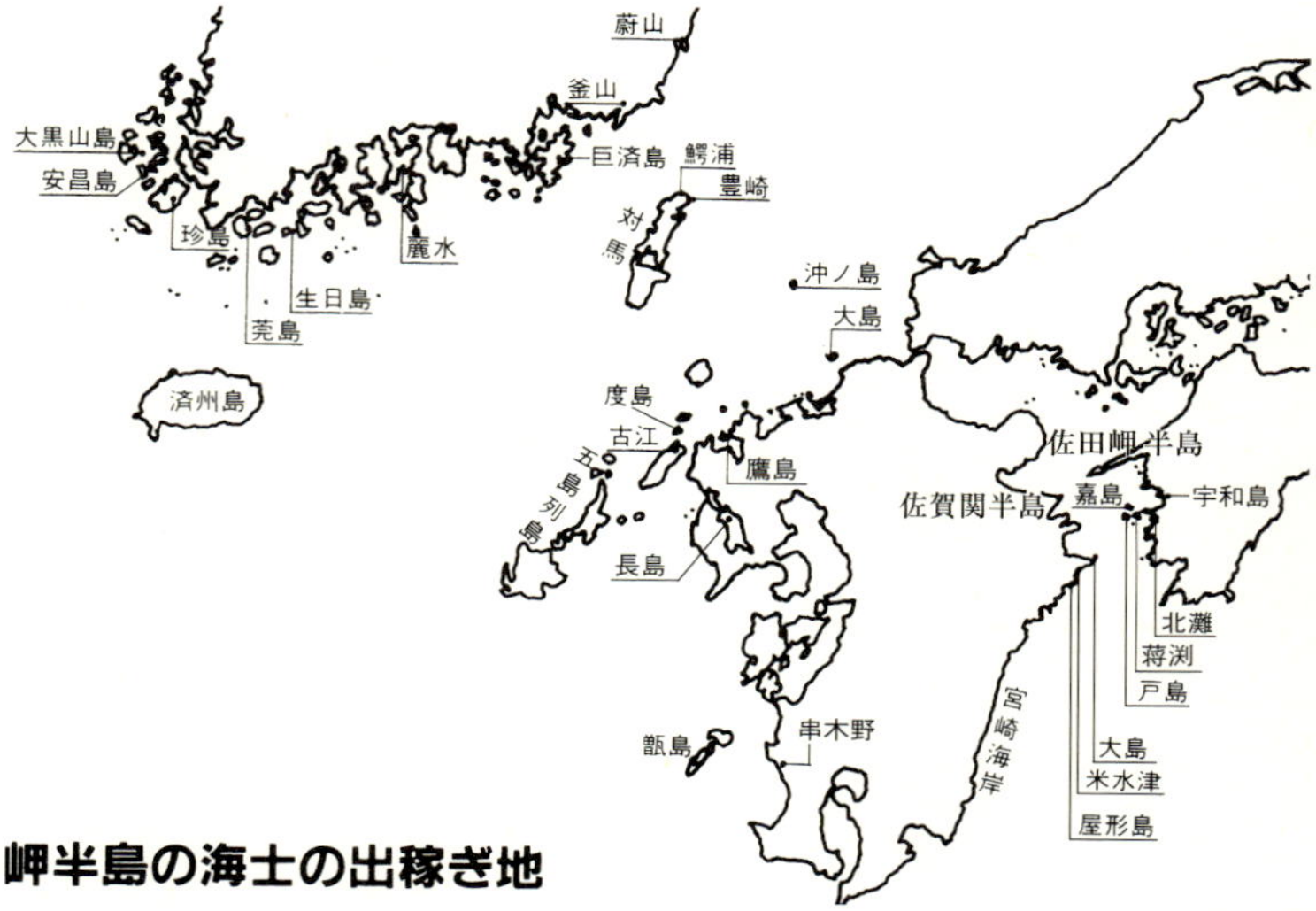

岬半島の海士の出稼ぎ地

出漁するには海士が仲間で組をつくり、共同で出資をする場合と、磯買い商人が買った磯に雇われていく場合とあった。

磯買い商人は親方と呼ばれており、古くは親方に雇われて出る方が多かったようである。親方とは契約の時に、一貫につき何円という買上げ価格を決めておくのである。そして、漁期が終った後で精算するのであるが、その精算は個人ごとの水揚高に応じておこなうのではなく、韓海出漁の場合と同様に、アマ舟単位でおこなったものである。

親方に雇われて出る場合の一般的な精算方法は、水揚代金から仕度金、食費など共同の経費で親方が立替えたりしているものがあれば、それを差引きした残りを、親方一口、舟一口、櫓番一口、海士人数分、例えば海士七人、櫓番一人の八人乗りのアマ舟であれば、舟を含め一〇口になるから、一〇等分するのである。

親方は海士から決めた価格で買上げたアワビ、サザエを問屋や缶詰工場に売ることで利益をあげるのだから、親方一口というのは現在の感覚からみるとおかしいのだが、もとからの習慣で、世話料、特に磯の世話料という意識が親方の中にはあった。なお、舟の一口は当然船主のものであるが親方の持船であることが多かったから、親方の取り分になる。舟は初めは一口であったが、後には八分とか五分とか、ひくくなっていった。

磯は一年単位で買うこともあったが、普通三年、一〇年契約という長いものもあった。磯契約のありようは、その土地土地で異なっているが、入札なり話合いなりで契約金額が決まると、手付金、または保証金を契約時にいれ、毎年の操業開始の時にその年の分に相当する代金を支払うという例が多かった。

欲しい磯を手にいれるには、それなりの駆け引や工作が必要であった。極端な例では、きっかけをつくる方策に困ったあげく、気心の知れた海士を使って盗み採りをさせ、わざとつかまらせて、詫びにいくことをきっかけにしたこともあったりしたという。親方は自分の利益を当然考えるが、それだけではなく、地元の海士によい稼ぎ場をつくってやるという気持も強かったのである。

岬の海士が出稼ぎした海域を全て網羅することはできないが、昭和初年から親方として各地の磯で仕事をしたY氏（明治三三年生）の場合を例としてあげてみると以下のようになる。

鹿児島県では、串木野《くしきの》の周辺と甑島《こしきじま》、その他に行っている。

甑島は上、中、下甑島の三島になっているが上甑島の里《さと》村に初めは行った。ここはムクロの多いところであった。ムクロというのはツボガイともいう、あまり大きくならないアワビの種類である。アワビにはムクロのほかに、メダカとかヒラブセなどがある。メダカ、ヒラブセは大きくなるアワビである。

アワビは生鮑で問屋に売ることが多かったのだが、ムクロは広島方面が値がよかった。広島では草津《くさつ》や呉《くれ》に得意の問屋があった。メダカ、ヒラブセは阪神地方がよかった。大阪方面に直接持って行くこともあったが淡路島《あわじしま》の仮屋《かりや》に富久丸という問屋があって、そこと契約して売ることが多かった。そのほか、福岡や大分にも得意の問屋があって、その時々の状況判断によってどこに水揚げするか決めていたものである。

夏の暑い時期は、海も温度があがって、アワビを長く生かしておくことができない。そこで、近間で売ることが多くなるが、秋になって海が冷えてくると、アワビの生きもよくなるので、何百貫とためておいて、大阪方面に運ぶということをしていた。

長崎県の海に行くことは多かった。長崎県では平戸《ひらど》市古江《ふるえ》や長《なが》島、鷹《たか》島、度《たく》島などに行った。平戸の大島は大きなアワビのいるところであったが磯を売らないところであった。

福岡県では沖《おき》ノ島、筑前《ちくぜん》大島に行った。沖ノ島は、山口県の角《つの》島と並んでアワビの最もよいところであった。

大分県では、佐伯《さいき》の大島、蒲江《かまえ》の屋形《やかた》島、南海部《みなみあまべ》郡米水津《よのうづ》村などがあった。大島、米水津などがよくとれた。このあたりは近いので、年に四回行っていたが米水津では一秋にアワビ八〇〇貫、サザエ一三〇〇貫とったことがある。宮崎県の海にも行ったが、そこは、あまりよい漁場ではなかった。

愛媛県では、宇和島《うわじま》、戸《と》島、嘉《か》島、蒋渕《こもぶち》、北灘《きたなだ》などで磯を買っていた。宇和島はテングサの磯であった。これは韓国の済州島の海女に採らせていた。岬には昔から二〇人くらいの済州島の海女が来ていたもので、海女の親方をしていた金さんという男の人が、串に長く住んでいた。済州島から海女がこなくなったのは終戦近くなってからのことである。

韓海に出かけてゆく人もあれば、むこうからやってくる人もある。海は境のない広がりを持った世界である。

以上、磯を買い、海士を多い時には四〇人、五〇人と雇ってアワビ、サザエ、テングサなどの採取をおこなった親方が、思い出すままに語ってくれたところをあげてみた。話の様子では、まだもれているようにも思われたのだが、これだけでも相当広い範囲に岬の海士は出ていたことがわかる。

この人と同時代に串には他にも何人か、磯買いをしていた親方がいたし、親方につかず、仲間で行く人たちもいた。稼ぎ場とする磯は、重なりあっているものが多いにしても、それらをあわせると、おそらく西日本のアワビ磯の主要なところで岬海士の行かなかったところはないのではないかと思えるほどである。

前にでてこなかったところで、アワビのたくさんいたところのひとつに、対馬があげられる。対馬にも大正から昭和にかけて、岬の人たちはたくさん行っていた。しかし、対馬でも曲《まがり》には女アマ、豆酘《つつ》には男アマがいたので行かなかったという。曲や豆酘だけでなく、地元に潜水漁をおこなう人がいて、採取をしている所には、概して行っていない。

対馬では豊崎《とよさき》や鰐浦《わにうら》に行く人が多かった。昭和にはいってから豊崎に行く人は、たいてい仲間で組合をつくり、共同で磯を買って採取した。一組合一〇人前後で、海士とトモオシ、それにオヤ舟乗りが組になって行った。

アマ舟は六、七人乗り、オヤ舟はアワビ、サザエを売りに行く運搬専用であるからアマ舟よりは大きいが、二人乗りであった。組合の仲間は平等に一口であるから、腕の揃った海士を集めた。特に豊崎は潮の早い深いところが多かったから、上手な大海士クラスでないといけないといわれていた。

　潮の早いところでは二回目に潜る時、初めのところに帰るには艫櫓《ともろ》、胴櫓《どうろ》と二丁櫓をたてて、七、八〇回もこがなければならない場所などがあったし、二、三里も沖にあって潮の動かない小潮の時しか出られないような沖の瀬という網代に出たりするので、生半可な海士では通じなかった。だからといって、同年輩のものだけで組むのではなく適当な年齢差がなければ困るので、世話役は人集めに気をつかったものである。

　対馬に行くのは桜の咲く旧三月頃で、盆前にはこちらに帰っていた。盆時には海の温度が上って、アワビを生かしておくのが難しいからである。盆過ぎからしばらく岬で潜って、また旧九月にはいると出かけ、一ヵ月位、対馬で採って帰って来たのである。岬では旧一〇月にはいると禁漁になっていたが、その当時対馬ではやかましくなかった。

　出稼ぎに出た時は舟に寝泊りをする場合もあるし、家を借りて、夜はそこで寝ることもあった。豊崎には春、秋二回行くし、何年も続けて行くので、共同で家を借りていた。賄《まかな》いはトモオシの仕事だが、それを年若の海士が手伝うのがふつうであった。

　遠くの出稼ぎ地に出漁する時、儀礼的なことは特別になかったが、対馬に出る前に組合の仲間が神社でお籠《こも》りをしていた。御神酒をあげて自分たちも飲みながら、いろいろ打合せや話合いをする程度のことであった。帰ってからは、とくにはなかった。

海からあがった権現《ごんげん》様

　ふだん特に意識していなくても、時化《しけ》にあった時などには、カミに頼むということはある。人によって頼るカミは決っていないが、岬一帯では野坂権現《のさかごんげん》を心の中で念ずることが多い。そうして助かった場合には、御礼参りをする。御礼参りは裸足参りであった。

　野坂神社（「野坂の権現様」という方が通りがよいのだが）は海の神、航海・漁撈の神として広く信仰されており、旧暦六月一四、一五日の夏祭りと、旧暦一一月の未《ひつじ》、申《さる》の日におこなわれる霜月祭りは、ゴンゲンマツリといわれて賑わったものであった。祭りは串と正野が交替で当番をつとめていた。今年、夏祭りが串、霜月祭りが正野であれば、翌年は逆にあたるという方法をとっているのである。

　夏、霜月ともに神楽が奉納され、奉納相撲がおこなわれた。露店もたくさん出た。岬の人びとだけではなく、八幡浜、宇和島、長浜、郡中《ぐんちゅう》、上浮穴《かみうけな》や対岸の佐賀関、津久見、大分、別府などから多くの人たちが船でやって来て、正野の入江（今の佐田岬漁港）は船で埋ったという。夏祭りには現在もおまいりにくる人がいるが、昔の賑わいは影をひそめてしまった。

　正野の権現様が祀られるようになった由来について

正野神社（正野権現）。タコのウズンダ（抱いた）権現様は、海士の腕に抱かれて海からあがり、海士、漁士の神として祀られている　撮影・賀曽利 隆

は、次のように正野では伝えられている。

昔、燈台の先にある黄金碆《おうごんばや》の海中が光りを放っているので不思議に思った太郎、二郎という兄弟の海士が潜ってみたら、大きなタコが光る玉をウズンデ（抱いて）いた。そこで二人はそのタコの足を切って玉をとりあげ、オシマ（大島・御島）に祀った。しかし、そこは、あまりよくはないというので、場所を移すことになった。夢占いによると、モウソウ竹が一本はえている場所がよいと出たのでそれを探したら、今の神社のところであったので、移し祀ったというのである。そのようないい伝えがあるので、串、正野の人はタコを食べないし、病気の時などは、タコを食べないと唱えて祈願をするという。

野坂権現の由来については、このほかに『宇和旧記』に異なる話が二話、載せられている。そのひとつは、

「野坂権現は熊野から飛んで来たものといわれているそうです。ミノコシという所の海中が光っているのを、串の海士が見つけて、潜り、取り上げそのまま果ててしまいました。

そこで御島に社を立てて祀ったのですが、往来する船がとがめにあうのでしょうか、よく破損します。そこでほかに安座いたしたいと思いますから、しるしを下さい、そこに社壇を建てますと祈願をかけたところ、夜のうちに大呉竹が三本生えたのでそこに移したということです。それが今の所です」

と、串浦の又兵衛が語ったという話である。

いまひとつは、佐田浦の甚太夫の話で、

「もともと権現は、御島鰯碆《おしまいわしばや》の根に立っていたのだが、そこの海中がことのほか光って、往来する船の多くが難風に逢うので、きっと権現のとがめであろうと、佐田浦の越前という人が、佐賀関の海士を二人雇って来て、潜らせた。まず、親海士が潜って上り、大ダコがからんでいますといってそのまま果ててしまった。それで子海士が潜って大ダコの足を切って取り上げ、御島に社をたてて安座したのだが、前と同様、舟が痛むので、いずれのところなりとしるしをと望んだところ、今の神社の地に

夜の中に杉木三本、呉竹三本生えたので、社を移した」ということである。

大同小異の話といってしまえばそれまでのことであるが、野坂権現の由来を語るこれらの話は、私には、たいへん興味深い内容を含んでいるように思われるのである。

そのひとつは、御神体が海中からあらわれたということと同時に、その出現にタコがかかわっているということである。神が海中から出現するという話は非常に多いし、それにタコが関係を持つというのもひとつの型をなすくらいに多いのだろう。岬半島にも、そのような話がいくつかあるようだ。明神《みょうじん》の客《きゃく》神社もそのひとつである。ここの御神体である二枚の神鏡は、天文の頃（一五三二～五五）に泊の海で漁師が突いてしとめた大ダコが抱いていたものであると伝えられている。

また少し離れるが、東宇和郡明浜《あけはま》町狩浜《かりはま》の春日神社は、三崎から御神体を迎えて帰る途中、暴風雨にあって海中に沈めてしまい、困っていたところ、何日か後のこと、タコが御神体を抱いて狩浜の磯に上ってきて、氏子の心配を救ってくれたのだと伝えられている。

いずれもタコはとらないとか、食べないという禁忌を伴っている。探せばもっとあるに違いない。

いずれにしろ、海の動物の中でも異様な姿形をしたタコは、神性、霊性を持ったものとして崇められていたらしい。

それと関連して、思い出したことがある。それは、串や正野など、岬の海士はもとは頭を剃っていたということである。

海中深く、片手をまっすぐに伸ばして分銅を持ち、もう一方の手は身体にぴったりつけて、両足もぴったと揃えて、ほとんど垂直に近いような姿勢で潜るので、海士は頭に血がのぼるのであろう、のぼせるので頭を剃っていたのだといわれている。しかし、それだけの理由であろうか。頭を丸めるということには、もっと深い理由があったのではないかと、私は考えるのである。頭を剃ってまるめるということは、聖なる世界に関わりの深いことで、俗人の猥《みだ》りにすべきことではなかったのではあるまいか。

つぎに気になるのは、この神が紀州の熊野から飛んできたということである。

熊野は海と関わりの深い神であり、全国といってよいほど、その信仰は分布していたのであるから、それが岬にあったところで不思議ではない。しかし、この伝承が後から加わったものではなく元からのものであるとすると、岬の海士と熊野との関係で、何か考えることがありそうな気がするのである。熊野信仰とタコとは何か関係

明神の浦の客神社。ご神体の二枚の鏡は、大ダコが抱いていたと言い伝えられている

があったのであろうか。

岬の鼻に立って速吸瀬戸《はやすいのせと》を眺め、岩を洗い、碆《はや》にあたって白く泡立つ波を見ながら、この荒磯にいどんできた海士の姿を思い浮べて以来、私は岬の海士にこだわり続けている。そして、さらに、海から上った権現様にも、また海士の姿が深い影を落していて、気になるところである。

串の又兵衛は串の海士といい、佐田浦の甚太夫は佐賀関の海士といっているのだが、果して別のものであろうか。私には、佐賀関の海士も串の海士も同じもののように思えて仕様がないのである。ちなみに、佐賀関の岬にも権現様が祀られており、それにも同じ伝承があるというではないか。

はるかな海への想い

岬の海士の系譜を沖縄の糸満《いとまん》や韓国の済州島に求める考えもある。それも当然検討しなければならないが、その前に私は、佐賀関とのつながりを少し深く考えてみたいのである。

佐賀関あたりは一〇世紀初頭に、源　順《みなもとのしたごう》によって著わされた『和名類聚抄《わみょうるいじゅう》』（和名抄）にあげられている海部郡《あまのこおり》に属する地域だといわれている。現在でもこの地域は、南海部郡《あまべぐん》、北海部郡という郡名で続いており、特色のある漁村のあるところとして知られている。

アマあるいはアマべのつく地名は、古くから海人の集団が住んでいたところと考えられている。すこし飛躍するけれども、和名抄に海部郡・阿万《あま》郷などの地名がついているところは、佐賀関周辺だけではなく、どこも特色のある漁村・漁業地帯として知られるところが多く、海人の文化伝統の根強さを考えさせられる。さらにいえば、和名抄にあげられている一七ヵ所の郡、郷の所在地は、太平洋、日本海とわかれてはいるが、いずれ黒潮や対馬海流の流れに沿った海辺にあるというのも日本の海人文化の系譜を考える上で、示唆にとんでいる。ともあれ、佐賀関は古い海部の地なのである。そして佐賀関と佐田岬は、海をへだてているといっても櫓をこいで一時間余、近いのである。岬を古い海部の地に含めて考えたらおかしいだろうか。

奥州仙台からおいでになった伊達《だて》の殿様（宇和島藩主）は、速吸瀬戸の難所を恐れて、参勤交替で江戸に向かう時、佐田浦から二名津、あるいは伊方または塩成《しおなり》から三机《みつくえ》にと陸路をとって瀬戸内海側に出たのだという。

そのような難所に小さな舟に乗ってハマチを追い、アワビをとって暮しをたてる人々がいたのである。そしてその人たちは、その同じ舟で玄海灘をこえて韓海にまで行くことのできる人たちであった。

海を恐れる殿様方が何故か力を持って、海を恐れない人々をも陸地に閉じこめようとするようになって何百年かたち、私たちは海にも境があるように錯覚し、陸地中心にしかものをみないようになってしまったのである。だが、それではいけないのではないだろうか。

陸に閉じこめられてしまったようにみえるけれども、

上　夏の牛舎の暑さを避け、また運動のために夕方の浜に放たれた黒毛和牛の三崎牛（川之浜）昭和27（1952）年
右下　篭に幼児を入れ、牛を引く婦人（川之浜）昭和27（1952）年
左下　牛も家族の一員のように大切に扱われた（川之浜）昭和32（1957）年　撮影・いずれも新田 好

心までは閉じこめられてしまってはいなかった人たちが、たくさんいたし、その人たちは私たちが考えている以上に、大きなエネルギーを持っていたのではなかったろうか。港の日だまりで刺網《さしあみ》にかかった魚をはずしながら、一日に一度は海に出ないと調子が悪いと話してくれた岬の老人の、たくましい海焼けした顔をながめながら、私はそのようなことを考えていた。

　一人の老人はいった。

「もうスム（潜る）ことはできないが、海にはでたい。それで自分用の船を注文したんだが、子供たちがそのことを知って、みんなで止めるんじゃ。海はいいんじゃが。この年になるといけんかのお」

　海に生きた人の海への想いは、このように強いのである。それはとうてい消せるものではないなと、その時、思い知らされた。

　吠える海に圧倒され、その吠える海を自分のものとして生き、いまも生き続けている海士に圧倒されて、私の足は先に一歩も進まなくなってしまった。岬半島をもっと広く歩きイワシ網のこともミカンのことも、三崎牛のことも、あれもこれもたくさん見たい聞きたいと思っていたのだが、そんな思いはいつかどこかにとんでしまった。

60年間、海に潜りつづけた佐田岬の海士。現役を引退してからも網をつくろったり、軽い漁労活動をしたりと、海との交わりは続く　撮影・新田 好

　岬の海が、岬の人の生きざまが、強烈な印象を私に与えてくれた。それは、私が初めに予想もしなかった広い世界の存在を垣間《かいま》みせ、ショックを与えるものであった。

　こうして、私の小さな、ひとつの旅は終った。はてしなく大きな海への旅への誘いを残して……。伊予の西南の隅に、象の鼻のように細く、長く突き出た岬は、果しなく長く、どこまでも続く海上の道の起点であることを教えて……。

瀬戸内の石風呂を訪ねて

文・写真　印南敏秀

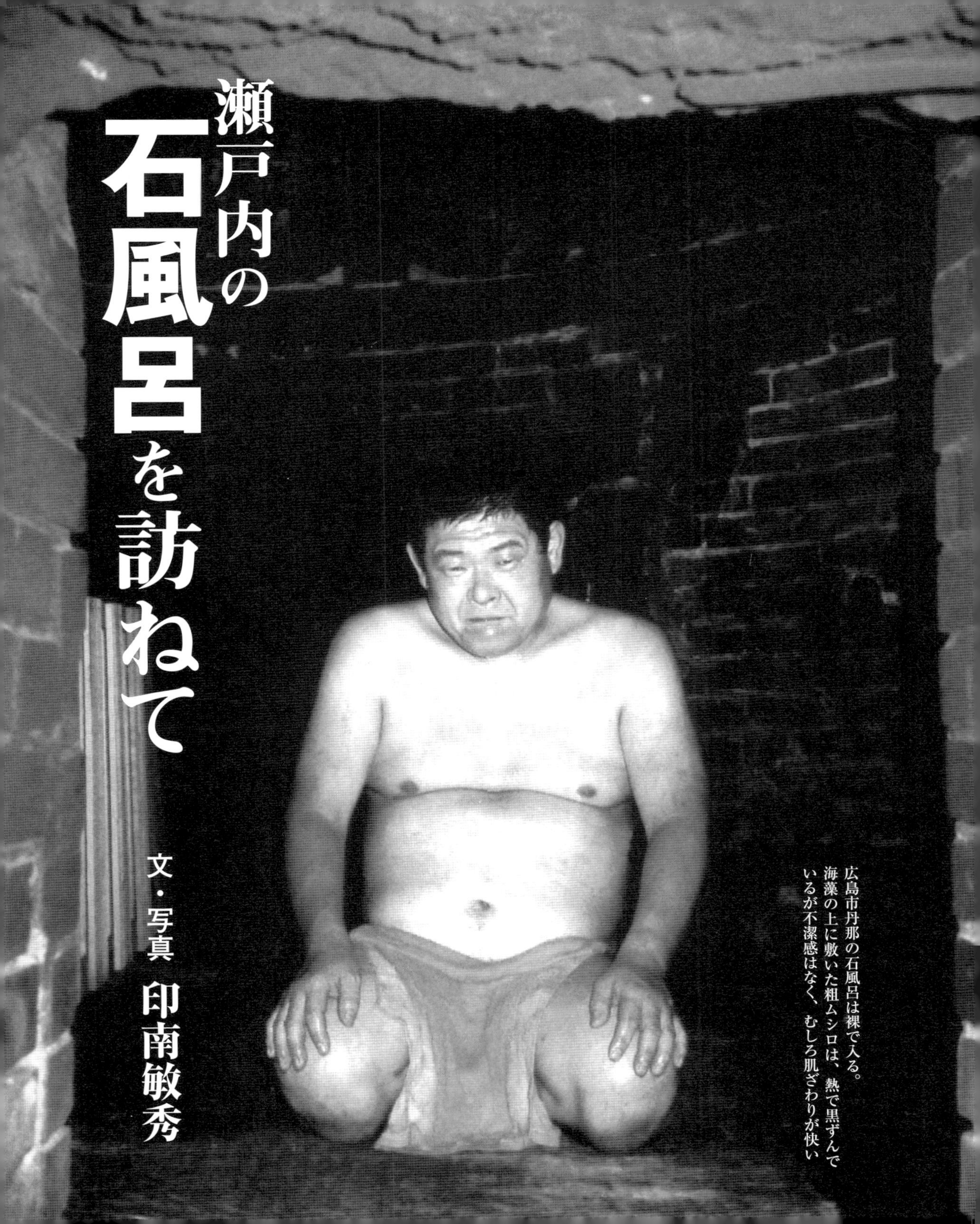

広島市丹那の石風呂は裸で入る。海藻の上に敷いた粗ムシロは、熱で黒ずんでいるが不潔感はなく、むしろ肌ざわりが快い

薬師庵境内入口にある「石風呂薬師」と刻まれた石碑。境内には町指定文化財の石風呂がある（徳島県名西郡石井町利包）

風呂嫌いだった。

たまに入ったと思ったらすぐ出てしまう。

「烏の行水《ぎょうずい》やね」

と母からよく言われた。

ところが、三〇歳を過ぎたころから無性に風呂に入りたいと思うようになった。

服を脱ぎ捨て、ゆっくりと湯槽《ゆぶね》に体を沈めていく。身心が日常の束縛から解かれ、体が芯から温まる。こうした快さがわかるようになり、風呂好きになった。

もっともきっかけはあった。瀬戸内の石風呂《いしぶろ》を調査で訪ね歩き、入浴について思いをめぐらせているうちに風呂のよさに気付いたのである。民俗探訪をはじめて一五年たつが、調査対象により自分自身の生活習慣が変わったのは石風呂調査がはじめてである。

ところで、「石風呂」といっただけで何人の人が理解できるであろうか。石風呂は蒸気熱気浴施設の一種である。岩窟や石積みの室のなかでシダや柴《しば》を燃やして暖めたあと、潮水で濡らした海草や莚《むしろ》を床に敷き、その上で暖まる。現代風にいえばサウナに近い、石でできた風呂である。

さて、「風呂」と「湯」は今では同義語としてだれもが使っている。ところが、歴史的にさかのぼれば「風呂」は蒸気・熱気浴、「湯」は湯浴を意味していた。江戸時代以降、蒸気浴と湯浴を折衷した銭湯が町場で発達して、同義語化していくのである。

日本の東西文化の比較で、江戸時代に銭湯を西国では「風呂」、東国では「湯」と呼んでいたという。瀬戸内に残る石風呂は、西日本の風呂（蒸気・熱気浴）文化の伝統を伝えていたのである。

ところが、瀬戸内で盛んに焚かれていた石風呂も、現

東和町〔現周防大島町〕小積の石風呂（写真右手前）と小積の集落。この石風呂は村の年寄りたちの憩いの場であった

石風呂分布図（市町村別）

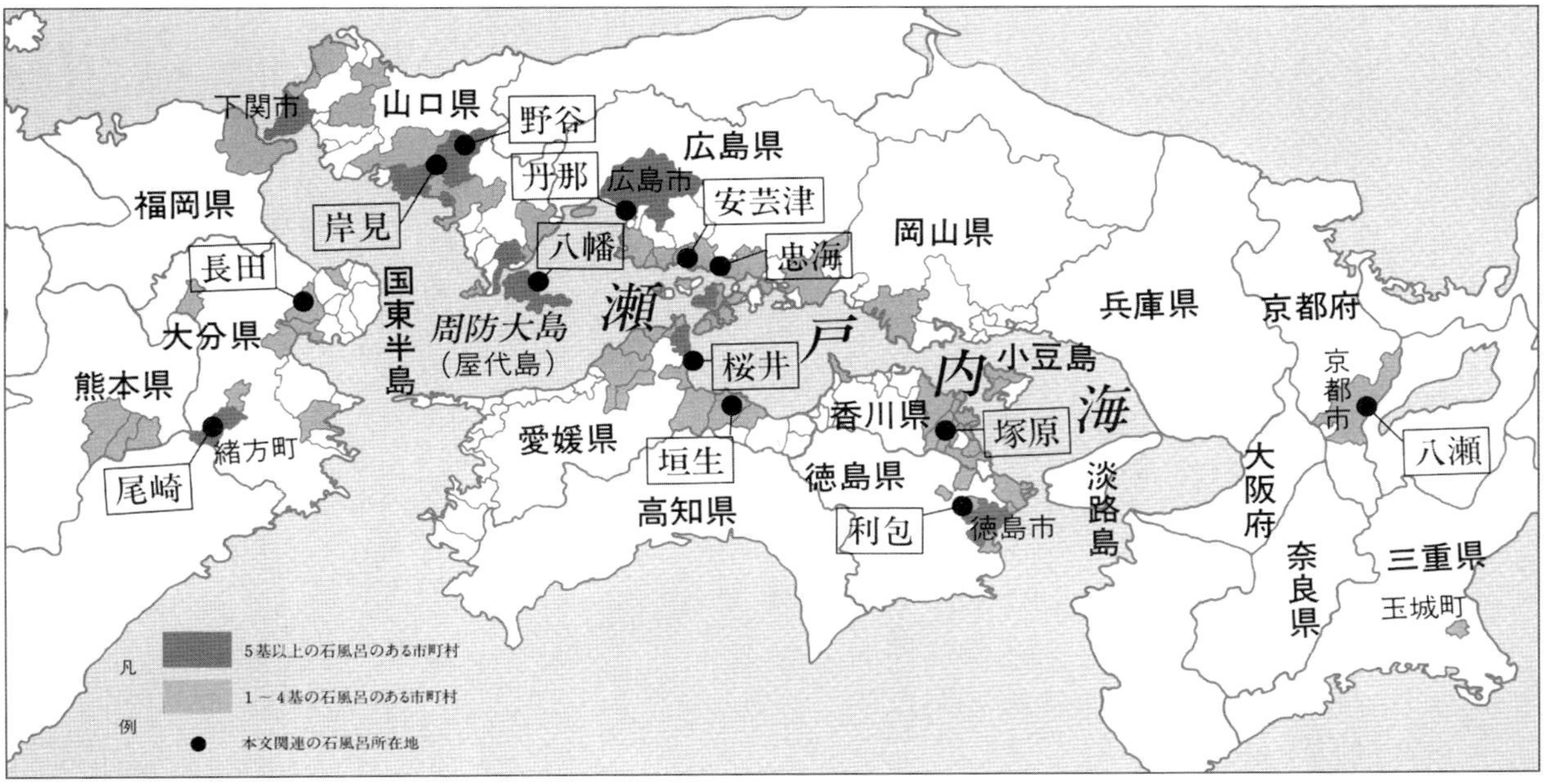

※小口千明「日本における伝統的蒸気浴・熱気浴の具体像（後編）」を参考

在なお焚いているのは十数ヶ所で、その衰退ぶりはきびしいものがある。そして地元民にすら忘れられようとしているのである

瀬戸内は私のふるさとであり、調査で親しんだフィールドである。その瀬戸内の一つの伝統が消えようとしている。私はそのことを知って以来、できるだけ多くの石風呂を訪ね歩いてきた。そして、少しずつではあるが石風呂や、石風呂を通して瀬戸内のことがわかりかけてきた。思慕するがゆえに盲目的となることを危惧しつつ、ふるさとの石風呂について紹介してみたい。

石風呂との出会い——東和町の石造文化

私が初めて石風呂の存在を知ったのは、山口県柳井《やない》市新庄土穂石《つつぼいし》であった。民俗調査で滞在中、偶然、石風呂を見学する機会に恵まれた。川端の木造家屋の土間に赤土で覆われ椀を伏せた形の石組の構築物があって、これが石風呂だと教えられた。

この石風呂は個人が経営し、農閑期に多くの農民が泊り込みで入りにきた。その頃の写真ものこっていて見せてもらった。大人一人がかがんでやっと入れる小さな入口から石風呂に入ると、内部は一〇人ほどが座れる広さがあった。懐中電燈で照らしだした石組の天井は今にも崩れ落ちそうに思え、すぐにも飛び出したい恐怖にかられた。私の石風呂の第一印象は必ずしも快いものではなかった。

大島郡の石風呂分布図

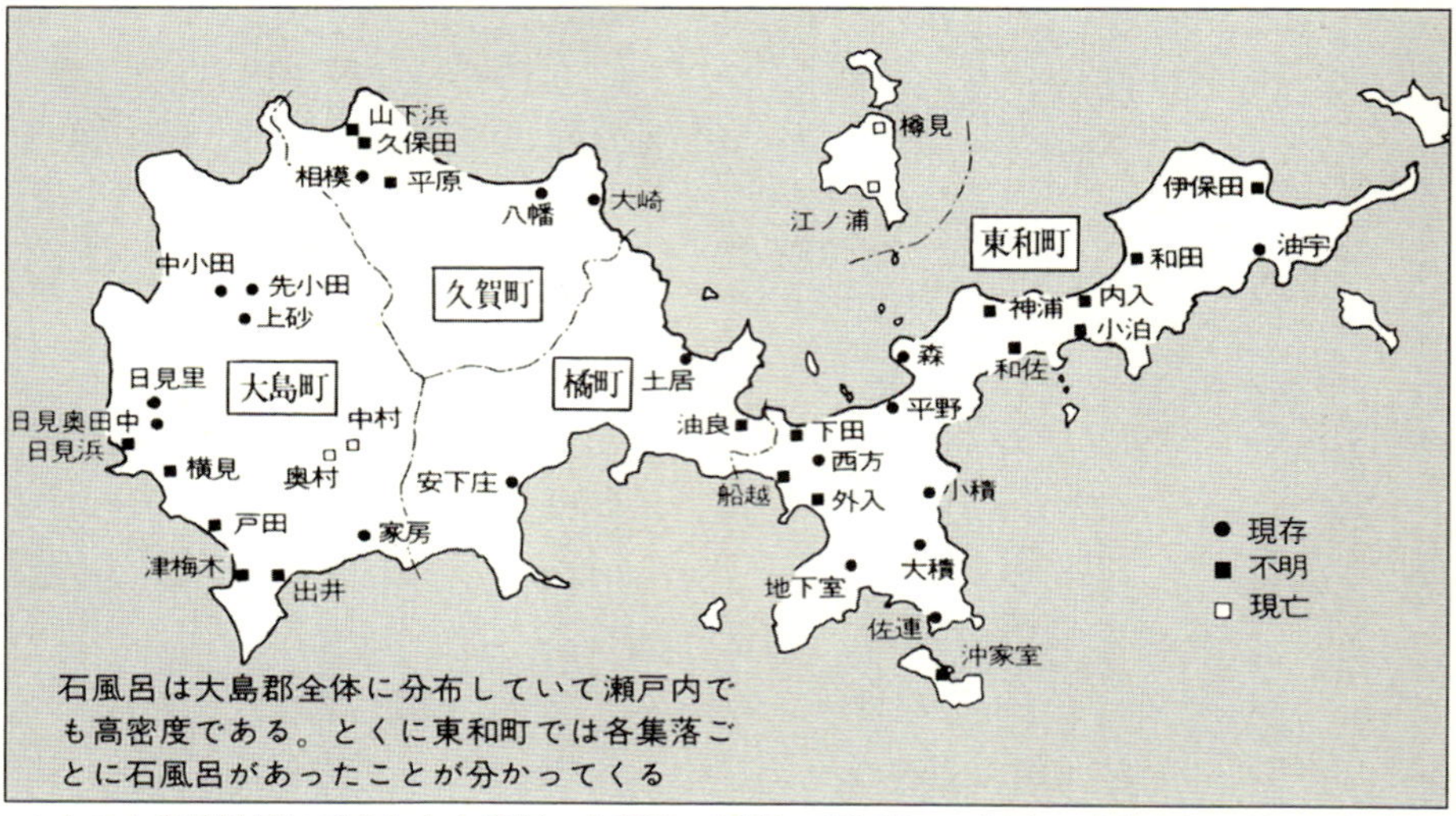

石風呂は大島郡全体に分布していて瀬戸内でも高密度である。とくに東和町では各集落ごとに石風呂があったことが分かってくる

＊上の大島郡地図に示された大島町、久賀町、橘町、東和町の４町は、平成16年10月の町村合併により周防大島郡周防大島町となった

柳井での記憶がうすれはじめた昭和五五年のある日、山口県大島郡東和町教育委員会の中野忠昭氏から、町内の石風呂の調査依頼があった。当時、私は東和町〔現在は周防大島町東和地区〕の石塔や石仏などの石造文化財の調査中で、その一環としての石風呂調査である。中野氏の話では、地元の古老から既に焚かなくなって久しい

石風呂を文化財として保存してはと要望があり、そのための調査だという。とはいえ私の石風呂の知識は無に等しく、さっそく手元にあった民俗関係の本で調べてみた。『日本の民俗・山口』（第一法規）には、山口県下には石風呂が大変多く三〇〇ヶ所ほどあり、農閑期に物理療法として利用したことが簡単に述べてあった。他にも石風呂について書いた本はあったが、具体的で詳しい記述は見あたらない。どうも石風呂の本格的な調査はなさそうであった。未開拓の分野に意欲をかきたてられるのは、調査者の常である。しかも、これまでお世話になった東和町の人々の熱い期待がかかっている。不安ではあったが、調査することにした。

東和町では昭和三〇年代を最後に、焚いている石風呂はなかった。まず私は現存する八ヶ所の石風呂を訪ねてみた。

最初訪ねた西方《にしがた》字城山《じょうやま》の石風呂は路傍にあり、柳井と同じ饅頭形で、土で覆われた様は、円墳のように見えた。内部は自然石を使った野面《のづら》積みで、石積《いしづ》みを覆う表土や草は風雨から石風呂を守っていた。東和町の石風呂は、この城山と同じ土饅頭形の、石積みが多かった。

調査が進むにつれて、東和町には現存はしないが他にも一〇ヶ所に石風呂のあったことがわかってきた。東和町は二八集落、三五〇〇戸弱の町で、約二〇〇戸に一つの割り合いで石風呂があったことになる。

東和町は周防大島の東端に細長くのびた山がちな地形で、集落は緩斜面と海岸のわずかな平場に点在する。今でこそ海岸道路で結ばれているが、大正頃まで集落間の交通は峠越えか船で、地図の上で見る距離以上に集落は隔絶し独自性が強かった。

それにしても一町内に一八ヶ所も石風呂のあったことはおどろきである。そして未だに私は東和町を越える高い分布密度のところを知らない。しかも、後述するが、形態のバリエーションにも富んでいた。

石風呂はほぼ等間隔にあり、利用主体の老人が気軽に入浴できたことが予想できる。

東和町に暮らし、郷土を愛する人々が石風呂を文化財として残そうとした選択は的を得たものであり、文化財に対する見識は高かったのである。

東和町で終わるはずの石風呂調査が今も続くのは、最初のフィールドに恵まれたからであり、そこで私は石風呂が瀬戸内のくらしに根ざした生活文化であることを教えられたのである。

私と石風呂の八年に及ぶつきあいは、こうして東和町ではじまった。

久《く》賀《か》の石工——石積み技術と石風呂のからみ

私の調査方法には一つの型がある。まず対象を形態的に把握し、資料化したうえで分類して分析を試みる。次にそこから得られた結果を伝承や史料に照らし合わせ検討していくのである。ただし、民俗文化財は多種多様で、多くの場合は資料化に手間取り、分析や検討を加えないまま調査が終わってしまいがちである。

久賀（現周防大島町久賀）の独特の灌漑用暗渠をとおした棚田。久賀の石工の高度な石積み技術が、石風呂の普及に生かされた

さて、東和町の石風呂で最初に注目したのは、内部の石積みについてであった。東和町の石風呂一八ヶ所のうち一四ヶ所までが石積みで、積み方に特色があったからである。

私は東和町の石塔や石仏の調査のかたわら、同じ大島郡の久賀町《くか》〔現在は周防大島町久賀〕で棚田を中心とした石積みについて二年間調査を行なった。平地の少ない島では、棚田や屋敷、波止《はと》と生活の場のいたるところに石積みが見られる。石積みの発達した周防大島の中でも久賀は最も石積みのみごとな所で、石積みをとおして久賀の生活文化の歴史をたどろうと、棚田を中心とした石積み調査を行なった。そして石積みの膨大な調査カード、写真、図面を資料化したところで時間切れとなったのである。そんなときもち込まれたのが石風呂の調査であった。私個人の関心は、久賀での調査成果を東和町の石風呂にあてはめ、石積み技術の調査を継続するよい機会だという気持ちが当初は強かった。

それでは、久賀の石積み技術とはどういったものか、調査資料から紹介しておくことにする。

久賀町は周防大島で最も高い嘉納山《かのう》（六八四・九メートル）や文珠山《もんじゅ》、嵩山《だけ》といった六〇〇メートル級の山が背後にひかえ、山頂付近まで棚田を見ることができる。山頂付近の急斜面の棚田は、石積みにすることでかろうじて田に拓くことができた。中腹から山麓まで連続する石積み棚田は、土のギシ（法面《のりめん》）に比べ崩れにくく、法面が狭くて、耕作面積が広くなり、米の増収につながった。海が迫り耕地の少ない島の人々の米に対する

久賀町八幡の石風呂断面図

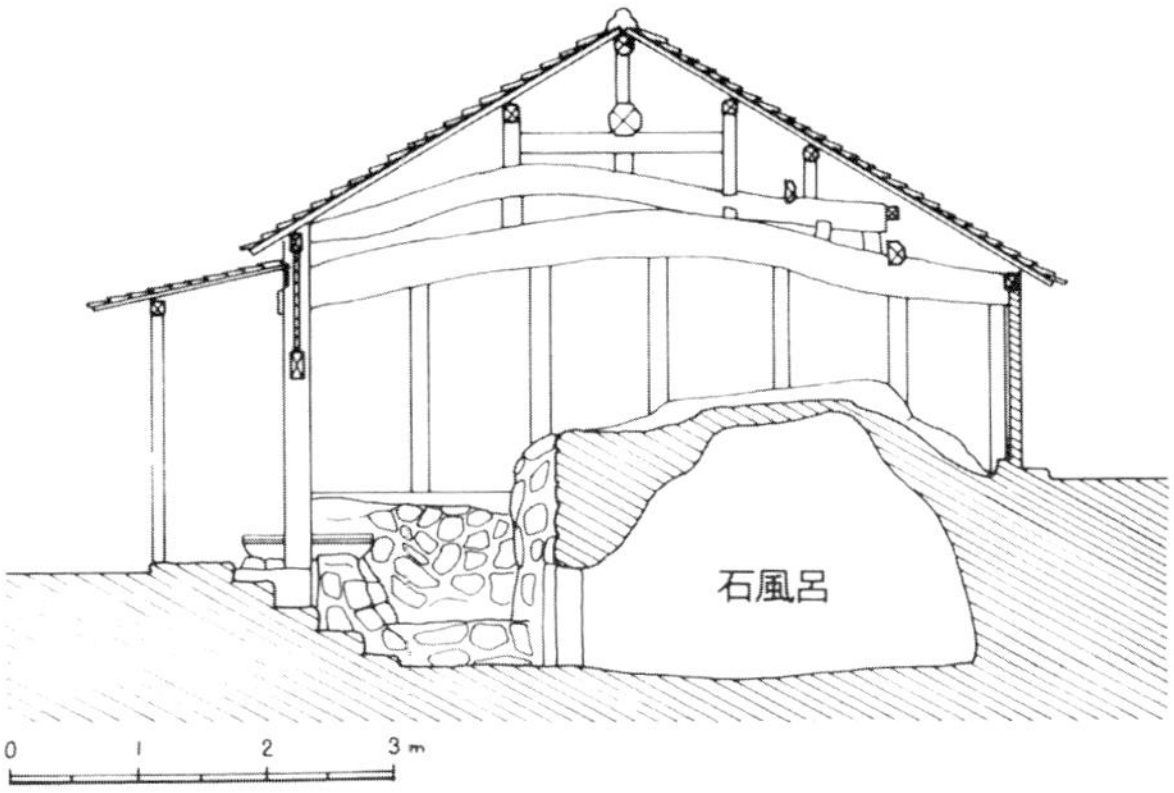

久賀町八幡の石風呂の断面図で、図をみるとこの石風呂が半地下式になっていることがよく分る。この石風呂には上屋（覆屋）も残り、また付属の家屋（休息場）もあり、大島郡の石風呂の原型のひとつとしてきわめて重要であり、国の重要有形民俗文化財に指定されている。八幡の石風呂は江戸初頭に、はやくも遠く伊予囲まで知られていたほど有名なものであった

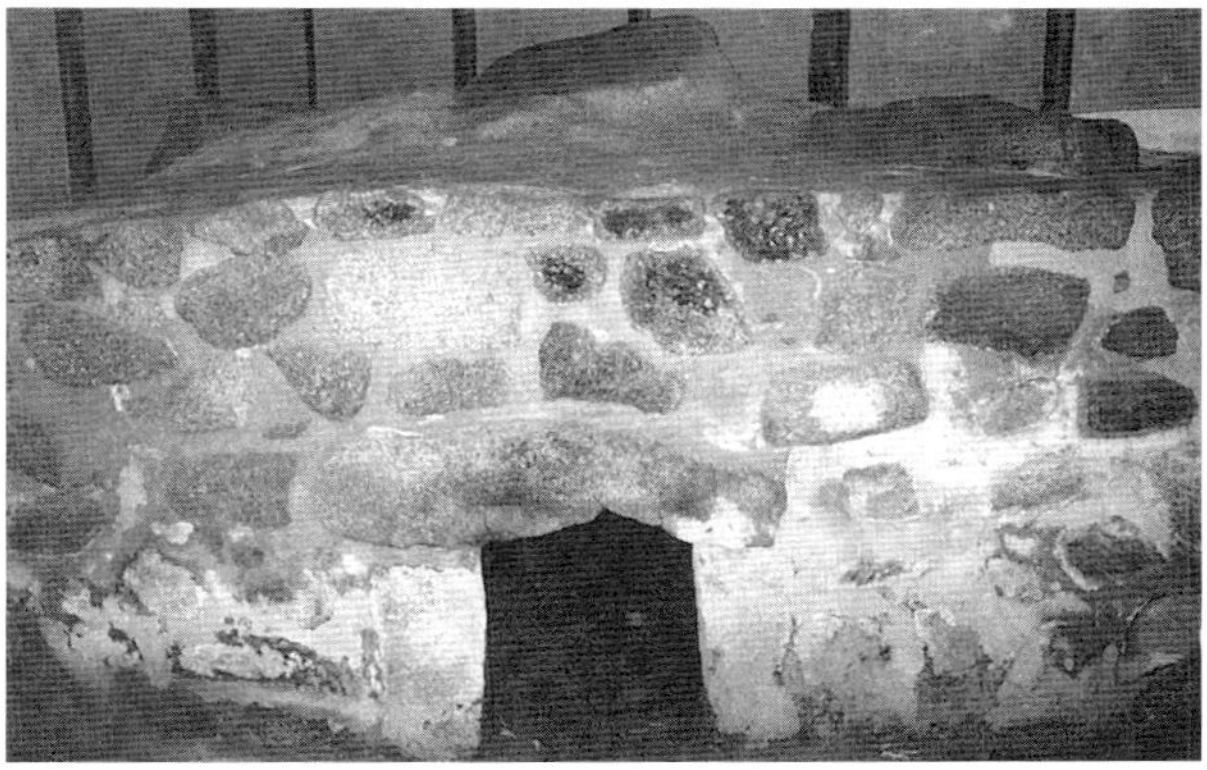

久賀町八幡の石風呂。花崗岩を積んだ石の間には床面と同じ赤土を詰めている。床面の中央は低くなり排水穴がある

強い執念が、石積みを発達させたのである。それはやがて、特殊な灌漑《かんがい》施設の暗渠《あんきょ》と水道の工夫と普及に結実した。

「暗渠」は用水路の上に石で蓋をし、水路の上も水田に拓いて耕作面積を拡張できるばかりか、水がかりを簡便にした。暗渠は、狭い谷を水田に拓くときに築く場合と、小さな谷田をあわせて大きな一枚の田にするマチダオシの際に築く場合があった。いずれにせよ面積が広くなり、真直な畦の田にすることができ、牛耕を容易にし、作業能率を高めるなど効果ははかり知れないものがあった。ただし、暗渠を通すにはギシの高い石積みが不可欠で、高度な石積み技術があってはじめて可能である。

「水道」は水田に石積みの横穴を通し、上の田のこぼれ水を集めて用水不足をおぎなう施設である。暗渠と水道とのちがいは、棚田の石積みのギシに四角い穴があるが、上段の穴と連なっていれば暗渠、そうでなければ水道とわかる。

暗渠や水道といった石積み施設は西日本の棚田地帯にごくまれに見られるが、久賀では一二〇〇ヶ所を越し、他に例を見ない高密度で分布していた。

こうした石積みを見ただけで、久賀がいかに石積み技術の発達したところかが伺える。そして、これらは久賀の人々が自ら築いたものであった。

最初、私達は久賀の棚田の石積みを専門の石工《いしく》が積んだとばかり考えていた。しかし、棚田を歩き、そこで働く人々と会話を交わすうち、それがまちがっていたことに気付いた。久賀の棚田に建つ農小屋《のごや》には、たいていゲ

ンノウなどの石積み用具がおいてあり、田をもつ男達が使う道具だったからだ。

温和で降水量の少ない瀬戸内海気候の周防大島でも長雨や台風でギシが崩れ、ツエヌケがおこる。春先の棚田の修理は農家の男の大切な仕事であった。その技術は親から子へと道具と共に伝わったのである。石積みは石塔や石仏などの細工とは異なり、素人でも時間と手間をかければ積むことができる。なかで器用な人は他人の棚田の石積みも積む半玄人的存在となった。久賀の石積みは地元民によって長年かかって築きあげ、守られてきた風土に根ざした生活文化なのである。

こうした風土から、出稼ぎの石工もうまれてくる。久賀は出稼ぎ石工の町としても知られ、久賀石工の足跡はわかっているだけでも中国地方の西部から北九州におよび、海岸の塩田築造や棚田、道路改修や護岸工事にたずさわり、後にはハワイや朝鮮にまで出かけていた。外に出た老石工から、棚田をひらくとき暗渠や水道をつくったと聞かされた。

棚田の石積み技術を系統だって分類することはむつかしい。久賀のような石積み先進地帯では、素人と半玄人、専門石工の技術力の差が少ないからである。ただし暗渠や水道は構築物として高度であり、差があらわれやすいと思われた。しかし、久賀で石を積む人たちは技術力が高く、それすらも明確にすることを困難にしていた。

しかし、暗渠や水道は久賀以外の土地で、久賀の石工の足跡や技術を知る資料として重要な意味をもっていた。現に東和町の暗渠は、久賀の石工が積んだという伝承がともなっていたのである。

東和町の石風呂調査をはじめてから、久賀の調査での重要な見落しに気付いた。石風呂である。久賀町八幡《やはた》の石風呂は慶長五年（一六〇〇）には伊予《いよ》にまで知られていたことが史料にのり、現存する石風呂で年代のはっきりする最も古いもので、しかも石積み式である。石風呂は後述するように石積み技術としては暗渠より高度で、技術系譜をたどれる可能性が高いのである。

そこで、個々の石風呂にもぐり込み、内部の石積みの調査をはじめた。

石風呂の構造分類——周防大島

石風呂内部の調査といっても、けっして気持のよいものではなかった。使わなくなって久しい石風呂の内部は、湿気がこもっていてカビ臭い。クモの巣はまだいいくらいで、コウモリの格好の巣となり、懐中電燈の明りと突然の侵入者に驚いて飛びたつ羽音にいく度も私は心臓が止まるかと思った。

入口は土砂がたまって狭く小さくなっている。泥にまみれながら、四這《よつんばい》になってもぐり込む。天井石がいくつか抜け落ちて青空が見える石風呂では、生き埋めになりはしないかと入るのをためらった。しかし、同行の中野さんの手前もあり、後に引くことは出来なかった。

今は慣れてきたが、石風呂内部の暗闇は臆病な私には恐怖以外の何ものでもなかった。後に、東和町長浜《ながはま》の石

風呂に若くしてリュウマチをなおすため入った山北ヤエさんから、
「どうせ仕事もできず、生きとってもしょうがないけえ、

円墳のようにみえるドーム状の石風呂。表面に土が盛ってあったが、崩れ落ちている（東和町西方）

死んだつもりになって入ったのであります」と、はじめて入ったときの決意を聞いたとき、すぐ共感できたのも石風呂の暗闇への恐れからだった。ヤエさんは、若くして老人が入る石風呂に入るのがはずかしかっただけでなく、暗い室内に入るのが気持よくなかったのである。

　調査の結果、東和町の石風呂は構造から岩窟式、半岩窟式（折衷式）、石積み式の三種類があり、石積み式はさらにドーム式と横穴式の二種類あることがわかってきた。東和町の結果をもとに、久賀町・橘《たちばな》町・大島町〔四町合併により現在はいずれも周防大島町〕と島内に現存する石風呂を調べて、分類に誤りがないか確かめて自信を深めた。

　ちなみに、この分類は瀬戸内沿岸の石風呂を訪ねあるいた今も基本的には変わらない。ただし、後述する近代工法のレンガ積み式と、京都市八瀬《やせ》のかま風呂の天井部分を赤土にした土石混合式をこれに加えて分類している。

　岩窟式は山肌に直接穴をあけ、石風呂をつくる。大島郡では東和町に三ヶ所あるだけである。今は一つも残っていないが、沖家室《おきかむろ》の岩窟式は大正七年に再建され、入口には明かりとりのガラス窓をつけるなどの工夫があった。石積み式と同様、瀬戸内沿岸には広い範囲で見られるが、大分県にはことに多い。大分県は軟質で掘削の容易な凝灰岩地帯だからである。ただし、石風呂の密集地域である山口県の大島郡や防府《ほうふ》市に注ぐ佐波《さば》川流域には少ない。

ドーム式・横穴式石風呂の図解

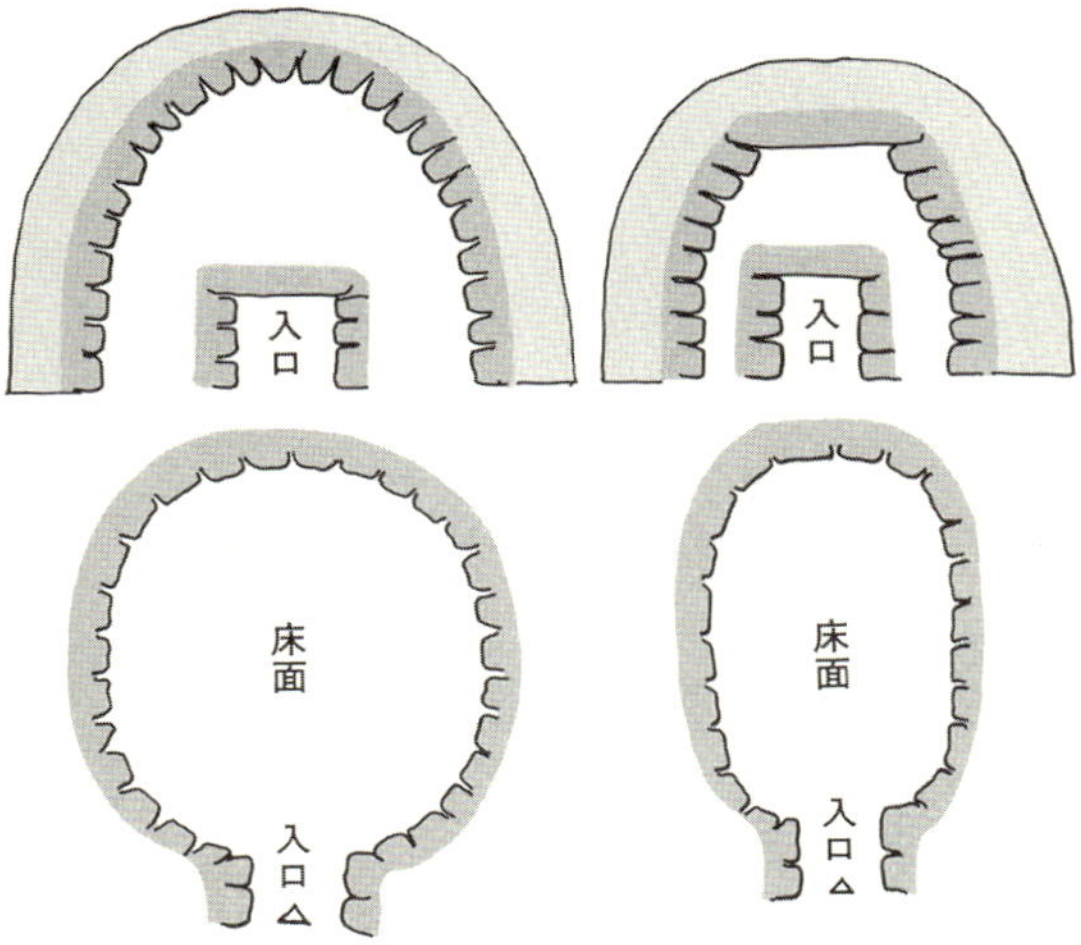

東和町森の石風呂―ドーム式
（高さ197、幅227、奥行267cm）

東和町小積の石風呂―横穴式
（高さ149、幅148、奥行245cm）

石風呂の内部工法

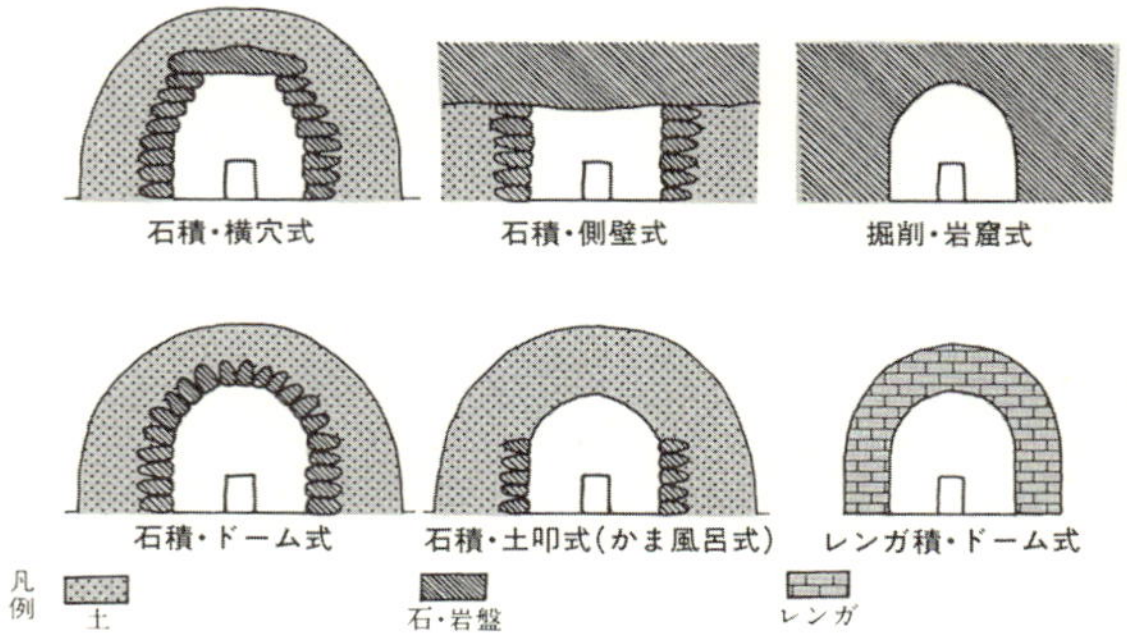

焼けただれた石風呂の内部の壁面の石。大小の石を積んで天井石を支えている（東和町平野）

山裾に築かれたドーム状の石風呂。右横は島四国の札所で、以前は石風呂の前に休息小屋も建っていた（橘町安下庄）

半岩窟式は岩陰を利用し、側壁を石積みにしたもので、大島郡に三ヶ所、うち東和町では地家室《ぢかむろ》にある。地家室では谷川沿いの花崗岩の岩陰を削りとって天井を高くしている。その他は凝灰岩の岩陰を利用した石風呂で、天井が低く、室内は窮屈そうである。佐波川流域では最上流の野谷《のたに》（徳地町《とくじ》）の石風呂がこの式である、

　野谷の石風呂は、鎌倉時代初期、東大寺大仏殿再建にあたって周防に来た勧進僧重源《ちょうげん》が用材を切り出す杣《そま》のためつくった石風呂とされ国指定の史跡となっている。最も難しい天井を自然の岩陰を利用し、工法的には原初的といえる。ただし、この式の石風呂は適当な岩陰が少なく、他に比べ狭い空間しかつくれないため普及しなかったのであろう。

　さて、石積み式石風呂は外形と内部の構造でそれぞれ分類できる。外形からは山裾斜面に穴を掘り、地山《じやま》の一部を奥壁と側壁に利用した半地下式と、平坦地につくる土饅頭形の独立式がある。

　内部の石積みからは、横穴石室と同じく奥へ細長く側壁を築き、天石をわたして室をつくる横穴式と、円形ドーム状に積みあげるドーム式に分類できる。

　ところで石積み技術は用材によって変わってくる。周防大島は花崗岩地帯で石積みの用材も花崗岩が大部分を占める。花崗岩は塊状には割れやすい。しかし、長石《ながいし》を切り出すには良質の花崗岩にヤを打ち込んで割る。この良質の花崗岩は大島に少なく、粗粒花崗岩が多い。そのため塊状の石を積み上げるドーム状の石風呂が久賀町八幡をはじめ多かった。ドーム式は周防大島の岩質を考慮

山口県防府で海に注ぐ佐波川の流域には石風呂が多く分布する。その中で重源の施湯と関わるとされる野谷の石風呂は、谷川沿いの巨岩の岩陰空間を利用し、入口に石を積んで作っている

した石風呂なのである。

ドーム式の石風呂でも、強度を高め形を整えるには、用材を選ばなければならない。組み合せがうまくいかないと、石が抜け落ちたり、崩壊の原因となる。石積みの表面に見えている部分より奥行が長く、大きさや形が揃った石が必要で、しかも均一に湾曲させなければならず、石積み技術としては極めて高度である。

そこで思い出されるのは九州に多いアーチ式の石橋である。山口祐造氏の『九州の石橋をたずねて』によると、古代ローマに始まったアーチ式石橋の工法がシルクロードや喜望峰を経て我が国に伝わるのは江戸初期で、

ドーム状石風呂の天井部。石を螺旋状に積み上げ、天井石を乗せている（東和町油宇）

上の写真の石風呂の入口部分（石風呂内部から撮影している）。入口の両側は大きな切石が使われている（東和町油宇）

長崎にはじめてつくられたのは寛永一一年（一六三四）だという。アーチ式石橋は切石を使い、個々の石材を計算しつくしてはじめて築くことが可能である。

石風呂は自然石や割石を使い、アーチよりもさらに難しいドーム状に積んで室内空間をつくりだした。半地下式の石風呂は、当初、強度と技術力を補うため工夫された。しかも、ドーム状に積まれた八幡の石風呂は長崎のアーチ式石橋よりもさらに古い。こうみてくると久賀の石積みは、高度な技術を保持するだけでなく、歴史的にも大変興味深い問題をかかえている。

あとで史料を挙げて述べるが、周防大島では八幡の石風呂がとびぬけて古く、江戸中期各地に石風呂がひろがっていく。そして、周防大島の石風呂は八幡と同じ半地下式のドーム式が多い。この二つのことから、私は周防大島の石風呂は久賀を中心に発達し、久賀の石工がつくりひろめたと思ったのである。

東和町で最も棚田の発達した大積《おおつみ》と小横《おつみ》に暗渠がある。つくられたのは明治以降で、久賀の石工が来て築いたという。その暗渠ときわめて近い場所に横穴式石風呂があるのは偶然とは思えない。横穴式石風呂も暗渠も共に側壁の上に天井石をわたす。一方は入浴空間、他方は水路を通す違いはあっても、構築法は基本的には似ている。そして、横穴式石風呂は大積と小積の他には、切石の長石を使って戦後積みなおした長浜の石風呂以外に周防大島では見られない。暗渠工事の技法をまねたのが、

大積と小積の石風呂とするのが最も無理がないように思える。

横穴式石風呂は、側壁は上に行くほど迫《せ》り出す持送《もちおく》りにして、室内空間を広くする工夫が見られる。しかし、室内空間の機能性ではドーム式には及ばなかったので、他にひろがることもなかったのであろう。

石積み式石風呂は常識的に考えれば、横穴式からドーム式、半地下式から独立式への発達過程が予想できるが、東和町では技術的に易しい横穴式がドーム式より新しそうである。技術の伝承過程において、ときとして古い技術が顔をのぞかせることがある。構造形式や技術論だけでは、はかりきれない文化のおもしろさである。

石積み式石風呂の構造を見ていくうちに、久賀を中心とした周防大島の石積み文化のひろがりを漠然とではあるが理解できた。そして周防大島の四二ヶ所にも及ぶ石風呂のうち、実に三六ヶ所が石積み式であることは、石風呂の普及が発達した島の石積み文化によるところが大きいことを予想させる。石積み式の石風呂は立地条件の規制をうけにくく、技術さえあればどこにでもつくれる利点がある。複雑な構造の石風呂を通して、石積み技術の系譜をたどる手がかりを得たことは、私の石積み研究にとっては一つの前進であった。

石風呂を訪ね歩き、構造の違いが石風呂の機能性とどうかかわっているのか知りたくなった。しかし、石風呂はすでに焚かなくなって久しく、焚き方や入り方は、体験者の話から推測するにとどまっていた。実感をともなわない不安は、日増しにふくらんできた。なにより、私自身話を聞くうちに石風呂に入りたくてたまらなくなったのである。

そこで、現在も団体での希望があれば焚くという山口県佐波《さば》郡徳地《とくじ》町岸見《きしみ》の石風呂保存会に連絡してみた。幸運にも大阪から団体の見学者があり、近日中に焚くという。岸見にはじまる私の石風呂入浴行脚のはじまりであった。

東和町小積の切石積みの暗渠入口

百聞は一見にしかず——岸見の石風呂

佐波川中流域の岸見と久賀町八幡の石風呂は昭和三三に国の重要有形民俗文化財に指定されている。今のところそれに続く大分県の二例と、史跡指定の野谷を含め五例で、国指定は山口県と大分県に限られる。これはそのまま我が国の石風呂分布における密集度を示している。

民俗文化財として石風呂が注目されはじめるのは、昭和三十年代である。まだ文化庁が文化財保護委員会と呼ばれたころで、文部技官であった祝《ほうり》宮静《みやしず》氏が深い関心

まんべんに燃えるよう、マゼボウで火の調整をする。雑木を焚くようになり、松に比べ焚く時間がながくなった（徳地町岸見）

岸見の石風呂平面図

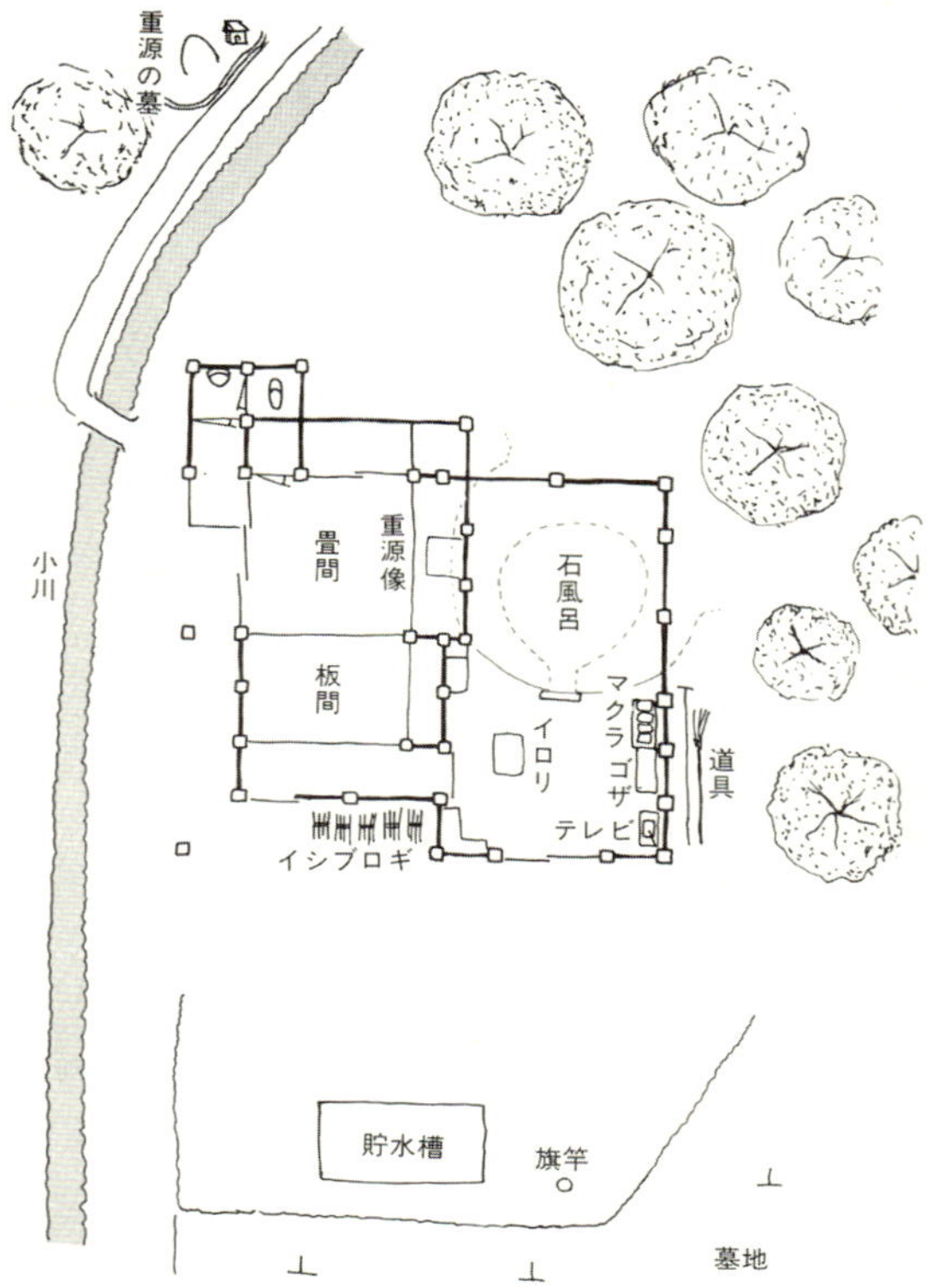

をよせ、石風呂を文化財保護の立場から地元研究者と共に調査を進めていった。昭和三十年代は、戦後の高度成長期にはいり、生活文化が大きく転換し、周防大島では次第に利用されなくなった石風呂が、終焉をむかえる時期にあたる。消えそうになってはじめて保護の手がさしのべられるのは、文化財保護の宿命かもしれない。

さて、瀬戸内地方の石風呂について詳しい調査報告が乏しいと述べた。それは民俗研究にのみ私の目が向いていたからで、石風呂を医療の面からとらえた優れた報告書が戦前にすでにあった。藤浪剛一氏を中心とする医師が広島・山口・愛媛・香川県の石風呂を現地調査していた。その報告は、きわめて詳細で、すでに焚かなくなった石風呂の習俗につ

佐波川上流の岸見の石風呂。道の奥の瓦屋根の家の土間に石風呂がある。前方の竹棹に旗を掲げて、石風呂が焚けたのを村人に知らせた

いてもふれ、今となっては石風呂の貴重な学術報告となっている。戦後の調査は、藤浪氏らの報告が基礎となって進展していく。それは、石風呂の所在を祝氏自身が当初、周防国が最も多く長門《ながと》国に分布がおよび、その次が安芸国で、伊予・讃岐・阿波国がこれに続くと考えていたことからも伺える。さらにこのことと関連して、当初は大分県の石風呂については調査していなかった。

　大分県の石風呂は、祝氏の呼びかけで調査した入江英親氏の尽力があってはじめてあきらかになった。さらに本格的な調査につながり、大野郡緒方《おがた》町小宛《おあて》字尾崎と速見《はやみ》郡山香《やまが》町大字山浦《やまうら》字長田《ながた》の石風呂が国指定有形民俗文化財として保存される。大分県の石風呂調査は入江氏の『豊後の石風呂』（第一法規）という、石風呂だけをとりあつかった初の単著に結実する。

　さて岸見の石風呂は、集落はずれの山麓にあった。墓地に隣接して建つ瓦葺家屋の土間に築かれ、土間の続きに畳敷きの二間の部屋と便所があり、軒下には燃料となる石風呂木《いしぶろぎ》が積んである。家の前は石風呂を焚く準備のための作業場で、全体のたたずまいは農家を思わせ、農村にある石風呂らしい風情である。

　なかで、前庭に立つ一本の竿が奇異に感じた。聞くと、石風呂が焚けたことを知らせる白旗を掲げる竿だった。自動車の音などで騒がしくなる以前は拍子木も鳴らして知らせたといい、実際に家のなかから持ち出して打ってくれた。村内のだれもが、目と耳で石風呂が焚けたことを知ることができたのである。

「百聞は一見にしかず」とはうまくいったものである。施設と実際の様子を見て、村人の生活や、石風呂入浴者の汗と臭いすら感じられるように思えた。岸見に比べ周防大島の石風呂は生活の臭いのしない遺物であった。覆屋《おおいや》があり、諸施設が保存された、久賀町八幡の石風呂ですら、人の姿を思いうかべることは難しかったのである。

　私が到着したとき、地元保存会の老人方により石風呂内に石風呂木がつめられ着火まぎわだった。内をのぞき込むと、石風呂の天井は炎をうけ表面が白く粉がふいた

焚きあがった石風呂の床面に敷く菖蒲と稲藁には、たっぷりと水をかけてミツゴクマデでかき混ぜる。水で湿らせないと、熱気で燃えてしまう（徳地町岸見）

頭を入口に向けて横たわって入浴する。普段着のまま入浴している（徳地町岸見）

ように見え、石風呂木は束のまま、奥壁に整然と立てかけていた。

着火すると、雑木の束はパチパチと勢いよく燃えはじめた。煙は天井をつたって石風呂の狭い入口からもくもくと立ちのぼる。やがて煙は炎にかわり、入口から音をたてて吹きあげてきた。火の勢いは私の予想を越えていたが、これでも治療を目的に人々が入浴していた頃に比べると、雑木の束は半分の四束でしかないという。

岸見の石風呂は半地下式でドーム式である。火の勢いを見て、これでは長期間の使用に石積みが耐えられないのではないかと思った。古老に問うと、築きなおした話は聞いていないという。ただし、石風呂に使う石は死石《しにいし》で、生石《いきいし》は使わないと教えてくれた。

死石は深成岩（花崗岩）の山石《やまいし》をさす。それにたいして生石は集落の前を流れる佐波川の川原によく見る石だという。近くに住む一人の老婆に家に案内され、柱の基礎に使った生石を見せてもらった。青味をおびた水成岩で、雨が近くなると石は汗をかいて知らせるという。

勢いよく燃える石風呂木は、まんべんなく燃えるように途中で床面にひろげた。これには長柄の先にT字形の鉄具のついたマゼボウが使われる。

石風呂木が燃えておきになると、棒の先に板をとりつけたカキダシで掻き出し、入口前方のユルイ（囲炉裏）へ入れる。カキダシで取りきれない小さなおきは、棒の先に稲藁をむすびつけたホウキで掃き出す。作業を行う入口付近でさえ、中からの熱風で近寄り難いほどで、内部はさらに熱く、稲藁は十分に濡らしておかないと燃えてしまう。石風呂を焚くためのこうした道具を、それまでの調査で私は全く頭においていなかった。

いよいよ入浴準備である。まず石風呂の中に稲藁と菖蒲《しょうぶ》を混ぜたものを放りこむ。それらは、あらかじめ前庭にひろげて、水をうって十分に湿らせておいたものである。一人の老人が頭からタオルを被り内に入って片寄らないように床一面にふりまいた。その上から丸めたゴザを転がして延ばして敷く。作業は手早く行われ、一瞬のうちに終わった。熱い中での作業は、熟練が必要だということが、実際をみてわかったのである。

　まちかねていた古老たちが枕をなげ入れ、普段着のまま入っていく。石風呂木の火の勢いを見ていた私は正直ためらっていた。

「入口の石に触れないよう、頭を下げ肩をすぼめて這うように入る。室内は焼けた石の熱気で高いとこほど、奥に行くほど熱いから、入口近くで頭を入口に向け、体を折って姿勢をできるだけ低くし動かない。座るのは少し冷めてからにする」

　以上が入るにあたって古老から教えられた石風呂入浴心得である。意を決し、教えられたとおりに私も古老の後に従った。

　はじめて入った緊張もあり熱気で息苦しく、汗びっしょりになった。私一人我慢できずに先に出た。なるほど入口だと先に出るのも便利である。なかでは古老たちが寝そべって平然と話しをしている。石風呂は焚く技術と共に、入り方についても経験がものをいうらしい。

　入口は小さな明り窓がついた木の扉で、中はうす暗く、熱気や汗臭さで初心者の私には不快でしかなかった。それだけに、外に出たときの壮快感は格別だった。時は五月、まだ寒くはあったが、風が快かった。

　今は、二度三度と入る人はいないが、本来は汗が引くのをまって入浴を繰りかえした。石風呂の横を流れる谷水を、かつては汗を流すのに利用したという。岸見の石風呂には体を洗う施設はなく、各自家に帰って自宅の風呂で体を洗った。

入浴体験のために訪ねた岸見の石風呂で、地元の婦人たちがご馳走してくれた。炊き込み御飯と野菜の酢和えの味、年寄りたちとの語らいが今も忘れられない

　さて実際に入って、石風呂は苦痛をともなうことを実感し、入る人の立場から石風呂の構造を考えることができるようになった。

　ドーム式の石風呂は天井を高くでき、床面が円形で熱い壁面からの直熱《じかねつ》を受けないように保てる。横穴式石風呂とくらべて、入浴者が内での位置や姿勢にゆとりができる。それだけ熱気は間接的となり、体を包む温度も均一となる。ドーム式石風呂が主流をなした理由が実感できたのである。

また、入る者に少しでも熱気からの苦痛をやわらげ、体に無理がこない配慮の必要性を感じた。岸見の石風呂が今日以上熱かったら、新米の私は入ることできなかったからである。

周防大島でたびたび聞かされた、石風呂に入るときには古着を重ねて縫ったドンダが必需品であった。そして、なれた上手《じょうず》が入ったあとの冷めた捨風呂《すてぶろ》から入ることで新米は慣れていった。岸見で今のように普段着で入るようになるのは石風呂木が半分に減った後のことで、かつてはドンダを着て、ベテランから入浴した。ドンダを着るのは熱気をじかに肌に当てない他に、室内に飛散する煤《すす》が汗で濡れた衣服や体に付着して汚れるからだった。そして、高温で焚かなくなって普段着となり、莚の上に上敷《うわしき》としてゴザまで敷くように変わったのである。

古老の一人が言った。

「今年は天気が悪かったで、よう焚いたよね」

古老たちにとって石風呂を焚くことは、今なお楽しみの一つであった。だれかれとなく、雨が降ると集まってきて焚くのである。

「石風呂は焚かんとおいたらつまらんからね、解《ほど》けてしもうてね」

と言うように、保存のためにも焚いたほうがよく、焚くことが保存会会員の古老の使命であり、石風呂習俗を伝えることにもつながる。それが負担に感じないほど石風呂での集いは楽しい。石風呂の目的は主として病気を治し、療養することにあるが、こうした人の集まりと、語らいにも石風呂の存在理由があるように思えた。

岸見では文化財指定と共に、地元古老により保存委員会が結成される。それは活用することが石風呂の保存につながることを知っていたからであるが、施設を遺《のこ》すだけでは民俗文化財としての石風呂を後世に伝えることができないことも熟知していたのである。保存委員会の古老は、物理的だけでなく精神的にも石風呂が機能していた時代を知る人達である。村人が石風呂に対していだいていた内面的な精神性がいかに大切かを知っているのである。それは東和町において、活用しなくなって三〇年を経てなお、石風呂保存をうったえた古老の心情にも通じるのである。

時代の変化で治療という目的がうすれ、物理療法の面での期待はうすくなった。老人の心のなかに生きている精神的な伝統が、石風呂を保持させているのである。

私は岸見の石風呂を訪ね、石風呂によせる地域の人々の熱い想いを知ることができた。同時に、民俗文化財の保存の難しさと大切さを知ったのである。

村持ち石風呂の経営—周防の村々

岸見の石風呂では、男女一〇人ほどのお年寄りが、だれの指図をうけるでもなく、男は入浴準備、女は入浴後の食事の仕度にとりかかる。その雰囲気はなごやかで、自然な光景であった。

岸見は、戸数一〇〇戸余りの農村である。村では、農作業や道普請、墓掃除など協同の出会い仕事があり、何かと寄合い、助けあうことが多い。石風呂でもそれぞれが得意とする能力を発揮しながら、全体としてみごとに機能していた。経験豊かな村の古老には当り前のことかもしれないが、私のようにまちで生まれ、地域の行事への参加が少なく育ったものにとって、古老の仕事振りは驚きであり、あこがれですらあった。個人の生活体験の蓄積と、村落共同体がもちつづけてきた伝統が、石風呂を今に伝える原動力となっていたのである。

　徳地町内には岸見の他に二九ヶ所の石風呂が知られていて、うち四ヶ所は現在も時々焚かれている。徳地町の

側壁の一部に岩盤を利用した石風呂。岩には大島町三蒲（現周防大島町三蒲）の石工が明治28年に築いたという刻銘があった（周防大島町中小田）

久賀町八幡の石風呂の往時を描いた絵。草葺きの釜屋や薪小屋、休み屋、草庵が描かれている。釜屋のすぐ右上に薬師堂があったので、薬師堂石風呂と呼ばれていた

石風呂の分布は大島郡とよく似て、ともに村（旧村）有の石風呂である。だからこそ互いに競いあうかのように多く石風呂がつくられ、普及したのである。

もっとも大島郡内には一部、個人が所有して焚いた石風呂もあった。そのなかの一つ大島町西屋代《にしやしろ》字上砂《かみすな》の石風呂は、当地に住む岩崎家の所有である。岩崎家は明治時代に当地の浜田家から石風呂を山ごと買い求め、昭和三五年頃まで代々当主が焚いてきたが、経営の仕方は、銭湯などに見られる経営者と客といったものではなかった。

上砂の石風呂は一年のうち、五月二二日の瀬戸祭りの前後一〇日間ほど焚いたにすぎない。かつて、上砂では五月二〇日頃から、苗代づくり、麦刈り、田植えと、重労働がつづいた。石風呂は治療効果と共に体調を整えるのに役立ち体が軽くなるといって、やがて来る重労働に備えたのであった。農村の石風呂は農耕暦にともなう生活サイクルにあわせて焚かれたのである。

また、石風呂は一〇日間くらい連続して入らなければ入浴効果が少なく、管理者からみても続けて焚く方が石風呂に余熱が残っていて効率的である。利用者に老人が多く、大島郡内のように近隣の村々でも石風呂を焚いていると、利用者は近くの人だけに限られる。上砂の石風呂を焚くのが一〇日間なのは、それだけの日数で十分だったのである。短期間では営利事業として成りたつはずがなく、岩崎家でも十分そのことは承知しながら焚き続けたのである。

入浴費は、入浴者のなかの世話人が、燃料のセンバ（松の枝葉）代、風呂に敷くモバ（海草の一種）代、風呂焚きの手間賃を入浴者から集めてくれた。また、風呂仕舞《じまい》の日には、男は酒、女は御馳走を持ち寄って祝うなど、経営者と入浴者の枠を越え、村人としてのつきあいがあった。こうした石風呂の利用情況は周防大島と徳地町の村管理の石風呂とかわらないのである。

東和町長浜の石風呂は平野《ひらの》村管理の石風呂である。一時壊れたため平野の人々は隣村の森《もり》の石風呂を利用していたが、戦後森も廃止となり、平野の人々は話し合って平野の石風呂を修理して再開した。石風呂の修理は地元の石積み専門の石屋にたのんだが、石組みのすき間をふさぐ味噌は、入浴していた中の歳の若い人（といっても、老人の中でのことだが）が平野中の家をまわって集めて歩いた。

味噌を使う話は大島ではよく聞いた。味噌は乾燥すると固くなり、すき間をふさいで熱気を逃さない。また味噌に含まれた塩分が体によいと信じられていたのである。

岸見で見たように石風呂を焚くのは、簡単そうに見えてだれもができるわけではなかった。長浜の石風呂は最初は為永吉昭さん、次いで山田三次さんが焚いた。為永さんは以前焚いていた村田さんの父親に習い、三次さんは為永さんを手伝いながらおぼえたという。みな平野の人であり、村の生活技術として村人の間で伝承されていた。

長浜のすぐ前の海は遠浅でモバがよく茂っていた。再開当時は少なくなっていたが、他所から購入することはなかった。石風呂の維持費はセンバ代と焚く人の手間賃ですんだ。維持費は毎年石風呂が終わったあと、入った人から一日いくらで集めたが負担は軽かった。当時センバは松が枯れて手に入りにくくなっていたが、気のいい人にたのんで焚いてもらったので、手間賃はごくわずかですんだ。長浜をはじめ大島郡の石風呂は上砂と同じで初夏の一週間から一〇日焚いたにすぎなかった。

　さて、こうした村管理による石風呂は、各家々の経済力が均質で、社会に対して家々の発言が自由な村において維持されやすい。

『東和町誌』（宮本常一編著）によると、東和町は近世中期以降人口が急増する。これには分家の増加を可能にした背景がある。島は元来耕地面積が少なかったが、税の対象とならないサツマイモの導入といった農作物の増収に加え、漁業や廻船業の発達、大工をはじめとする出稼ぎがさかんになったからである。

　こうした分家の増加は、本分家関係の血縁結合より、地縁結合をつよめていった。その傾向は、地域共同体のあり様を反映する信仰面にもよくあらわれている。

　東和町では一族一統でまつる氏神的な祠や信仰も見られず、地主神的な神、あるいは他所から勧請した神が信仰の中心で、こうした地主神や勧請神が村の地縁的な結合の軸になっていたのである。

　こうした村のあり方が、共同体管理の石風呂盛行の社会基盤となったのではなかろうか。おそらく石風呂が多く造られた時期は、周防大島の村々の社会的、経済的活動の転換時期と期を一にしているのである。

　周防大島の石風呂の推移は久賀町八幡の石風呂の二つの記録がよくしめしている。

　まず寛延三年（一七五〇）の「大島郡久賀村由緒書」には次のようにある。石風呂に関する数少ない史料のなかで、石風呂の構造や焚き方にまでふれた優れた史料なので全文を紹介したい。

「一石風壱ケ所、但石風呂内之広さ九尺四方程、入口弐尺五寸ニ三尺、上石大石、内平に南無阿弥陀仏之名号書付有之、弘法大師之御作と申伝候、尤風呂焚候節いばら木弐三抱焚、其炭をかき出シ、跡へ毛葉を敷、人々筵をかつき拾七人程充代り〳〵入浴仕、入口を俵ニてふさぎ、他国他人之義は壱人日別拾銭充入浴銭差出、地下人ハ不及其儀、尤焼木代銭乃儀は地他人共に時之相場ニて差出申候、右石風呂之上屋弐間梁ニ三間半、地幅建ニて惣茅葺ニて御座候、幷ニ薬師堂壱宇有之、右入浴銭庵主請取、石風呂高五斗六升之石貫銀幷堂修甫ニ仕候事」

　この史料により、石風呂の規模や構造、焚き方、毛葉《もば》（海藻の一種）の敷き方など、今も東和町で見聞きできるものと同じことが確かめられる。当時地元民（地下人《じげにん》）が燃料代だけでよかったのは、村の石風呂として位置づけられ、他所《よそ》から来る人が多く、その入浴銭で維持できたからであろう。

　続く天保一二年（一八四一）の『風土注進案』には、約九〇年後の変化が次のように記されている。

「（前略）旧ハ他所ニ此風炉無御座、近国よりも療治罷越、春夏秋ニ入浴人数多御座候所、近年は諸所ニ出来

仕、入浴人余分は無御座候、石風炉築替上屋葺替等入目之儀は地浦小貫を以相調来候事」

周防大島は、周防と伊予、安芸の国の境界に位置する島である。従って他国からの湯治客が訪ねるのに比較的便利であった。しかし、そうした近国や島内に石風呂がつくられ、他からの「入浴人」が九〇年前のように多くはなくなったのである。

また、先の史料にみえるように、石風呂は薬師堂（久賀の神屋寺抱えの庵寺《あんでら》）の庵主により管理されていたが、天保の頃になると石風呂やその上屋（覆屋）の修復費用は地方《じかた》と浦方《うらかた》双方から、村の諸雑費にあてる小貫《こつなぎ》によって行われ、村の公共施設として位置付けられていたことも確かめられる。

徳地町でも事情は変わらなかったと思われるが確かめていない。また、江戸時代の防長二国は、毛利藩の領国であり、そこに石風呂が濃密に分布しているということは藩の政策との関連も考えられるが、その検討もこれからの課題としたい。

伯父の語る石風呂体験—垣生の石風呂

東京から東和町への調査の往復の途中、私は郷里の愛媛県新居浜《にいはま》市に立ち寄った。工業都市として知られる郷里だが、そこには瀬戸内の海があり、なつかしい人々が住んでいる。瀬戸内の風土は私の思索の原点で、調査で学んだことを郷里でゆったりと考え直すのが常であった。

東和町での石風呂調査の帰り、母に石風呂を知らないかと聞いてみた。母の生家は農家と漁家が相半ばする海辺の垣生《はぶ》である。母は自分は入浴したことはないが、垣生の海岸にあったことを憶えていて、垣生に住む酒井の兄さんなら知っていると言う。はたして、伯父は子供の頃祖母の入浴について行き、実際に入浴した体験があった。驚いたことに垣生の石風呂は私が子供の頃泳いだ海水浴場に五〇年ほど前まであったのである。

「石風呂はレンガを積んだカマボコみたいなかっこうでの、二つあったんよ。外の壁は隙間ないように赤土を塗ってたのぉ。入口には木の扉があっての、反対側の奥には空気穴があいていたのぉ。真中が通路での、両脇に山のシダを何十把も並べて燃やし、石風呂そのものの温度をあげるんじゃ」

日ごろ無口な伯父だが、話は途切れることなく続いた。子供の頃の思い出が堰を切ってよみがえったかのようである。

「シダが燃えて灰になったら、百姓家で使う莚を巻いたまま潮水で濡らしての、シダの上にひろげるんよ。その上に通路をはさんでさし向かいに膝を組んで座るんじゃが、ゆうなときにはあぬけ（仰向）になって寝るんよ。汗がタラタラ流れるまで入っといて、ぬくもったら海へとび込むんよ。焚きだちは三〇秒もよう入らん。わしら熱うてすぐ飛び出したこともあったんよ」

伯父から聞いた郷里の石風呂の話で、石風呂がますます近しいものに思えてきた。

「石風呂の横には長屋があって、よそから来た人は泊り込みでの、自炊もしよった。あとで入る水風呂や湯も沸しとったのぉ。石風呂は春から秋口にかけてで、冬場は焚いとらんかった。ほうじゃのぉ、田植休みの頃から秋の取り入れぐらいまでかのぉ。まちの人も来とったのぉ。保養で温泉に体を休めに行くんと同じよのぉ。神経痛や冷え症によう効いたのぉ。ようけ入りに来たんで、間にあわんから石風呂は二つあったんよの。たがいちがいに焚いて冷やさんようにしたんよ。ほうじゃ、男はパンツ女は腰巻に肌襦袢で、頭にタオルを巻いて入っとったが、混浴だったのぉ」

垣生の石風呂は営利目的の、レンガ積の近代的石風呂であった。したがって規模も大きく、客の便宜をはかるため二つの石風呂を交互に焚いた。

新居浜は別子《べっし》銅山と共に早くから貨幣経済が浸透した工業都市である。これまで調査してきた山口県下の村の石風呂とは社会基盤が大きく違っている。経営を安定させるには遠来の客を受けいれる宿泊施設も不可欠であった。

東和町などでは利用者はほぼ村内の老人に限られ、初夏の田植前に一時期焚けばことたりた。垣生においても農作業前後の老人で賑ったが、都市民の保養所ともなっていた。

大島郡の石風呂が村社会の石風呂なら、垣生の石風呂は多様な階層の要求を満たすために経営される都市の石風呂である。習俗的に見れば、村の貰《もら》い風呂と都市の銭湯の関係に似ているように思えた。

また、物理療法という医療面から見ると、石風呂は温泉に似ている。温泉も、付近の村人が仕事の疲れを癒やす共同湯から、治療や療養を兼ねて、長期滞在する温泉宿のある湯治場まで、その目的によって幅広い活用形態が見られる。

さて瀬戸内地方の温泉分布を見ると、近年掘った温泉を除くと、少ないのである。ことに石風呂分布の多い海岸部では万葉集にも歌われた愛媛県松山市の道後温泉くらいである。温泉は自然が与えてくれた物理療法として重宝されるが、瀬戸内の人々はその恩恵をうけることは少なかった。

温泉湯治には「湯七日」とか「湯十日」と言う言葉がある。七日から一〇日は続けて入浴しなければ効能はうすかった。これは石風呂も同じである。大正頃までの温泉宿は自炊を建前とする湯治宿が一般的であった。それでも、温泉宿での長期滞在は特別の場合を除き、なかなか老人に許されなかった。

瀬戸内の老人たちは若い頃から労働にあけくれ、老いてなお体にむちうち働き続けた。そして温泉にこそ恵まれなかったが、石風呂で、一時の安息を得たのである。私は正直救われた思いだった。そして石風呂が瀬戸内に多い一つの理由に、温泉の少ないことが影響しているように思えた。

伯父の話に満足した私の足は、なつかしい浜辺に向かっていた。子供の頃から親しんだ松並木と白い砂浜、その向こうに島々の浮かぶ瀬戸内海がひろがっていた。白砂青松のおりなす美しさや、海風の快さを、瀬戸内に育った私は無条件に良しとすることができる。海辺でのんびりすごす心のやすらぎは、ときとして石風呂の物理療法以上の効用があったのではないか。瀬戸内に育った人々の心に世代を越えて共有できるこの感覚こそが、海辺に多い石風呂のもう一つの理由ではなかろうか。

戦後の高度成長を経て、瀬戸内海は大きくその姿を変えた。白砂の浜も、松並木も、青く澄んだ海も消えようとしている。石風呂の衰退は、変わりゆく瀬戸内を予告していたのである。

私は瀬戸内らしさの消えゆく現実にさみしさをおぼえた。同時に、石風呂調査を続ける意義を何に求めるべきかわからなくなったのである。

石風呂発見の旅——桜井の石風呂

変貌のはげしい瀬戸内地方で、今なお焚き続けている石風呂を訪ね歩き、石風呂や瀬戸内を見つめなおそうと思った。そこで将来への何らかの展望が見い出せなければ、石風呂調査をやめようとすら思った。それは私の瀬戸内での調査の終わりを意味していた。

最初に訪ねたのは、愛媛県で唯一ケ所焚いている今治《いまばり》市桜井《さくらい》の石風呂だった。桜井海岸は石風呂の自然環境として申し分のない条件を今に備えた所であった。

桜井の石風呂は海水浴でにぎわう海辺にあり、白砂と松並木が続いていた。毎年石風呂は七月中旬から九月中旬にかけて焚かれる。波穏やかで、海は青く澄み、私の瀬戸内の原風景がひろがっていた。そのこともあってか、瀬戸内の夏を色どる風物詩として桜井の石風呂は毎年マスコミに紹介されるという。

桜井の石風呂は風光明媚に加え、自炊のできる宿泊施設を完備し、湯治客が安心して療養できるようになっていた。愛媛県内の他、対岸の広島や遠く大阪からの客も多い。無論、入浴後は潮湯と白湯の沸かし湯があり体もきれいに洗える。

私は建ち並ぶ宿舎の一室を借りて、海水パンツにはきかえ、事務所で入浴料を払い、すぐ前の石風呂に向かった。

石風呂は、砂浜に突出した岩山の根元に穴をあけた岩窟式である。岩山の頂上には薬師堂が祀られている。

正午を少しまわった時間で、午前中の入浴が一段落し、午後の入浴に備えて二度目の火入れの最中であった。

山口県では燃料は松の枝が一般的であるが、桜井は新居浜と同じようにヤマシダを使う。ヤマシダは火力は松に劣るが、はやく燃え、おきが残らないので掻き出す手間がはぶけ、入りごこちもなめらかだという。

桜井の石風呂は、瀬戸内で最大規模をほこる。室内は中膨れのカマボコ形で、奥行七・二メートル、中央部の幅三・八メートル、高さ二・一メートルあり、左右に整然と並んで座れば、一度に五〇人は入れるという。

シダを燃料とするのは、入りごこちと共に石風呂の大きさも影響するのではなかろうか。同じ岩窟式で桜井と共に今治で名高かかった港の石風呂は、規模が小さいた

バスタオルなどで体を覆った常連の入浴客が石風呂から出てくる。
石風呂が熱い間は石風呂焚きの老人（写真中の普段着の人）が入浴の世話をする（愛媛県今治市桜井）

めか松枝を焚いていた。桜井のように奥が深いと、おきを出すのも、莚敷きも大変な手間と危険性がともなう。

その点、おきの残らないヤマシダを使うと便利である。また、ヤマシダを燃料とすることは、今治や新居浜では特別なことではなかった。ヤマシダは柴木と共に家々の煮炊きや、木造船の船底についた虫や牡蛎《かき》を焼き殺すフナタデに使われていた。今は少なくなったが、かつては付近の山にヤマシダが下草として繁茂し、手近な燃料の一つであった。ちなみに、桜井の石風呂では一かかえを一束とし、朝と昼に一五束ずつ焚いた。地域に即した身近な燃料を工夫して焚いたのである。

二人の地元の古老が、まだ火の粉がみえる床に海水で濡らした莚を入口から順に慣れた手つきで敷きつめてゆく。二人がかりで準備をするのも桜井だけで、ここにも規模の大きさが伺える。

入口で入浴を待つのは老人が半分、あとの半分は海水浴客の若い人である。ゆったりと待つ老人に比べ、若い人は不安げな表情と好奇心をみなぎらせていた。

準備が整うと、常連の老人たちが、亀の甲羅のようにドンゴロス（麻で織った粗布）をかぶって入ってゆく。二、三人が出入りしたあと、私もバスタオルを頭からかぶって入ってみた。これが本格的な石風呂の初体験となった。

入口の木の扉についたガラス窓のあかりをたよりに、場所を求めてうろうろしている間に、まともに熱気にあたった。肌を刺す痛みと息苦しさに、飛び出した。さきほど、興味深そうにのぞき込む子供らに、

「今入ったらことぞ」

と言っていた老人の言葉が身にしみた。

私は岸見での教えを忘れて、室内で座る場所を探して動きまわった。動いて中の熱気をまぜると熱くなるのは道理である。さらに場所を探すため姿勢が高く、中腰のままでいたのである。

すぐに飛び出してきた私に、内での動作を見ていたかのように、さきほどの老人がさとしなぐさめるようにいった。

「一寸でも体をさげとらにゃあ、ベテランでももつもんかい」

私は最初からあやまちをおかしていたのに気付いた。金を支払った客同士ということで、先輩に教えを乞うことを躊躇したのである。

さっそくさきほどの老人に話しかけると、小学生のころから五六年間かよい続けているという。常連は座る場所を探さなくてすむように入口から順に席番を決め、出てきた人が入る人にどこがあいているか教えるのだという。常連客同士は入浴について互に助けあう定めができていた。それは石風呂を待つ間や、宿泊所で世間話をしながら自然にできた定めであり、仲間意識である。ただし、近年はかなり変わってきたと老人はいう。

昔は、石風呂といえばジジとババのものと決まっていた。老人ばかりの気安さから、男はヤタイ（素裸）、女はコシマキひとつで入っていた。それが、海水浴客がおしよせるようになり、風紀が悪いと今は水着に変わっている。これは単に服装が変わったというだけではない。

石風呂と老人をめぐる環境は変貌しており、石風呂空間が外来者にさらされた現実を知った。ただ石風呂の入浴をとおして、今なお経験がものをいうおかしがたい部分があるという。それは私自身が経験を積むしかわかりようのない世界だと確信したのである。

入浴の作法と医療効果——忠海《ただのうみ》の石風呂

桜井で、入浴者には入浴者のルールがあり、客同士にも仲間意識のあることが伺えた。まだそれは漠然としたもので、それにどういった深い意味がかくされているのか伺い知ることはできなかった。その意味をさぐるため、私は広島県の二つの石風呂を訪ねた。

山陽線三原駅で新幹線から呉《くれ》線に乗りかえると、二〇分で忠海に着く。車窓からは芸予の島々が見え、その風

石風呂内部一杯に詰め込まれたヤマシダに点火。炎の右肩に丸く見えるのは奥壁に穿たれた空気穴で煙突の役割をする（愛媛県今治市桜井）

景は美しくあきない。忠海の石風呂は、その芸子の島々をのぞむ竹原市忠海町床浦《とこうら》の宮床《みやとこ》海水浴場のかたわらにあった。石風呂は海辺に建つ石風呂温泉旅館「岩乃屋」が経営し、正月を除き一年中営業している。

到着したのは午前九時半、朝の焚く準備から見せてもらうつもりで来たのである。「岩乃屋」背後のきりたった岩山は、山裾まで波がうちよせている。その山裾に細道を通して、その先の岩窟式の石風呂まで行けるようになっていた。まだ人影はなくゆっくりと石風呂と、同じく岩窟を利用した休息所を見ることができた。

石風呂は入口が二つあり、扉の前に「あつい方」、「ぬるい方」と書いた表札がかかっている。「ぬるい方」に入ってみたが、昨日の余熱で室内は思いのほか熱い。入口の料金表に「朝風呂」とあったのを思い出した。上着をとり、気をひきしめ、いつものように計測用のメジャーと懐中電燈を手に、低い姿勢で入った。

二つの石風呂はもとは一室だったが、今は壁で仕切られていた。床には筵《むしろ》、その上に海草がひろげられていた。アマモ（和名・竜宮の乙姫の元結の切り外し）が使われているのを目にしたのは、はじめてである。計測をすませ外に出ると、下着は汗でぐっしょり濡れていた。次いで「あつい方」に入ったが、あらかじめ扉はあけたままにしておいた。内部は隣と同じ大きさであった。

調査の後、石風呂の前方の岩場に渡ってすずんだ。左手には砂浜がのびている。沖には島々が重なりあい、海には大小の船がゆきかっている。石風呂の右手の岩山の鼻では、釣人が糸をたれている。岩場まわりの澄んだ海

忠海の石風呂平面図

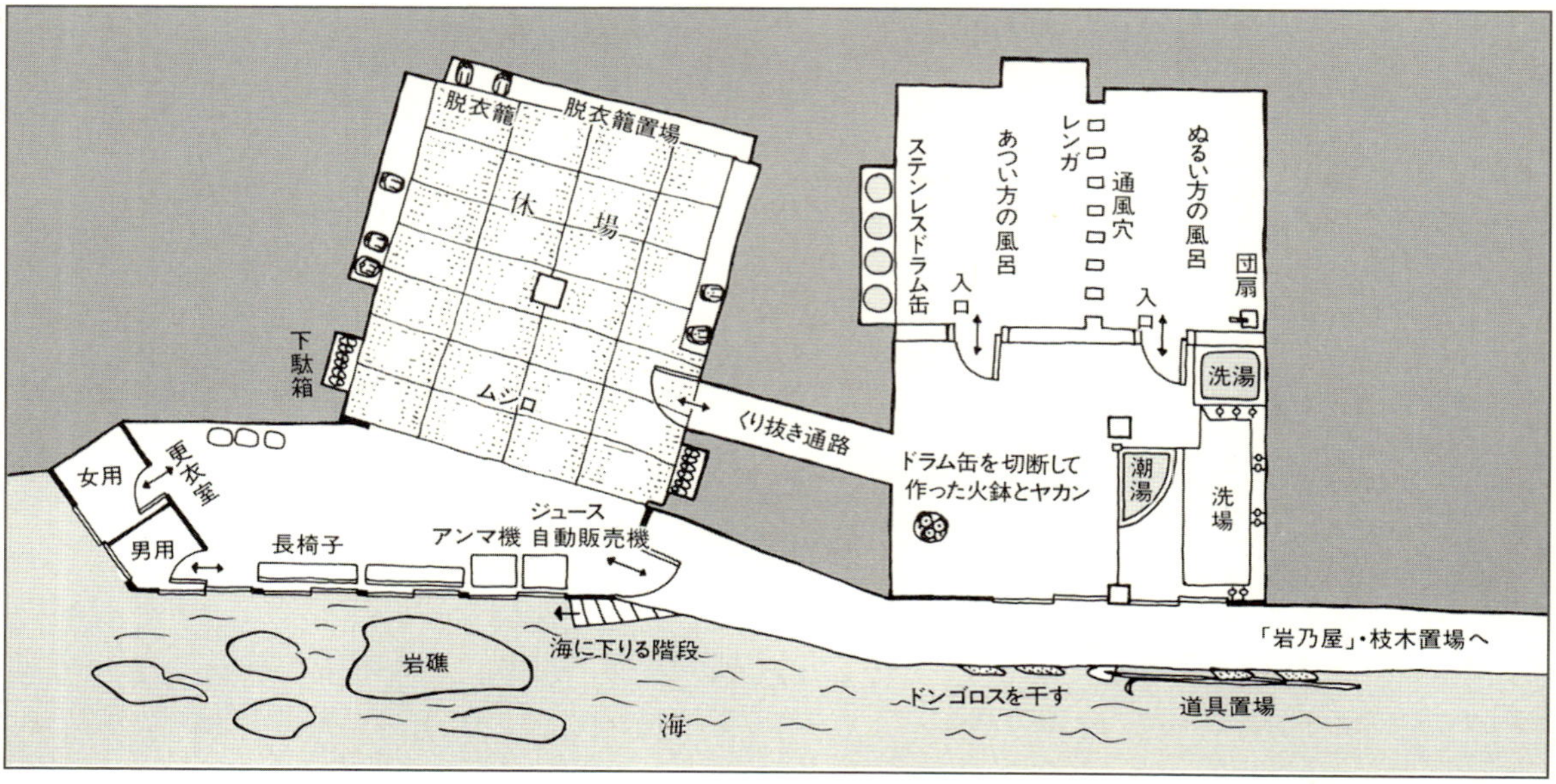

海際の岩壁に築かれた忠海の岩窟式石風呂。庇の下が石風呂の入口で入浴後の客が海風にあたっている。
この岩窟は戦時中に船の隠し場所として掘られた（広島県竹原市忠海）

に雑魚が群れ、静けさのなかで岩に寄せる波の音だけが聞こえた。ここだけが別世界のような隔絶した空間をつくり出していた。

一〇時すぎ、「岩乃屋」の主人稲村喬司さんが枝木《えだぎ》を運びはじめる。枝木はかつては松と決まっていたが、現在松は全体の二割ほどで雑木が多い。枝木は近在の農家に冬の山掃除のとき束にしてもらい、喬司さんが車で集めてまわる。山の手入れをしなくなった近年は、入手が難しくなり、二〇キロも離れた山間の村まで集めに行くという。

さらに難しいのがアマモである。アマモは遠浅の海に繁茂し、魚の産卵や生息場所として欠かせない。戦後、瀬戸内海汚染によりアマモが少なくなると、漁民から容易に刈り取ることを許してもらえなくなった。今は最もアマモが大きく育つ夏に許可を得て、二〇キロも離れた所に刈りに行く。刈り取ったアマモは干して乾燥させて保存し、すこしずつつぎたして一年間使用するのだという。

竹原市忠海の石風呂の入口兼焚き口

枝木は「あつい方」の石風呂で焚き、その熱を「ぬるい方」へまわして同時に両方を暖める。また、「あつい方」の中にドラムカンが壁際に並べてある。なかに真水と潮水が入っていて、余熱でわかし、石風呂の前にある洗場のカランと潮湯にパイプで引いている。こうした施設は昭和二三年に父親が石風呂をはじめたときからのものである。そこには合理化経営により、通年営業をはかろうとした経営者としての強い意志が見てとれた。それでも喬司さんが話すように、金もうけを考えれば、続けられる仕事ではない。父親からうけついで二〇年間焚き続けた喬司さんの言葉だけに重みがある。

枝木に点火したのは一一時すこし前、枝木からの炎と黒煙が入口からたちのぼる。やがて白い煙に変わり煙がたたなくなる一一時半頃から、燃え残りのおきを外から掻き出し、細かなおきは室内に入って箒で掃き集める。次に濡れ莚とアマモを敷きつめる。入口付近で見ているだけでも顔が熱くなるのに、喬司さんは作業中海水パンツ一つである。全身からは大つぶの汗がふき出していた。準備を終えた喬司さんは、

「地獄に仏とはこのことよの、背中がにえくりかえりよる」

と言いつつ、眼前の海に快さそうにつかった。石風呂が本当に好きで、その医療効果を信じているからこそ、苦しい作業も続けられる、と私には思えた。

アマモを敷き終わったのは一二時を少し過ぎていた。取りはずしていた「あつい方」の石風呂の入口に木の扉を取りつけ、密閉すると「午後一時から」の木札を垂らす。約一時間密閉することで「あつい方」に熱気をため、九〇度くらいまで温度をあげていくのである。

「あとはお客さんにまかせっきりよね」

と言うと、喬司さんは旅館に帰っていった。

一一時をすぎた頃から老人客が一人、また一人と休息室に入ってきた。休息室に敷きつめたドンゴロス一枚分の幅が、一人の占有スペースである。陽にあてたドンゴロスを敷き、木の枕をおいて、着がえれば入浴の用意は整う。着がえのための更衣室が休息室のかたわらにあるが、着がえ中も扉をしめる風はない。私を除けばみな気を許しあった常連客ばかりだからである。

一人の初老の婦人は石風呂への通路の掃除をはじめた。それがすむと湯飲み茶碗をあらう。気持よくすごすため汚したものは、自分達できれいにする。その役割は、老人の中でも年少者だとする自然のルールがあるらしい。

準備がととのうと、待ちかねていた老人たちが順序よく「ぬるい方」へ入っていく。扉のガラス窓から内をのぞくと、壁に背を向けて足を前になげ出し、円く整然と座っている。後で聞くと、この日は土曜日で平日に比べ混むので、だれが言うでもなく奥から順に座ったのだという。これが客の少ない火曜日などは、アマモの上に寝そべる。入浴者の自主管理にまかせられるのも、石風呂をよく知る常連客が多いからといえる。

一回目の入浴が終わって昼食となった。常連客同士がグループになって弁当をひろげる。私と同じ駅前の弁当屋で買った弁当と手弁当とが半々であった。枝木のおきで沸かした熱い番茶は汗をかいたあとだけにうまく腹に快かった。

私は岩乃屋で借りた「石風呂」のマーク入りの海水パンツにはきかえ石風呂に入った。だれもいなかったので横になった。敷いたアマモから潮の香が漂った。

二回目は横になった入浴者が三人いるそばに横になったが、みな私と頭の方向が逆である。隣の老婆に尋ねると、「あつい方」との仕切りの壁に足を向けるのがきまりだという。「あつい方」でも同じように仕切りの壁側に足を向ける。直接ではないにしろ、他人の頭に足の裏を向けるのをさけるためで、結果的に方向が決まり、後から入った人が仕切りに沿って奥に行くとき他人の頭の上をまたがなくてすむのである。

入ったときから入口においてある木製の団扇が気になっていた。老婆に尋ねると、近くにいた老人が団扇を手にとり天井を、続いて私に向けてあおいでくれた。途端に熱い熱気が体をつつんだ。冬場はことに気温が下り、扉をあけて出入りするだけでも室温が下がる。入った人は、中の人に迷惑がかからないよう天井に向けて団扇を

竹原市忠海の石風呂・岩乃屋の経営者稲村喬司さんは、石風呂焚きが終えると海に飛び込んだ。背中は熱で焼けたようになっていた

あおぎ室温をあげるという。この団扇は客のだれかが作って持ってきたものであった。

正直、最初私は石風呂内の光景にとまどった。私を除けばほとんどが老人で、しかも、海水着姿の人もいたが、男はパンツ、女も長パンツひとつといった姿である。その光景は私が聞いていた石風呂の姿、男は褌、女は腰巻に近いものであった。

しかし、そのとまどいは最初傍観者としての立場に私がいたからであり、老人たちの会話の中に入ってゆくことで、いつのまにか消えていた。石風呂への入浴の仕方や作法を通してわかるように、人を思いやる気持はこまやかで、さらに飾り気のないおおらかさがある。経験を積んだ老人から、生活のなかで教わる機会の少なくなった今、この体験はわすれがたいものとなった。

忠海の石風呂は、戦後まもなくのはじまりで開始はおそい。それが今では石風呂を愛する経営者と入浴者によって伝統的な石風呂の世界を伝える貴重な場所となっている。

石風呂のなかで一緒になった老婆と休息所の莚の上で横になって話していると、老婆と仲良しの老婦人が、怒りの表情で石風呂から出てきた。

「あんな、あんな、泳いだままはいったらこまる」

と言うのである。聞くと、海で泳いできた子供が濡れたまま、石風呂に出たり入ったりをくりかえし、老婦人はそれをとがめていた。濡れた体から落ちる海水で、アマモがベトベトになり、石風呂内も冷えて気持がわるいという。

子供にしてみれば、石風呂の前は澄んだ海で泳ぎたいし、珍しさも手伝って石風呂に入ってみたくもある。しかし、若い敏感な肌に熱気は熱すぎ、すぐに海につかりたくなる。それを繰りかえす気持も解らないではないが、石風呂は老人には楽しみより、治療の場であるということを子供は知らないのである。

私は現代の医療の発達を知るだけに、石風呂がそれほど効くとは思っていなかった。それが何人かに話を聞くうち、老人にとって健康を保つことがいかに大変か、石風呂がいかに効果があるかを知らされた。そして、気を楽にもてるといった精神的効果も、石風呂の物理的効果がともなってはじめて医療効果を高めることができるのである。それだけに、石風呂を利用する人々にとって、石風呂の入浴をとどこおりなく行うためのとりきめが必要なのである。喬司さんが安心して石風呂を客にまかせられるのも、石風呂の効能を良く知り、マナーを心得た常連客を信頼していればこそである。

さて、子供が石風呂に来て遊ぶことは、むかしからどこでもよく見られた。老人につれて来られたり、付近の子供が遊びにくることもあった。そうした体験を通して石風呂は世代を越えて伝わった。それが、今問題となるのは、直接注意できる大人が少なくなったことにある。

怒りのおさまらない老婦人をなぐさめるかのように、一人の古老は言った。

「そんなこというても、金を払うとるんじゃけえと言われるで。どうもならんよ」

しかし、かの老婦人はきびしく言いはなった。

「それはヘリクツというもんじゃ」

そして、三時から用意される潮風呂をまたずに、洗場で汗をながすと帰ってしまった。その後姿は、今の子供にあまい親や、社会に対するやり場のないいきどおりを示していた。

忠海は農閑期と農繁期で客層がかわらず、年間を通じて常連客によってささえられている。このことは、この石風呂が治療目的の湯治場的雰囲気を保っているからである。

今回、私が目にした小さな混乱は、海水浴シーズンの夏だから起

石風呂の休息場は心身ともに憩うための場。カメラを向けるのがためらわれ、一枚撮るのがやっと（広島県竹原市忠海）

きたといってしまえる問題ではない。ささやかな老人の治療の場であり憩いの場である石風呂にまでついに及んできたのかといった感が強い。また、私自身がそうした闖入者になっていなかったか、自省の念にかられた。

私は石風呂を紹介しつつ、不安でもある。石風呂は弱い老人の世界で、物見遊山の気分で訪ねるところではないからである。

石風呂の横綱——丹那《たんな》の石風呂

これまで調査した農村部の石風呂は、昼ごろから入浴が始まり、最初はベテラン、冷めるにしたがって初心者が入る半日利用が多かった。

ところが、忠海では朝風呂、昼風呂、中風呂、晩《ばん》風呂にわけて入浴料をかえていた。忠海では夏場や会社帰りに入る人が多いのである。

丹那も忠海と同じように通年営業する個人経営の石風呂である。そこで、晩風呂に入りたいと思い、夕方から一泊することにした。

丹那の石風呂は、広島市南区丹那町の黄金山の西南麓にある。広島駅から車で約一五分。現在では市街地になっている。かつては黄金山の麓だけで三つの石風呂があったが、一つの石風呂はとり壊され、日宇那《ひうな》はガスで焚くように変わっていた。

車はまがりくねった山沿いの路地で止まった。扉に「女」と「男」と書かれた銭湯の前であった。一瞬まちがいではないかと思うほど、これまで私が思いえがいていた石風呂と違っていた。しかし、考えてみれば、ここは瀬戸内第一の都市広島市街なのである。

ただし銭湯とは少しおもむきが異なっている。それは木造三階建の湯治宿の風情によるものらしかった。

丹那の石風呂は「山荘温泉」といい、岡本良雄さんの祖父の代から経営している。食堂を兼ねた本館は道をはさんだ向かいにあり、石風呂のある建物は新館と呼んでいた。私は新館の二階に荷をおろした。

本館一階の食堂では、良雄さんと中年の客四、五人が食事の最中であった。いずれも常連客で、石風呂から出たあとの快さとビールで、なごやかな歓談の場となっていた。どちらかというと集団での会話が不得意な私がすぐなじめたのは、良雄さんの人柄にもよるが、日頃からこうした歓談の機会が多く、だれもが加われる雰囲気づくりを良雄さんが大切にしているからであった。それは月に一度、石風呂で知りあい、石風呂を愛好する中年層が「穴風呂会」を作り、新館で学習会を開いていることからも伺える。この日の歓談にも、そのメンバーが混じっていた。

また一人の中年婦人は祖父の代からの丹那の石風呂のファンで、二〇キロもはなれた山間部から来ていた。ただし、祖父から孫へと継承される伝統的な村型の客もいるが、今は自らの意志で石風呂に価値を見い出し通うようになった客のほうが多いようである。

丹那の石風呂は、広島市という大都市に働く中年層にささえられた都市型の石風呂として現代に活路を見いだ

広島市丹那の石風呂のある山荘温泉。「山荘温泉」の看板を境に、手前側の建物は明治時代に建てられた旧館。向う側の三階建が昭和11年建築の新館。時代と風格が漂う木造建築である

丹那の石風呂平面図

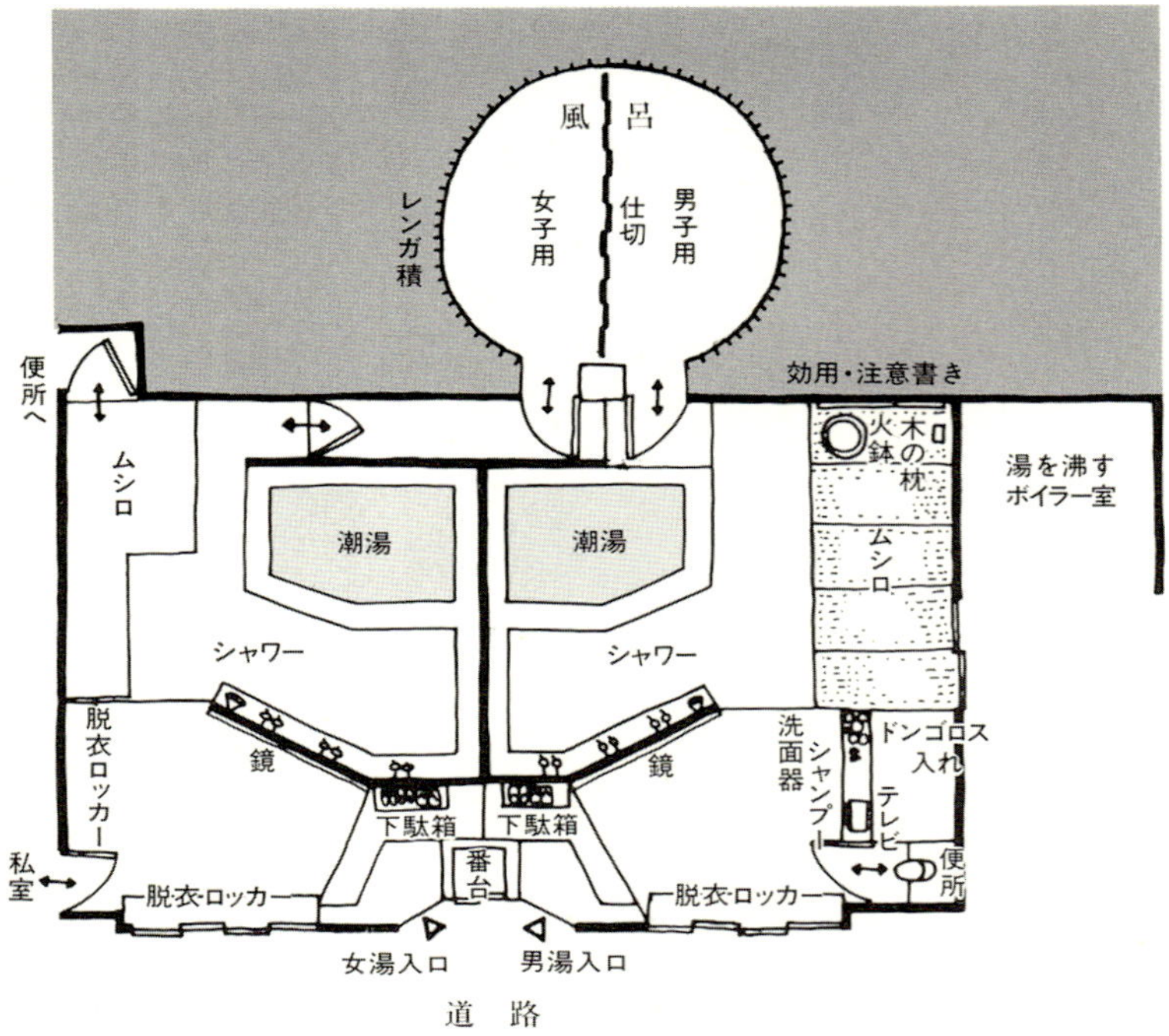

そうとしていた。本来、銭湯は都市にはじまり、都市の発達とともに普及した。丹那の石風呂は都市に発生した当時の銭湯の雰囲気をくしくも再現しているかのように思えた。

客が帰ったあと、良雄さんに案内されて石風呂に入った。男湯の扉をあけると番台があり、銭湯と同じで脱衣場にはロッカーがあり、大きな鏡もある。風呂の浴槽は桜井や忠海に比べると大きく、室内も明るい。銭湯との違いは洗場の片側に莚が敷いてあり、その上に火鉢があること、奥に石風呂入口の木の扉がついていること、そして浴槽の湯が海水を沸かしたものであったことである。

石風呂の中には先客が二人いた。一人は子供で良雄さんの長男、もう一人は三〇年も丹那の石風呂焚きをしている坂根国夫さんであった。国夫さんは、中腰になって動かない。体からは大粒の雨だれのように、「ボタボタ、ボタボタ」と汗がたれていた。中腰なのは晩風呂はぬるいので姿勢を高くし、汗を出すためである。私はゆっくりと静かに座った。先ほど呑んだビールのほどよい酔いもあって、そのまま眠りたいほど気持がよかった。

翌日は早朝からの風呂焚きを見たあと、良雄さんに付近を案内してもらい、午後からの入浴をまった。昼食をすませてまもなく国夫さんが、

「今からあけますよ」

と知らせてくれる。私は良雄さんに視線をおくり無言でうかがった。

「だいじょうぶですよ」

と許しが出る。

裸になり風呂場に入ると、三〇歳を少し越えた「おにいちゃん」が一人いた。この人は、丹那の石風呂では有名人で、交通事故で片目を失明し、石風呂に入るようになって二ケ月で体調がよくなり、毎日通ってついに目が見えるようになった人である。

おにいちゃんに続いて私も石風呂に入る。続いて初老の人が入ってきた。

朝焚いた直後に敷いた莚の熱さにおたおたしている

と、入る直前に敷いた新しい莚の半分をおにいちゃんがゆずってくれる。ところが、初老の人は私がさけた熱い莚の上に平然と寝ころんだのである。

「もう長いのですか」

と尋ねると、

「もう三〇年よ」

という。初老の三浦靖さんは、丹那の石風呂「最後の横綱」と呼ばれる人であった。

「きょうは来ることになっとらんかったんじゃが、あしたから改装で休みじゃし、熱う焚くいうたから来たんよ」

三浦さんは、一〇年ほど前までは毎日かよい、今でも一一枚綴の回数券を一ヵ月に使いきる。

五分も入っていただろうか。三人続いて出て、休息場の莚の上に寝ころんだ。三浦さんは昔の石風呂を次のように語ってくれた。

以前は今より柴を一〇束も多く焚き、鼻の先がやけどで皮がむけるほど熱くて、その熱い石風呂に入るのが「横綱」であった。横綱は休息場奥の火鉢の前が定位置で、続いて二番、三番、四番と奥から入る順に並んでいた。新米はなかなか入らしてもらえず、「ひよっこ」とあしらわれ、小さくなっていたという。

焚いた直後は、二枚縫い合せたドンゴロスをかぶって入る。この時は同時に一人が原則で、焚き番が入口で出入りの補助をした。中ではドンゴロスをかぶり、うつぶせになったまま動かず、出るときは後ずさりして足で扉をけって焚き番に知らせる。扉があくとそのまま後ずさりする。体が扉の外に出るのをまちかまえていて、焚き番が熱く焼けたドンゴロスをすばやくパッととる。外の空気が背中にまわり、気持のよい一瞬であるという。

室内では絶対に動いてはいけない。少しでも動けば体全体を覆ったドンゴロスと肌との間にすき間ができる。入浴用のドンゴロスは荷物を入れるのに使った麻袋の再

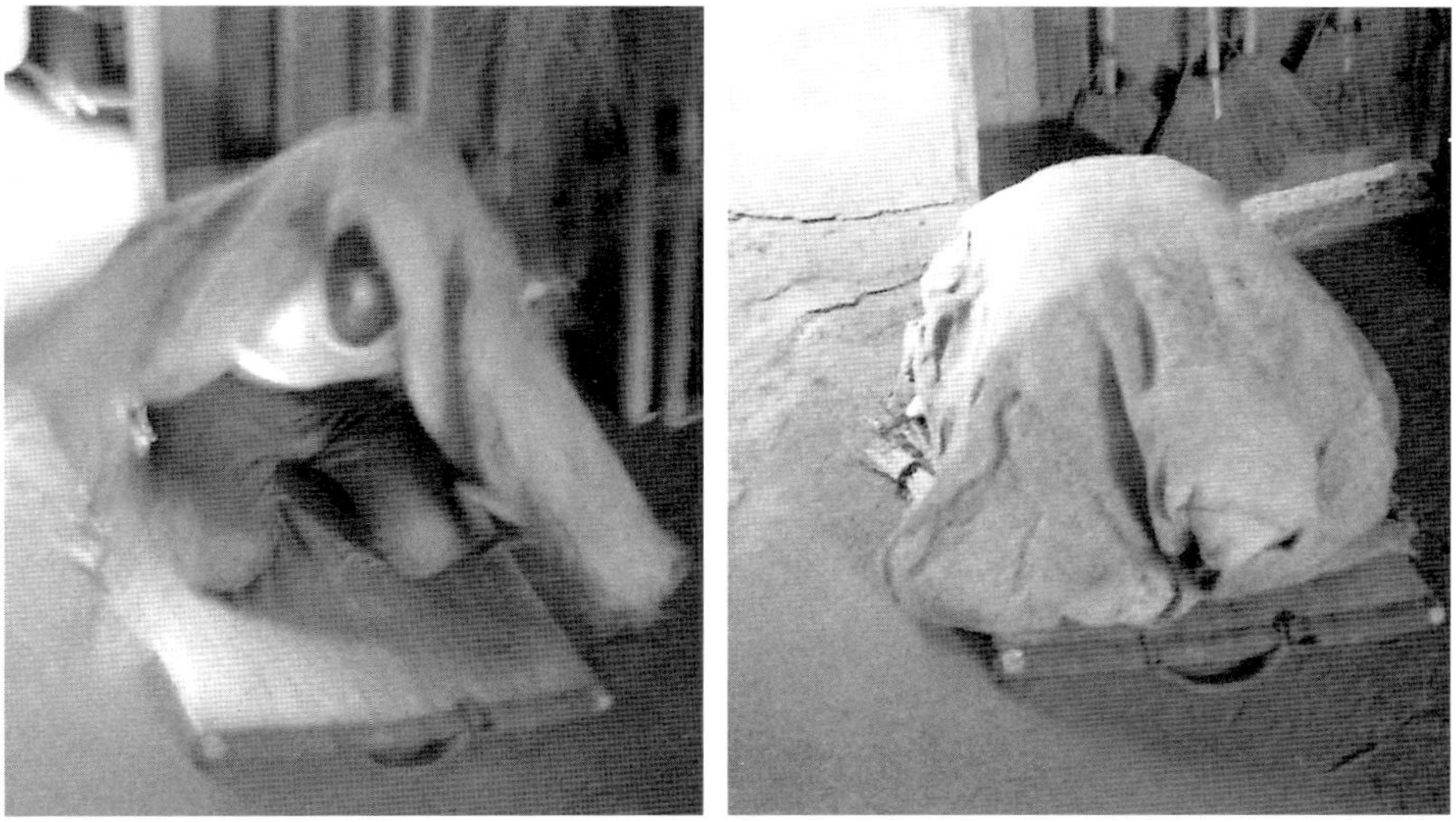

ドンゴロスで体全体をくまなく覆い、専用のムシロの座布団に亀のように伏せる。
焚き立ちの熱さはこうしないと耐えられない（山口県柳井市新庄）

利用で、運ぶときにひっかけた手鈎《てかぎ》の穴があると、そこから熱気が入り、やけどするほどの熱さであった。

もっとも動かなくても、肌のやわらかい耳たぶや男性自身は熱くなった。熱気で、ちょっとでも腰をうかそうものなら熱くて再び莚に肌をつけることはできない。さらにわずかうかせた腰や尻の部分がたまらなく熱くなるのだという。つまり、一人で入り中で方向転換することなど、まったく考えられないのである。

重ね縫いしたドンゴロスは、最初は三枚重ねで、冷めるにしたがって枚数を減らしてゆくのである。

入るタイミングと、ドンゴロスの枚数を決めるのは、最初に入る横綱である。入ったときの熱さで、その日の焚き加減をはかり二番以下の人にドンゴロスの枚数を指図する。横綱は入浴に関する指導者であった。だから横綱がいないと、あとの人は選択にこまる。そのときは石風呂の主人が横綱の代わりをするために呼ばれたのである。良雄さんの息子は、幼児の頃から石風呂に入り、中で平然と寝るほどの経験をすでに積んでいて、「横綱」的指導の準備はすすんでいる。

一種、封建的とも思える権威ある横綱の存在は、石風呂にきた人々の秩序を守ることにもなった。まれに向う意気の強い人が、こうした慣行をいやがり、横綱に挑戦することがあったという。そうしたとき、横綱は何も言わず、挑戦者に先をゆずり、自分はあとから入って入口に座り込む。強言《こわごと》をはいた人がたまらず出ようとしても、先に入った人は後から入った人より強いはずだからと、自分が出るまでがまんさせてこらしめたのである。

話は少し変わるが、畿内の大寺院の七堂伽藍《がらん》の一つは浴堂《よくどう》（浴舎）である。この浴堂の管理の一切を取り仕切ったのは湯維那《ゆいな》である。この湯維那は後に銭湯で客の世話をする湯女《ゆな》の語源ともなる。

さて、寺院の浴堂はいくつか残っているが、下に鉄釜を据え、その蒸気を上の室に送る蒸気風呂形式であった。蒸気風呂は湯と異なり、温度をはかるのが難しい。それを知らせるのも湯維那の重要な役割であった。丹那の石風呂の横綱や主人は湯維那であり、石風呂になくてはならない役割をになう人だったのである。

汗がひいたので、私は三浦さんの横をはなれて石風呂に入った。そのとき、扉をしめるのに手間どっていると、すぐ三浦さんの、

「はよ、紐ひっぱらんかい」

という声が聞こえてきた。石風呂の常連客は人の出入りをいやがる。やむを得ず出入りするときには、すばやく動いた。冷めた石風呂にだらだら入っていると、かえって疲れるからである。突然、外で三浦さんの、

「尻《けつ》あろうて、けつ」

という大きな声がした。どうやら初めての人が入ってきたらしい。

「おいさん先入り、一緒に入ったげるさけぇ。頭さげて入るんで。さわったらやけどするんで」

扉があいて、都会育ちらしい上品な老人、続いて三浦さんが入ってきた。三浦さんは老人の座る場所をあけさせ、

「高こうなったら熱いんで」

右上　鉄製のヒカキで燃え残りをかき出す（広島市丹那）
左下　焚きあがった後、すぐに石風呂の床面にアマモ（海草）を敷き詰める。
消防服を着用するほど焚きだちの石風呂の内部は熱気がこもっている（広島市丹那）
右下　柴に点火した瞬間（広島市丹那）

と注意した。とまどう老人も、三浦さんに従うしかない。横綱は言葉使いこそ荒々しいが、新人の教育係でもあった。横綱がいたから石風呂の秩序は保たれ、怪我なく安全に入れた。なにより三浦さんが一人いるだけで、石風呂全体が活気づいて、明るくなった。三浦さんが帰ったあとの石風呂はみょうに静かで、物足りなく感じた。

丹那でいう横綱は、今は有名無実のものとなりつつあった。焚く柴の量が減り、私のような新米でも最初から裸で入れるようになった。これには女性の地位向上も影響している。丹那の石風呂は男女で入口は異なるが、同じ石風呂の中央に棚をつくって分けている。

古くは男は一時、女は二時からと決まっていた。まず横綱が入り、二番、三番とベテランが入る。やがて女の脱衣場から

「まだかいねえ」

と、声がかかってくると横綱が、

「もうええじゃろう」

ということになり、はじめて女が入ることができた。しかし、女性も同じ入浴料を払っていて、同時に入りたいと思うのは無理からぬことである。

こうして丹那の石風呂は解放され、だれもが好きなときに入れるようになった。ただ、三浦さんのような人がもうあらわれないと思うと、さみしくもあった。一度のチャンスで、三浦さんという横綱に出会えた幸せを思ったのである。

私は三浦さんを通して、石風呂の魅力がわかりかけたように思う。石風呂では、みな平等である。そこでものを言うのは経験であり、人を思いやる心である。

瀬戸内地方に石風呂がつくられたのは松やシダが茂る山や、海藻が繁る澄んだ遠浅の海があり、花崗岩を積む技術があり、岩穴を掘削しやすい岩山に恵まれたからである。同時に瀬戸内に住む人々のなごやかな気風がそれを持続させてきたのである。これは、瀬戸内を「ふる里」とする私の身びいきにすぎないのであろうか。

京都市八瀬の旅館「ふるさと」の前に保存されている古いかま（石）風呂。側壁と床は石積み、天井は赤土の叩きしめ

はるかなり石風呂の旅

周防大島では、石風呂の構造や石積み技術を中心とした調査であった。それが、佐波川中流の岸見の石風呂調

査を境に、焚き方や入り方といった石風呂習俗を中心とした調査に展開し、桜井や忠海、丹那では私自身の体験をもとに古老の教えをうけることができた。古老の教えを忠実に守ったため、石風呂入浴について短期間で自信をもてるようになった。

　こうした石風呂入浴体験があったため、岡山県や徳島県内のもう焚かれていない石風呂を訪ねても、体験者と実感をもって語り合うことができた。さらに香川県大川郡長尾《ながお》町塚原《つかはら》や京都市八瀬《やせ》のように今も営業している所では、その楽しみは倍増した。

　最近、広島県豊田郡安芸津《あきつ》の石風呂を訪ねた。朝から焚くのを見学して、午後十二時四〇分からの入浴が待ちどおしくてたまらなかった。主人の吉本正司さんの許可がおりると、いそいそと一番風呂に入る自分がおかしかった。

　近年、夏になると私はビール腹になり、夏バテしてしまう。ところが石風呂体験の旅をつづけたこの夏は、どうしたことか体調が崩れず、うまくすれば今年の冬は風邪もひかずに過ごせるかもしれないと思っている。調査を始めた頃、石風呂に入ることに恐怖を感じていた私

左上　香川県大川郡長尾町の石風呂。この石風呂では入浴前に床面に高濃度の塩水をうつ

左下　広島県豊田郡安芸津で焚きあがった石風呂にムシロを敷く。この石風呂はレンガ積みで、温度計もそなえていた。準備段階中の温度は一三〇度〜一五〇度を示していた

が、今は石風呂入浴を待ちどおしく思うようになった。入浴後の爽快感やビールのうまさだけでなく、体調を整えたいという気持も強いのである。私は調査者という傍観者ではなく、一人の湯治客として入浴し、物理療法に期待するようになったのである。

これまでの石風呂経験で、入浴後はいつも体が軽くなった。体中の汗腺が開き、汗と共に体内の毒素がすべて出たような爽快感があり、腹部にたまった皮下脂肪すら追い出した感じがする。石風呂に入った後ビールを呑むと、指先までピリピリし、血管をアルコールがまわるのがわかるのである。

本稿を書いていた初秋の地蔵盆の日、洛北の八瀬のかま（石）風呂に編者の山崎さんをさそって入ったが、後日、山崎さんから、入ったあと体が軽くなり、数日は自分の体とは思えないほど快調であったと聞かされた。石風呂信者が一人増えたとうれしくなった。

現在も、私は石風呂に入りたくてたまらない。そして、どこへ行こうかと考えるのが楽しみである。訪ね歩いた石風呂は、構造や焚き方、入浴習俗も異なり個性的である。それは石風呂の立地する風土や文化の違いといえるかもしれない。石風呂を通して地域の暮らしを考えると、瀬戸内の生活文化の微妙な違いに気付き、私の瀬戸内観を再考しなければならない迷いがでてくる。その迷いは、いわば贅沢な迷いなのだが。

私と石風呂のつき合い方はずいぶん変わってきた。ただ、調査と実益を兼ねた石風呂を追う私の旅は、いつおわるともなく今後も続きそうである。

注連縄をかけた京都市八瀬のかま（石）風呂

瀬戸内の
槇皮船《まきはだぶね》

文・写真　榊原貴士

広島県竹原市の沖合い大崎上島の明石浦の船だまりに浮かぶ槇皮行商船。向こうは愛媛県岡村島の山並み

・1・ マキハダとの出会い

ヒノキの皮を加工して作った槙皮（マキハダ）。木造船の淦《あか》止めに使う

槙皮船《まきはだぶね》の噂を初めて耳にしたのは二年前（昭和六十一年）の二月、瀬戸内海の造船地岡山県牛窓《うしまど》を訪ねた時のことだった。ちょうど早咲きの桃の花がほころび始める頃、今は数少なくなった木造船づくりを実際に見ようと竹内繁さん（大正二年生まれ）の仕事場を訪ねていた。

黄昏時、一息入れた竹内さんから造船技術や修業時代の苦労話を聞いていた。船釘《ふなくぎ》や工具がびっしり詰まった棚から、竹内さんは無雑作に、ほつれた栗色の毛糸のようなものを摘み出してきた。それは、ちょっと見には赤茶けたワラ縄の束にも見えた。しかし、よく見ると余程細い。触れてみると、ひどく柔らかい。ふわふわっとしていて、ごわごわしたあの感じがまるでない。

これが「マキハダ」であると竹内さんは教えてくれた。思いがけないマキハダとの出会いであった。

実は、造船材にマキハダというものがあることは以前

瀬戸内海案内図

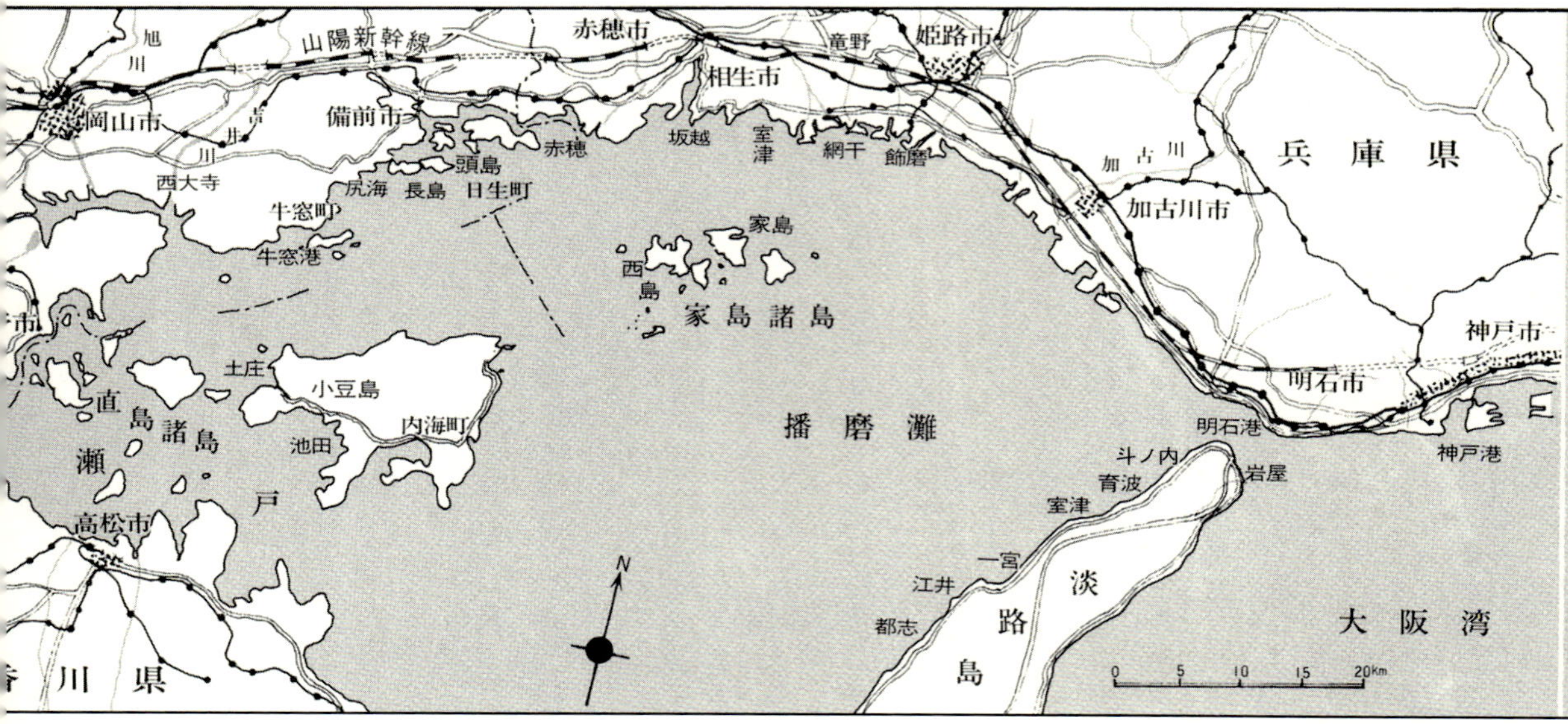

から知っていた。研究所（日本観光文化研究所）での勉強会か何かで、たまさかマキハダが話題にのぼったことがあった。

マキハダは木造船の板と板の隙間につめ、淦止め《あか》（水もれ防止）用として使われるものだ。

日本の船は、板と板を船釘を打ち込み組み合わせて造る。板をぴったりと擦《す》り合わせて造っても、合わせ目にはほんの少し隙間ができる。そこからやがて浸水してくるのである。そこで、水分を含むと膨張する性質のマキハダを板の隙間につめた。進水後マキハダが膨張し、板の隙間を埋め、浸水を防いだのである。

マキハダについては宝暦十一（一七六一）年に書かれた『和漢船用集』にも衣紲《まきはだ》とあって、

> 羅漢松俗に槇の字を用。槇皮縄と書。槇の木の皮を用て作る縄也。檜皮にて作るを檜皮縄と云。ともに船の淦《あか》を止者也

とあり、すでにそのころには広く用いられていたことが分かる。

研究所の誰かが何かの拍子に口にした一言がきっかけで、居合わせた何人かが議論に加わり、ひとしきりマキハダ談義に華が咲いた。もう七、八年も前のことである。

しかし、いくらマキハダ談義に接しても、しょせん実物を見たこともない私には、充分理解することは出来なかった。それまで私は海にも船にも全く無縁であった。話の大筋は理解できても、細かい箇所になるとよく判らなかった。

それっきり、マキハダのことはきれいさっぱり忘れか

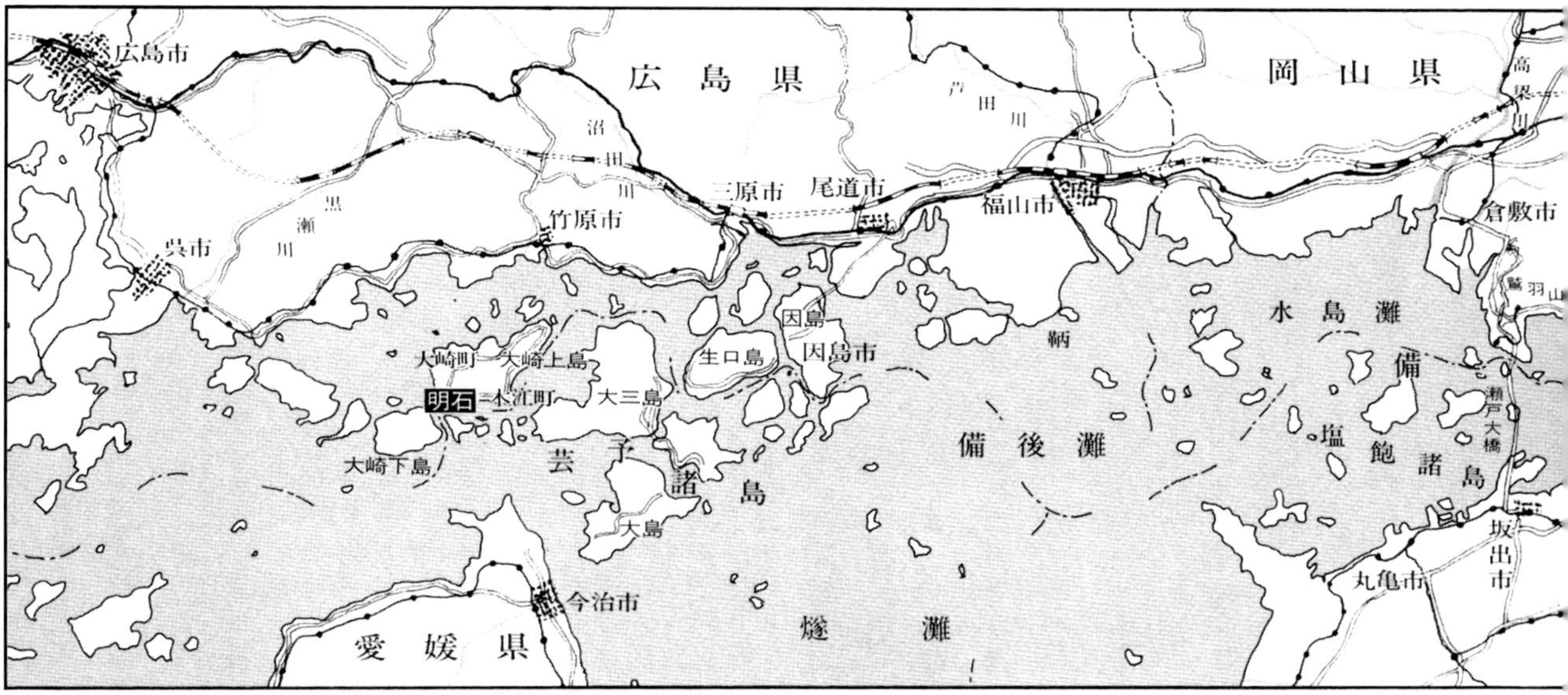

けていた。それが思いがけなく目の前に出てきたのだ。

「マキハダ言うてなあ、檜《ひのき》の皮を綯《な》ったもんじゃ」

竹内繁さんがゆっくりと呟《つぶや》くように言った。どこか噛んでふくめるような物言いであった。

「槇の皮じゃないんですか」

研究所の勉強会で、マキハダが槇であるか檜であるかが話題になったのを思い出したので、この時ばかりと尋ねてみた。

「それが本当なんじゃが、これは檜の皮じゃ。これもマキハダと言いよる」

竹内さんによると、今使っているのはすべて檜の皮で作ったマキハダばかりで、槇の皮製の槇皮は若い時分、昭和九年に大阪で見たきりだ、と言う。槇の皮から作ったという槇皮については、確かに在ったという事実以外何の手がかりもなかった。

もっとも、牛窓では檜の皮製のマキハダがこれまで普通に用いられてきたというのだから、目の前にあるものがマキハダそのものには違いない。

マキというとコウヤマキやイヌマキなどを想像するが、昔はいろいろな木のことを表わしていたらしい。『万葉集』などに詠まれた真木はまことの木、優れた木とかの意味で、特定の木を指したものではないといわれる。あるいは真木は用材として優れた特性を持つ木、檜などを指すものかも知れない。

判らなかったのは、シイやタブなどは牛窓でよく見かけるのだが、マキハダの材料になるという檜はほとんど見かけなかったことである。マキハダはどこか他の土地で作られているのであろうか。

「下《しも》の方からマキハダを積んだ船が来るんじゃ。月に一ぺん、船釘も一緒に積んでな」

竹内さんはまたつぶやくように言った。

「船で売りにくる。それもこまい船でな。牛窓だけでなく瀬戸内海の主だった造船地を下の方から順に巡ってくる」

竹内さんは続けた。そして、その船から船大工はマキハダ、船釘などを購入するのだそうだ。

いわば一種の「海の行商船」があったことになる。それが槇皮船である。その船は広島県の芸予諸島《げいよしょとう》・大崎上島《おおさきかみじま》からやって来るのだという。

マキハダを売りさばいていた船の販路はどうやら瀬戸内海一円に及んでいるようだ。槇皮船に出会うことが出来ればマキハダの産地や販売先を通して、瀬戸内に生きる人々の暮らしぶりの一端や、人々のつながりなどを知ることができるのではないか。ふとそんな思いが湧いてきた。そして、是非とも大崎上島を訪ねてみたいとひそかに願っていた。

・2・
マキハダ加工場を訪ねる

その後一年余り経った昭和六十二年六月、私は芸予諸島の大崎上島明石《あかし》の桟橋に立っていた。

数日前から、すぐ隣の大崎下島御手洗《みたらい》に、近世に廻船

大崎上島明石の港。昭和40年前後まで、東の港（向浜）も槇皮船で埋めつくされていたという。

の発達と共に栄えた瀬戸内海の港町の調査で滞在していたのだが、そこで、大崎上島の明石があの槇皮船の故郷と聞いてやってきたのである。

空はすっきりと青く澄みわたっている。五月晴れの風にのってミカンの花の薫りがほのかに漂う。実に気分がいい。

大崎上島は、広島県竹原市の沖約十キロメートルに浮かぶ島だ。山陽側からこの島に渡るとすると、明石までは竹原から船で約五十分かかる。明石集落は、ゆるやかな斜面に発達し、三百戸ほどの人家がある。そして家々の背後にミカンを植えた段々畑が山の頂まで続いている。

桟橋の正面に「マキハダ工場」と壁に書いた建物があった。工場といっても木造平屋の倉庫のような雰囲気である。マキハダのハの字が消えかかっていて、壁の文字はマキノダ工場と読めるので、船中の釣客の一人が、「マキノダとは何んなノダ」とおどけて言う。その笑い声が人気のない港にやけに響いた。港といってもフェリーが着くと一時にぎわうだけの所だ。

明石では今もマキハダを作っているのだろうか。それとも以前あった工場の建物だけが今に残っているだけなのだろうか。

そばまでくると、意外と大きな建物で間口六、七間ほどである。奥行はもっとありそうだ。探してみたが入口らしきものはまるで見当たらない。窓もぴしゃりと閉まっている。工場を思わせる機械の音も聞こえてこない。もしかすると、とおの昔に閉鎖したのだろうか。

明石浦のフェリー波止場のすぐ前にマキハダの加工場（写真右端）があった。マキハダは陽を受けると変色するので、窓や戸は閉め切られていた

そんなことを思案していたら、いきなりガタッと音がして、窓がわずかに開いた。内部《なか》で人の動く気配がするので、戸の隙間からうかがう。内部は赤茶色のほこりで天井まで煙《けむ》っている。内部は二畳あるかないかという小部屋に仕切ってあった。真ん中にほっかぶりマスク姿のおばさんが座り込み、一心不乱に縄を綯っている。ワラを綯う要領で、両手で四、五回撚《よ》りをかけると赤茶色の見覚えのあるマキハダが手先からしゅるしゅると綯い上がってくる。

一年余り前、牛窓で見たあのマキハダじゃないか。今もやっぱりマキハダは明石で作られていたのだ。

尋ねてみると、ここは工場といっても縄にする「綯い子さん」が二、三人居るだけだという。縄にする前の「打ち皮」までの加工は近くで行なっているから、工程を見たければそちらを訪ねてみたら、と勧めてくれた。

近くと聞いた加工場は歩くと案外遠かった。明石港から海岸線に沿って二、三十分も歩いたであろうか。村はずれで人家もまばらになり、めったに人にも出会わない。海岸線を通る道からややはずれた小さな谷に納屋のような小屋がポツンと一棟建っている。

ここが加工場であろうと思って、かまわず入ってゆく。入口の引き戸が開け放してあるので、そこから声をかけてみた。返事がない。内部は薄暗く、土間には檜の皮やクズが散乱している。マキハダの材料だ。何か焦げているのだろうか、きな臭いにおいがした。部屋中がくすぶっている。

もう二、三度声をかけて返事がなければ入ってみよう。

加熱したヒノキの「干し皮」の荒皮（表皮）を熱いうちに小刀で削ぎ落とす（写真右）
「干し皮」をベルトハンマーで打って軟らかくし、「打ち束」を作る。もとは木槌で打っていた（写真左）

そう決めて大きな声を出したが、やはり何んの反応もなかった。えーい、入ってやれ、敷居を跨ぎ一、二歩土間に足を踏み入れた時、「はーい」と、割烹着、モンペ姿のおばさんが奥の部屋からそそくさと出てきた。やりかけの仕事の途中であったらしい。マキハダづくりの見学がしたい、と来意を告げると快く応じてくれた。

「綯い子さん」から聞いたとおり、ここで縄に綯う直前の「打ち皮」までの加工が行なわれていた。

　おばさんは奥の部屋が気になるらしく、挨拶をかわすわずかな間も落着かない。しきりに今出てきた戸口を振り返っている。戸口からくすんだ煙がもくもくと湧き出ている。さらに煙が勢いよく流れ出すのを見て、おばさんは堪え切れなくなったらしく、あわててかけ戻っていった。私も小走りで後に続く。

　そこは六畳くらいの暗い納屋のような部屋であった。屋根に煙出しが設けてあるにもかかわらず、煙がもうもうと立ち込めていて目にしみる。一度にこれほど煙が出るのでは集落内で作業が出来ないわけである。レンガとセメントで築いたどっしりとした方形の火入れガマがあって、ぶ厚いへりの上は木製の蓋で被われている。何かを燻《いぶ》しているらしく蓋の隙間からこげ臭い煙がしゅうしゅう湧いている。

　おばさんが蓋を素早く取りはずすと、煙が部屋中に広がった。煙をかき分け、目をこらすと、カマの中がくすぶっている。黒山のようになったおがくずだ。炎は出ていない。横に二本太いカナヒバシ（鉄棒）が差し渡してあり、その上に長さ三尺、幅五寸に切り揃えた檜の皮が

■明石の「マキハダ」づくり
表皮を削り落としたヒノキの皮を五、六枚重ね、木綿のマキソで巻く（写真右）。写真手前はまだ荒皮（表皮）が付いているヒノキの束
「打ち束」を水に浸けた後、丸一日ほど干す（写真下）

■桜井の「干し皮」づくり
荒皮の表皮を剥ぎ天日で乾燥させ、一度水に浸してアクを抜いてから再び干す（写真左）

七、八枚敷き並べてある。何枚かは焙られて端が反り返り始めている。それを手早くひっくり返し、焙《あぶ》り加減を見て、また返したりしている。次から次に手際よくこなし、実に忙しそうである。

それがマキハダづくりの「皮入れ」の工程であった。おばさんはこの仕事を、火で焙るとも温めるとも言うが、どう見ても燻しているか、蒸しているかに見える。

皮入れに使う皮はあらかじめ天日で乾燥させ、「干し皮」に加工したもので、奈良県桜井市のマキハダ商からそれを年に約千貫取り寄せているという。

二人でやれば十分で終わるという皮入れは一人で十五分ほどかかった。

おばさんが腰を引いて身構えた。ぱっと蓋を取ると、焙りあがった干し皮をさっと端にかき集め、小脇にかかえて土間までバタバタ走る。

こんどは一枚ずつ小刀で表面に残る荒皮を削り落とす。熱いうちが勝負だ。それが終わると、五、六枚重ねて木綿のマキソ（ベルト）をぐるぐる巻き付けてギュッと縛る。

土間に据えたベルトハンマーの前におばさんが腰かけ、スイッチを入れる。頭が割れんばかりのけたたましい音がガシャガシャ鳴り響いた。重い鉄の落下鎚が勢いよく金床を打つ。マキソで巻いた干し皮の束をおばさんが金床に徐々に差し入れていく。足下の土間から激しい震動が小きざみに膝に伝わってくる。

皮クズがそこらじゅうに飛び散り、みるみる束ねた皮が縦に割れ裂け、軟らかい繊維になってゆく。すさまじいものだ。二、三分で打ち終わると、「はし切り」だ。ボロボロになった束の端をおばさんが包丁でざっくりと切り落とす。はし切りが終わると、両手で揉みほぐす。ひとつかみほどの束に小分けして、ねじる。あっという間に「打ち束」ができ上がった。

打ち束を水に浸け、一日くらい天日で干し、かるく乾いたころを見はからって、綯い子さんが縄に綯うという。

・3・
檜皮で埋まった明石の港

表で車の停まる音がした。この加工場の経営者、森田美徳さん（大正七年生まれ）であった。白いランニングシャツ姿、頭髪はやや薄くなっており、長身でやせた体つきである。現在明石でただ一人マキハダを作り続けている人である。

マキハダづくりは、三代前の曽祖父（美之作）が始め、祖父（弁吉）、父（清人）と続き、美徳さんで四代目になるという。

森田さんの青春時代は、マキハダづくりの黄金時代であった。昭和十二年日中戦争が勃発、その戦線の拡大と共に、輸送船などの新造が相次ぐようになる。それに伴いマキハダの生産が伸びてくるのである。木造の小型漁船を造る場合とはとても比較にならないほどの大量のマキハダが費やされていった。しかし、終戦をむかえるとその商売もほとんど成り立たなくなったという。

港近くに「槇肌元祖記念碑」があると森田さんから教えられ、訪ねると、見上げるほど大きな花崗岩製の記念碑があった。昭和二十七年十月に建てられたものである。その銘文には、

槇肌縄工業ノ移入者ハ明石方村
輿頭某氏也
享和年間ニ當時ノ特産紫根
販賣ノ為大阪ニ航行ス同地ニテ
斯業ヲ習得之ヲ村内ニ奨励ス
後安政三年藩ノ御止産業ト
ナリ今日ノ盛大ノ基ヲナス

とあった。

また、傍らの立札には、享和年間にやはり明石方村の組頭であった水内屋彦右ェ門がこれも紫根《しこん》（染料または薬用になる）の販売に大阪へ行った際、製法を習い覚えて帰り、庄屋の松浦氏と相談して村内に広めた、という意味の説明がしてある。碑文と一部内容が異なっているが、いずれにしても、明石へは享和年間（一八〇一～〇四）頃、大阪からその製法が入ったものであることが分かる。

それから約五十年後の安政三（一八五六）年、広島藩は明石のマキハダづくりを御止め産業とし、当時その製造に携わっていた四十二人の者に鑑札を交付し、マキハダ製造を免許制としてその生産を規制した。造船場が多く、飛ぶように売れていたマキハダを一部の者だけに製造をさせ、一定の運上銀《うんじょうぎん》を課したのである。

明石の港に建つ槇皮記念碑。昭和27年10月に建立

今から約百六十年前の文政八（一八二五）年にまとめられた『芸藩通志《げいはん》』によると、大崎上島の明石方は、戸数二二八、人口一〇九九、三百五五石以下の船が五八艘あり、二二町三反四畝九歩の耕地から二百七石四斗二升の収穫高があったとある。耕地は一戸あたり約九畝七歩、一人につき約二畝しかなかった。また、四戸に一艘の割で船を所持していたことになり、当時から船（廻漕《かいそう》業）に依存する暮しぶりであったことが分かる。

明治をむかえ多くの旧制度と共にマキハダの免許制度も廃止される。すると、生産者が急激に増え、生産高が上昇し続ける。明治から大正にかけても生産が伸び続けた。たとえば、明治四十年に四十五万貫（約百六十八万七千五百キログラム）であった年間生産高は、大正四年には六十五万二千貫（約二百四十四万八千七百五十キログラム）に達している。その頃、明石の家数は三百戸を数えていたというが、その八割はマキハダに関係した仕事で暮らしをたてていたという。マキハダは明石全体の重要な産業になっていた。

ところで、マキハダの原料となる檜の皮は、樹齢五十年以上の樹木で肉部の厚いもの、しかも虫食いのないものでないと良い繊維はとれないといわれる。

しかも、大量に使用するため生産地が限られた。戦前は奈良県桜井の他に岐阜県武儀《むぎ》郡神淵《かぶち》村、熊本県阿蘇

地方、戦時中は愛媛県の大洲《おおず》の奥や一時岡山県真庭《まにわ》郡勝山町月田《つきだ》などから檜の皮を仕入れたこともあった。特に品質が良かったのが桜井と神淵村からでる檜の皮であったという。桜井は吉野林業、神淵村は木曽の御料林を背後にひかえた林業地帯である。そうした古くからの林業地の、量的にも多く手入れの良い優れた檜が、マキハダ生産に適していたのだろう。

原料となる檜の荒皮の仕入れは、専門の業者「皮師《かわし》」が行なった。皮師は明石に五人ほどいて、それぞれ仕入れ先から貨車で広島県の糸崎まで運び、そこから船で大崎上島の明石まで運んだ。それを製造業者が買いとり、「打ち皮」に加工し、明石や同じ大崎上島の沖浦《おきうら》、豊島《とよしま》の小野浦《おのうら》、愛媛県の岡村島などへ出した。そして明石に約三百人、他に約七百人、合わせて千人ほどいたという綯い子さんが縄に仕上げたものを問屋が集荷し、各地に販売したものである。

実は、森田さんはその「皮師」でもあった。皮師といっても荒皮の仕入れだけでなくマキハダの製造も行なっている。曾祖父、祖父、父と続いた家業であった。

森田さんは尾道商業を卒業した昭和十年、数えで十八の歳からマキハダの商売に入った。その頃はマキハダ生産の最盛期でもあった。森田さんの記憶によれば、昭和十年から十六年にかけてが特にすさまじく、十トンから十五トン積み貨車で年に三十五台分もの檜の荒皮を毎年のように仕入れた覚えがあるという。森田さんだけでなく、他の皮師の仕入れ分をも加えると膨大な量にのぼったのであろう。檜の荒皮を満載した船が明石港に着くと、積み上げた荒皮で港が埋まってしまうほどだったという。

ちょうどその頃、森田さんは朝鮮にまで出かけて盛んにマキハダを売りさばいた。

「朝鮮の京城《けいじょう》に叔母がおったんですな、そこから釜山《ぷさん》、馬山《まさん》、麗水《れいすい》、木浦《もっぽー》、郡山《ぐんざん》、仁川《じんせん》、海州《かいしゅう》、鎮南浦《ちんなんぽー》、新義州《しんぎしゅう》、清津《せいしん》、城津《じょうしん》、新浦《しんぽー》、元山《がんざん》、平城《へいじょう》、浦項《ほーこー》、方魚津《ほうぎょしん》、満州《まんしゅう》の安東県《あんとうけん》など注文をとって歩きましたな。六十日ずつ年に二回行ったんですわ。旅順《りょじゅん》や大連《だいれん》にまで注文とりに出向いた者もいます。その頃、朝鮮までの鉄道の切符が二割引じゃったんです。釜山往復を買うたら六十日間有効だったんですな。下関まで汽車で行って、夜十時頃関釜連絡船に乗るんです。そうすると朝、釜山に着くんですわ。そして京城の叔母のところへ逗留しまして、そこから方々へ出掛けて行ってマキハダの注文をとって歩いたんですな」

当時、漢江《はんこう》、大同江《てーとんこう》、鴨緑江《やーるーこう》などの大河には物資輸送用の河船が多く、それらの船用にマキハダは飛ぶように売れたという。それまで、朝鮮の船にはマキハダは用いられていなかったという。どのようなものか判らないが、別の材料で水が浸み込むのを防いでいたらしい。

まだ二十歳前の森田さんは朝鮮へ出掛けて行くのが嬉しくてたまらなかったという。それは商売の間に好きな映画を観る楽しみがあったからだ。

昭和十六年、大東亜戦争が開始されるとマキハダの統制組合ができ、企業整理があり一時商売をやめたという。そして、終戦後は、荒皮の仕入れが困難になって皮

大崎上島の沖浦の三里浜の家並み。ミカン畑があるが、造船用の船釘鍛冶の里であった

師としての商売が難しくなった。

「朝鮮の得意先もないようになってですの、資本もなくなって、そして何んもないようになったんです。それでもすることがないもんじゃから、得意先も作らにゃいけんから、九州の造船場へ乗り込んでいったんですな。それは私ばかりじゃない」

それまで皮師をしていた者の多くが九州へ参入していったという。檜産地から大量の荒皮を仕入れ、それを製造業者に売りさばき、その代金として縄に綯ったマキハダの完成品を受け取り、各地に販売するという皮師の商売は戦争を境に成り立たなくなっていた。

しかし、皮師の商売は成り立たなくなったものの、依然としてマキハダづくりのほうは盛んであった。マキハダづくりは、他にこれといった産業のない明石の人々にとって、無くてはならぬものであった。戦争未亡人が「綯い子」の手間賃だけで暮らしをたて、残された子供たちを大学まで進学させることも出来た。マキハダを満載して出航した槇皮船も、すっかり売り切って戻ることがざらだったという。

・4・ 釘鍛冶の里　沖浦

槇皮船では、マキハダと共に船釘も一緒に売ってまわったという話を聞いた。

船釘といえば、広島県福山市鞆のものが六百年の伝統を誇る「鞆の船釘」として広く知られている。昭和三十年頃、月産百五十トン内外と推定されていた船釘の全国生産量の八割以上の百二、三十トンが鞆で生産されていた。

一方、大崎上島でも明石から二キロほど東の沖浦《おきうら》で良質の船釘が作られていた。低コスト大量生産で全国に売った鞆の船釘と違い、注文生産の沖浦の釘は瀬戸内を主な販路としていた。

日を改めて海路、その大崎上島の沖浦を訪ねた。桟橋をあがると、白い石灰岩の切り石で築いた波戸があり、船溜に小さな漁船が舫っているのが目に付いた。帆布を張って屋形としているところをみると、一本釣漁船であろう。海辺を歩き始めると、魚の運搬にでも使うのだろうか、木箱が山と積まれ細い道を塞いでいる。ここは釣漁の浦で、タイ釣り、イカ釣りなどの釣漁船五十艘の基地となっている。またそれらの漁船は毎年四月中旬からは週末に竹原などから来る釣客相手の観光漁船に変るという。

沖浦は、明石のように集落全体がひとかたまりになって大きな谷にあるのではなく、上の谷（柏谷《かしわだに》）、中の谷（中浜《なかはま》、木越《きこし》）、下の谷（三里浜《さりはま》）と小さな谷の三地区に分かれている。

なかでも特に鍛冶屋が集中していたと聞いた三里浜まで来てみると、平地はほとんどない。家々は山肌にへばりつくようにして建ち、三里浜の小さな谷を埋めつくしている。どの家も同じような大きさの構えである。外観からは、どの家が鍛冶屋だったのか判らない。

尋ねてみると、戦前から戦後にかけて家数百戸ほどの三里浜で、鍛冶屋は三、四十軒もあったという。おおよそ三軒に一軒は鍛冶屋であった計算になる。

先の『芸藩通志』でみると、文政八（一八二五）年の沖浦は、戸数一六六、人口九四〇、三百石以下の船が五四艘があった。耕地は三〇町七反六畝六歩で、収穫高は一九一石六斗四升五合四勺であった。耕地は一戸あたり約一反八畝五歩、一人につき約三畝八歩持っていたことになる。一戸あたり、ないし一人での比率では明石の約二倍の耕地がありながら、収穫高はほぼ同じで、効率の悪い耕地であったと推定できる。船は明石の約四戸に一艘よりさらに多く約三戸に一艘の潮で持っていた。明石同様、海に依存しなければ成り立たない生活であったのであろう。

明石や沖浦にあった船とは『芸藩通志』には、三百五石以下、あるいは三百石以下とあるだけで、たとえば何石積の船が何艘あったとその内訳は記されていない。石数から考えると漁船に加え、瀬戸内海を中心とする近距離輸送の小廻し廻船が相当含まれていたと思われる。

瀬戸内海に多かった塩田の塩を販売輸送する「塩廻船」、「薪船」、「石炭船」、「石灰船」など内海航行の船が中心であったと思われる。

たとえば、三里浜の恵美須神社の石鳥居には、

嘉永二己酉年吉辰
産子
廻船 □
願主當村

とあり、江戸時代末の嘉永二（一八四九）年頃沖浦の廻船が活躍していたことが分かる。

話はやや横道にそれるが、恵美須神社には、甘諸《かんしょ》頌徳《しょうとく》碑《ひ》もあった。大三島の下見吉十郎が薩摩から持ち帰ったサツマイモを、文政元年（一八一八）宝本和三五郎と山登助七が伊予宇和島よりキビと共に沖浦へ伝えたのをたたえて大正十五年建立したものだ。

稲作に不適な瀬戸内海の島々では、主食をサツマイモに頼らざるを得なかったのである。

大崎上島の沖浦にしても、むろん同じである。水田がなく、それもわずかな畑にイモを作るだけでは暮らしが立たなかった。その島で生きる術として、鍛冶屋や船乗りとして生きてきたのであろう。

「その時分でしたら、早い家《うち》は朝二時ぐらいから仕事にかかりまして、四時ぐらいには、もうそこいらじゅうトンテンカン、トンテンカンとうるさいくらいでしたなぁ」

三里浜の集落を歩いて出会ったある古老は、昔の沖浦の様子をこう回想する。

この地の鍛冶屋は、もっぱら船釘ばかりを専門に打つ「釘鍛冶《くぎかじ》」ばかりで、鍬《くわ》、鋤《すき》、鎌《かま》などの農具を専門に打

三里浜の恵美須神社の甘諸頌徳碑

つ「農鍛冶」はいなかったという。人々は毎日、ただひたすら船釘を打ち続けていたのだ。

しかし、釘鍛冶といっても、専業は十軒ほどで、大半は背後の山を拓いてイモ、ムギ、ミカンなどを作る百姓仕事との兼業がほとんどであった。仕事も家族でこなすのが当たり前で、落下鎚を備えたベルトハンマーの導入（昭和十九年頃）以前は、妻や子が重い向こう鎚をふるい、主《あるじ》が手打ちで釘を打った。

一方、専業鍛冶では、常時三人から五人ぐらい職人や弟子を抱えて仕事にあたっていた。職人や弟子は地《ち》の者の他に、同じ広島県の竹原、愛媛県大三島、対岸の岡村島、などから修業や稼ぎにやって来た者も少なくなかった。

そうして沖浦にやって来て、一人前の釘鍛冶となった一人に細川平吉さん（明治四十年生まれ）がいると聞いた。恵美須神社の裏にある自宅を訪ねてみたが、あいにく朝から山仕事に出ていて、不在であった。そこで応対に出てきた奥さんのサダコさん（明治四十四年生まれ）から話を聞いた。

サダコさんによると、平吉さんは伊予の西条《さいじょう》で生まれ、幼い時、両親と死別し、ここの鍛冶屋の親方にもらわれるようにして引き取られたという。ちょうど数えで八歳であった。八歳と聞いて、一瞬胸が痛んだ。三里浜の釘鍛冶の家に生まれたサダコさんの話では、当時、平吉さんのような弟子も決して珍しくなかったという。八、九歳で弟子入りし、十歳か十一歳ともなればもう大きな向こう鎚をふるうのが普通だった。

ところで、沖浦の船釘の材料は鞆から古い鉄板を仕入れ、釘の寸法に合わせて鉄板を鏨《たがね》で細く打ち断ち、釘地（地金）としていた。

その釘地を鎚で丹念に叩いて成形し、通《とお》り釘、縫《ぬ》い釘、貝折《かいおれ》釘などに仕上げる。「通り釘のアタマづけ」が難しく、通り釘を打ちこなせば一人前の釘鍛冶として通用したという。釘地専門、縫い釘専門、貝折釘専門、通り釘専門などとそれぞれに打ち分け、注文に応えた。

沖浦の船釘は、薄手で細身にしつらえてあった。釘頭から釘先に向けて徐々に薄く、細く仕上げることは簡単なようにみえても案外難しかった。釘地となる鉄板が厚すぎると薄手で細身の釘を作るのは容易でなかった。鎚で打ち、成形するのに骨が折れた。薄い釘地を使い、手間をかけ、丹念に打ち伸ばすことで薄手で細身の船釘を生み出していったのである。

この沖浦の釘は木造の小型漁船を造ることが多かった瀬戸内海の船大工たちに好評だったという。厚手の釘を打ち込むと、時に船板を割ってしまう心配があったからである。また割らないまでも、船板に亀裂が入ると、やがてそこから浸水するようになる。薄手で細身の沖浦の釘は高価であったが、評判はよかった。

平吉さんがなかなか戻らないのを気の毒がって、サダコさんはもう使わなくなった鍛冶の道具を納屋から出してきて見せてくれた。向こう鎚、釘地、金床はみな錆びついてしまっている。

「昔は、通りじゃ、縫いじゃ、五六の何んじゃ言うて、得意先の明石の槇皮船から言うてくると、トッタン、ト

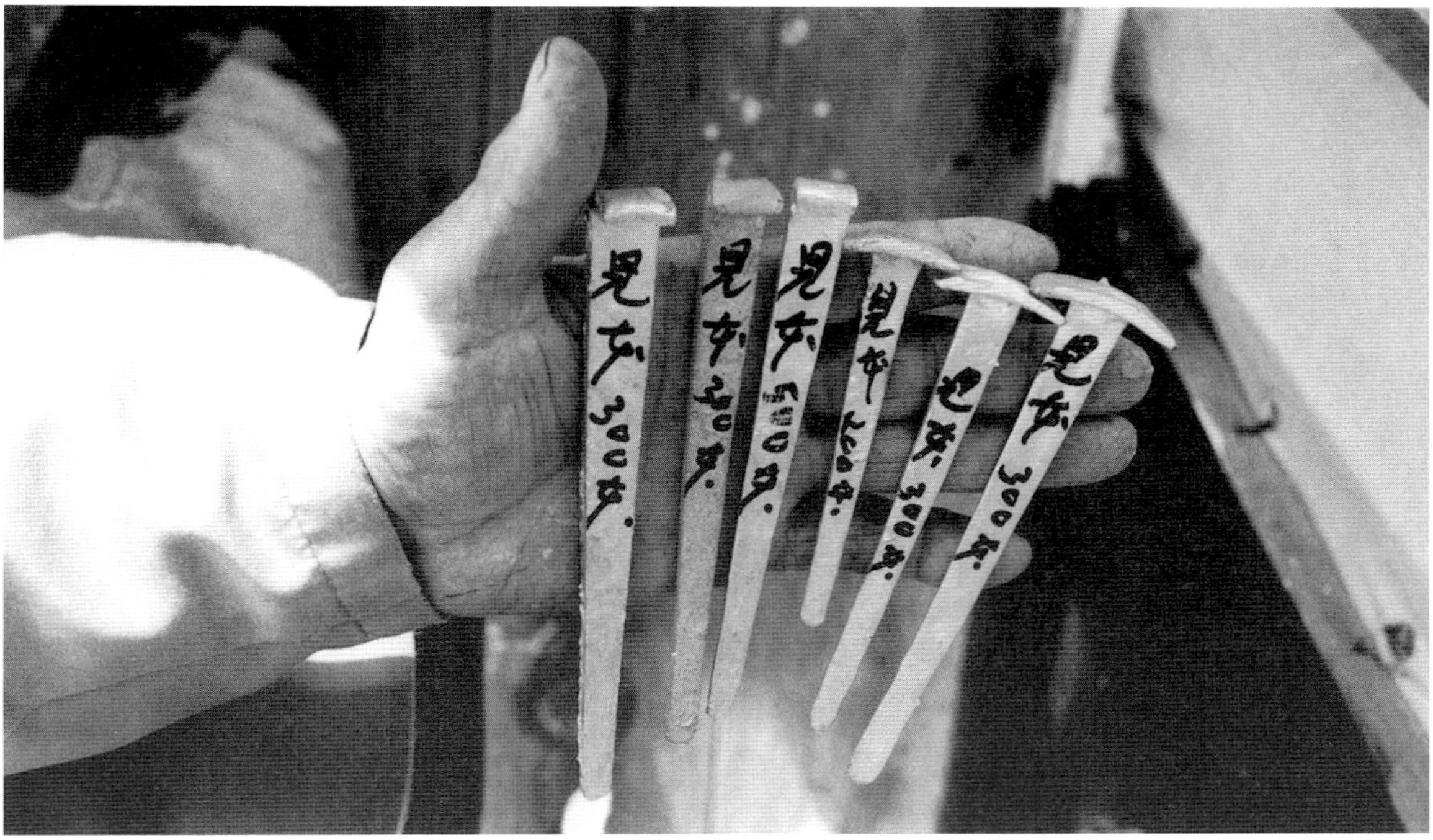

槙皮船が行商する船釘各種。右2本は貝折釘、3本目は縫い釘（落し釘）、左3本は通り釘（平釘）。釘は錆びないように亜鉛メッキをほどこしている。かつては沖浦のほか、飾磨《しかま》、牛窓で打った船釘も行商したが、今は鞆の船釘を船に積んで売る

槙皮船の主な積み荷は以前はマキハダや船釘だったが、今はボルトなどが多い

ッタンようけいやったもんじゃ、百姓で鍛冶屋をやる家もあってな、通り釘のボウシ（アタマ）をつけるのは難しいけどな、あとは見よう見真似でも打てたんじゃ」

　サダコさんの記憶では、大正十二年頃が船釘づくりが最も盛んで、三里浜だけで三十軒もの鍛冶屋があったという。それは、大正三年八月に始まった第一次世界大戦後の好景気によるものであったと思われる。

　サダコさんは平吉さんと夫婦になって五男三女をなした。

「子の一人が幼い時、他家《よそ》の子にゆきたいと言うたんじゃ。他家にいけば米が食えると言い出してなぁ、人が死ぬると米の飯が食えたから、誰か死ぬるとええと言う子もいてなぁ」

大量に釘を打った専業鍛冶といっても、その生活は決して楽ではなかったようだ。もともと食べる物といえばムギとイモくらいの土地柄である。三里浜で米はめったに食べられなかった。

平吉さんにしても、幼い頃から火の粉や湯玉を浴び、火傷だらけで仕事を覚えたらしい。平吉さんだけでなく、皆そうして一人前になっていったのである。

「平吉はよそからきたんじゃから、そりゃあ人に言えん苦労はあった。でも、うちの人は幸せやった。旅からきてもこの土地のみんなから本当にかわいがってもろうてなぁ」

狭い土地に生きながらも共に助け合って暮らしていたのである。サダコさんの話から、頼るべき充分な土地を持たない沖浦の人々の暮らしの一端が浮かび上がってきた。

・5・ 明石の槇皮船

森田美徳さんや細川平吉さんが作った明石のマキハダや沖浦の船釘は一体どのように販売されたのだろうか。それらを槇皮船で売り歩いた船商いについて聞きたくて人を探していたら、今も槇皮船で商いをやっているという奥本徳文さん（昭和五年生まれ）と知り合った。

明石港のマキハダ工場の前で再び森田さんから話を聞いていたら、古風な紺絣のハンテンをはおり自転車で通りがかり、話に加わってきたのである。見事な白髪で、声が高く大変な早口でしゃべる人であった。そして、小柄だがいかにも精悍な体つきであった。

港からまっすぐ続く坂道の両側は、民家がびっしり建ち並んでいる。道に沿って用水が流れていて、割烹着姿の主婦が山の畑からとってきた大根やイモを洗っていた。十分ほど歩くと奥本さんの家に着いた。

「槇皮船へは、十五の歳から乗りました。終戦の九月から親父の尻について乗ったわけですわ」

徳文さんの話が始まる。戦争が終わり、何もかもがメチャクチャになっていた頃、元気者でとおった今は亡き父親の政四郎さん（明治二十六年生まれ）も、そろそろ身体が弱りかけていた。八人兄弟の長男であった徳文さんは、生計をささえなくてはならない自分の役割に気づいた。徳文さんはためらわずに槇皮船に乗ったという。

槇皮船の商いは、祖父の音吉さんの代からのことである。音吉は大正五年に五十一歳で没したというから、江戸時代末の慶応二（一八六六）年前後の生まれだろうか。音吉は若い時分、九州行の槇皮船へ雇われて「若い衆」として乗り込んでいった。槇皮船で実際に九州の造船場をめぐってみると、マキハダが面白いように売れた。そんなに儲かるなら、人に使われるより、小さな船でも買って自分でやろうと、独立したという。

「他人の得意先へ行くのはなんじゃから言うて、尾道、鞆、玉島ぐらいまで行きよったんですかなあ。その頃はマキハダ専門じゃったんです」

じいさんのことを親父にそう聞いている、と話した。

槇皮船・信用丸の変遷。帆前船だった昭和5年進水の初代信用丸（右上）。昭和28年進水の二代目信用丸は機帆船《きはんせん》（右下）。昭和39年進水の三代目信用丸はまだ現役の行商船（左）

昭和生まれの徳文さんは音吉を全く知らない。

父親の政四郎さんについて尋ねると、

「そこに額がありましょう」

と、鴨居の上に目をやった。政四郎の写真が額に入れて掲げてあった。堂々たる体格、口をへの字にギュッと結んだところは、いかにも負けん気の人のようにみえる。

明治二十六年生まれの政四郎が、自分で槇皮船を始めたのは大正の終わりか、昭和初めのことらしい。

「親父は最初は音吉じいさんの船に乗りよったんじゃろうと思います。兄貴の重吉と一緒に若い衆で行きよったんじゃろう。その後、跡をとらす時、じいさんが得意先の取り合いになったらいかんとか何んとか言うて、親父は朝鮮の警察へ応募しました。巡査に行ったんです」

得意先をめぐり兄弟で争いたくなかったからである。若かった政四郎は、ひとつの目論見《もくろみ》もあった。政四郎は商売のカンどころをしっかりつかんでいた。それを生かして思いきり商売をして、うんと稼いでみたいと考えていた。商売をするならマキハダで勝負するつもりでいた。朝鮮で巡査になろうとしたのは実は、いずれ販路を朝鮮へ伸ばすつもりで、土地柄、人柄をよく知ろうとしてのことであった。マキハダの商売を始める前に、造船場の様子や信用のできる人物などを調べておきたかったからである。

政四郎が何年間朝鮮にいたのかは判らない。が、まもなく故郷の明石へ戻ってきた。跡をとった兄の重吉が中風になり、その容態がおもわしくなかったからである。帰ってみると、重吉は「帆巻船《ほまきぶね》」で往復ひと月にも及ぶ槇皮船の商売を続けられる身体でなくなっていた。

兄に代わり政四郎が得意先も、船も引き継ぎ槇皮船で商売に出ることとなった。もう朝鮮へ雄飛する夢は、巡査だったころ愛用していたサーベルと共に押入れの奥にしまい込んでいた。朝鮮で商売を始めることはバクチのようなものだった。奥本家の大黒柱になった政四郎に許されることではなくなっていた。

それからの政四郎は、しゃにむに働き続けた。金を貯えて何んとか船を新しくしたかった。竹原からむかえたばかりの嫁の久子さんと共に船に乗り込み、身を粉にして働いた。十五歳も若い嫁である。そんな久子さんに新造の船を見せてやりたかったのだという。一年の大半を船ですごす夫婦にとって、船は家そのものであった。

昭和四年、不況の中で長女が生まれ、あくる年の五月、念願だった船ができた。その船を「信用丸」と名付け、めでたく進水式をとり行なった。

「これがその時の船です」

徳文さんが奥から図面を持ち出してきた。巻き物のようにクルクルと丸めてあった。広げると、船の側面図が現われた。十分の一の縮尺で紙に墨で黒々と描いてある。ところどころに何尺何寸と細く寸法が書き添えてあった。

「これは手漕ぎ船です。帆を張って、風まかせ、潮まかせで走ったんです。凪のない時は一人で櫓をコツコツ押して行きよった。六尋船《むひろぶね》じゃから全長三十六尺、まあその頃じゃったら当たり前の大きさですが、下行《しもいき》(九州行)の船はもう少し大きかったんと違いますか」


信用丸の進水した昭和五年の九月、徳文さんが生まれた。母親譲りの黒目がちな赤子であった。

徳文さんが小学校入学まで乗っていたのも、十五歳から乗ったのも、この手漕ぎ船の信用丸であった。船ですごした幼かった頃のこと、父について得意先をまわった見習い中のことと、この船にまつわる思い出は少なくない。

徳文さんが一枚の写真を持ち出してきた。大将の軍服を身に着けた幼少の徳文さんがかしこまって写っていた。徳文さんにはかけがえのない写真だそうだ。

徳文さんが四歳の頃のことである。いつものように信用丸が岡山県玉島沖にさしかかると、徳文さんの姿が急に見えなくなった。どこかに隠れているのではないかと船内くまなく捜してみたが、ついに捜し当てることはできなかった。海へ落ち込んだとしか考えられない。両親の顔は蒼白となった。駄目かもしれないがやるだけやってみようと、付近の船にわけを話して頼みこみ、目を皿のようにして海をぐるぐる探しまわった。
二、三時間後、ぐったりとした徳文さんの小さな身体がユラリユラリと海に浮かんでいるのが発見された。生い茂った藻葉《もは》に絡まっていたのである。引き上げると何の反応もなく、氷のように冷たくなっていたという。
医者にみせると、もう息をしていないから葬式の準備をしたほうがいいと言われた。完全にサジを投げられたのである。しかし、政四郎夫婦は諦め切れなかった。何んとしても助けたい。船に抱いて帰り、巡査時代に身に付けた応急手当のひとつ人工呼吸を必死になってほどこした。

夜の八時頃になって、徳文さんの鼻の穴からブクブクと水泡が立ちはじめた。

「しめた、徳文は助かるぞ」

徳文さんは強運の持主であった。奇跡的に助かったのである。子を思う親の一念が人ならぬ神の力を呼んだものだろうか。一命をとりとめた徳文さんを見て、少なくとも政四郎夫婦はそう信じた。例の写真は、夫婦がこのお礼と七五三の祝いをかねて、徳文さんに大将の軍服を着せ、写真を撮って、讃岐の金刀比羅宮と明石の御串山《みくしやま》八幡宮へ奉納したものだったのである。

・6・ マキハダ、船釘を商う

「この当時の船じゃったら、親父と播州赤穂まで行きよったのが最高ですなぁ」

図面の船を指しながら、いよいよ徳文さんが船に乗った話になる。

「最初は親父について歩き、まず得意先に誰それの子供じゃと、こちらの顔を覚えてもらうんじゃ。二、三年すると一人で行っても買うてくれるようになる。顔を覚えてもらうまでが大変なんじゃ」

簡単に聞こえるが、徳文さんにしても百カ所ほどあったという得意先の場所、名前、顔を覚えるのは決してたやすくはない。覚えなければならないことは顔ばかりではなかった。本当に覚えなければならなかったのは商売そのものだった。

たとえば船釘などは、訪れる造船所や船大工の仕事内容、技術の系統などによって注文の仕方は様々であった。また、船釘の産地も飾磨《しかま》、牛窓、鞆などがあった。これらの船釘は製作に当たる釘鍛冶によって、同じ寸法であっても品質にかなりの差があった。一見して同じ様にみえる船釘であっても、作り手と使い手の複雑な組み合わせがあり、使い手からの要求は細部にわたることが多かった。たとえば、前回持参して気に入られた船釘であっても、次は必ずしもそうではなかった。なかなかどんぴしゃりといった物がないのである。機械生産と違って、いつも同品質の船釘ができるとは限らないからである。品物を右から左に移すだけでは商売は成り立たなかった。そんなことも覚えていかなくてはならなかった。

昭和二十八年、二代目の信用丸が進水した。政四郎の一代目の進水から二十三年目のことである。補助機関を取り付けた機帆船《きはんせん》で、排水量二十トンであった。これまでのように風向きや潮かげんをみて、出航を見合すこともなくなり、ほころびた帆を繕うこともなくなった。当時、播州赤穂《ばんしゅうあこう》をめざして広い播磨灘を往く時、漁船を除くと、帆船と往き交うことはめっきり少なくなってきていた。

風をいっぱいにはらみ、白い帆をふくらませて海を往くことは、気分のよいことであったが、能率はきわめて悪かった。機帆船にしてからは、それまで播州赤穂で折り返していた航路を大阪まで一気に延ばした。

神戸、大阪など大きな港湾で使われているおびただしい数の艀用に、マキハダや船釘を売りこむためである。港に浮いていた艀は、百トンから三百トンにも達する大きな木造船であった。それらが荷を満載し、ひしめき合いながら親船と港との間を行き来していた。艀同士がぶつかることはざらにあった。だから、艀は頑丈に造られていた。ぶ厚い船板を使用し、船釘も他の船より密に打ち込んで造られていた。百トンほどの艀で、約四千本もの船釘が使われていたという。

それでも、老朽化したり、繰り返しぶつけていると衝撃で板がきしみ、やがて浸水するようになる。すると、傷んだ箇所の板を取り替えたり、マキハダを充填《じゅうてん》し直したりしなければならなかった。それら艀の修繕用にマキハダ、船釘が結構さばけたのである。百トンほどの艀で、四十束から四十五束のマキハダが使われていたという。一束は、一尋（五尺）のマキハダ二十本にあたる。マキハダや船釘は当時、槇皮船の主要な積み荷であった。

「どうせ大阪まで行くなら、この際いっちょうやっちゃれ」

徳文さんは、大阪まで行くついでに奈良県桜井まで出掛け、マキハダ原料の檜皮を直接仕入れることを思いつく。大阪港から信用丸で尻無川《しりなしがわ》をさかのぼり、岩崎橋のたもとへ船を着けて上陸した。ここは、大阪有数の船具問屋街三軒家である。界隈に金物、荒物などを卸す店がひしめいている。

三軒家での取引を済ませ、電車で桜井まで行く。マキハダ商から「打ち束」（打ち皮を束ねたもの）を仕入れ、運送業者に頼んで六トン積みトラックで折り返し三軒家に運んだ。そして、船積みして明石まで持ち帰り、掬い子さんに出して縄にしてもらった。

徳文さんが打ち束を持って行くと、掬い子さんの家では家族総出で縄になった。マキハダから出るクズの微粉で明石じゅうが赤茶色にけむったという。

皮を仕入れ、掬い子さんに賃金を払いマハダ縄に加工してもらうのは、戦前は皮師製造業者の仕事の一つであった。販売にしても、見本を持って注文をとる者、陸路を行商に出る者、槇皮船で往く者とに分かれていた。

それが終戦後は違ってきた。奥本徳文さんとは正反対に、皮師が一時槇皮船の商売に進出したこともあった。ところが、この大阪行きも永くは続かなかった。

「大阪でようけえかかったことがありますんじゃ」

多額にのぼる売掛金を踏み倒されたのである。槇皮船での商売は、品物を先に納入し、後から代金の請求をする。現金取引をしてもよかったのであるが、得意先は限られ、商売自体が細く零細にならざるを得なかった。

「代金を貸しておくほうが得意先との信頼関係が成り立ち、得意先の拡大につながり、かえって得になることもあります」

と徳文さんは自分の考えを話す。それまでの取引先はそれでよかった。しかし、大阪のような大都市の造船所のなかには、わざと倒産し、名義を変更することで以前の売掛金を踏み倒すようなところもあった。

「うかうかすると、こちらが倒されるんでやめました」

徳文さんは、大阪行をやめにしたのを汐に、桜井へ行

槇皮船のお得意さんが多かった牛窓の船着場。古くから港町で、船大工が多く、瀬戸内の主要な木造船の造船地の一つだった。写真の左隅に備前法華の名刹経王山本蓮寺《ほんれんじ》の三重塔が見える

くこともやめ、マキハダ製造からも手を引いてしまい、初めの船稼ぎ一筋に戻ったのである。

・7・ 瀬戸内を巡る信用丸

奥本徳文さんの語る槇皮船での船商いの話は、実に面白かった。陸の世界とは全く別の世界があるかに思えた。そんな世界を垣間《かいま》見た気がして楽しかった。

ただ、早口でしゃべる徳文さんの口からポンポン飛び出す地名にはお手上げだった。信用丸は大崎上島の明石を出港して、下津井《しもつい》、丸亀《まるがめ》、高松、内海《うちのみ》、土庄《とのしょう》、牛窓、日生《ひなせ》、室津《むろつ》、家島《いえしま》、網干《あぼし》、飾磨、明石、神戸と二十日ほどかけてまわるという。

私が訪ねたことがあり、具体的なイメージが湧いたのは牛窓ぐらいのものだった。それらの寄港地は牛窓のような古くからの港町なのだろうか。船大工の町もあるのだろう。機会があったら、一度その巡り先を訪ねてみたいものだ、そんな思いでいっぱいであった。

暑い夏があっという間にすぎ、秋の風が吹く頃となっていた。

十月の半ばすぎ、信用丸の寄港地を訪ねてみようとぶらりと旅に出た。

旅に発つ前、ふと思いついて大崎上島明石の奥本さんの家に電話を入れてみた。ひょっとすると、どこかの港で信用丸と出会うことが出来るかも知れないと思い、出

先を聞こうとした。すると、受話器から聞き覚えのある徳文さんのカン高い声が流れてきた。あるいは、今度、瀬戸内のどこかで出会うのは無理かもしれない。

　この旅では再び牛窓を訪ねた。朝から雨が降り続いている。民宿の二階で旅の記録を整理していた。午後になっても雨は一向にやまない。

　夕方近くなって、階段をトントンとかけ上がる音がした。宿の若主人が来客を告げにきた。旅先で客のあろうはずもないので人違いであろうと思った。が、まっ白な髪の人だと聞いてぴーんときた。

「奥本徳文さんだ！」

　咄嗟《とっさ》にそう思った。階段をかけ降りると、玄関に徳文さんが立っていた。紺絣のハンテンをはおり、ゴム長靴を履き、手に持った番傘から雨の滴《しずく》が落ちている。

船と陸との間に渡したアユミ（渡し板）は、潮が満ちて来ると急勾配になる

　船大工の竹内繁さんのところへ注文とりに行き、そこで私が来ていることを聞いた、とのことであった。

　港の信用丸まで雨の中を連れだって歩く。

「この前もたしか雨じゃったな、アンタと会ったのは」

　と、奥本さん。あれからもう四カ月経っている。スーパーと魚屋で買い物をすませ、港まで来てみると、まぎれもない明石港で見たあの信用丸がある。ずんぐりとした白い船体が雨にけむっている。

　港から延びた波戸の先端近くに船は繋留していた。波戸から船へは幅三〇センチほどの「アユミ」という細い渡し板が架けられていた。

「どうぞ」

　と言うなり、徳文さんはすたすたとアユミを渡る。私も後に続いて渡る。歩く度に板が大きくきしむ。渡るのが案外難しい。

　船倉を被っている「ジョウドマ板」も傷んでいる箇所があるので、やたら踏むことはできない。操舵室の横をすり抜け後部へまわり込むと、そこが船室への入口であった。そこから船室へ降りて行くのだが、一平方メートルほどの広さしかない。そこは食事の際は台所となるらしく、飲料水のタンク、プロパンガスのボンベ、ガスコンロ、やかん、フライパン、鍋などが雑然と置かれていた。

　通された船室はひどく狭く感じた。ちょうど二畳分くらいか。天井が低くて立ち上れない。そのためよけい狭く感じる。周囲は戸棚や押入になっている。船内はどこにも無駄はない。低い天井からぶら下がった裸電球の光がちらちらと輝き、まぶしい。目の前のテーブルにはハネ（スズキ）の刺身、カマボコ、巻き寿司などが並んだ。日本酒をコップになみなみと注ぐ。酒をくみ交しながら奥本さんの話を聞いた。

「いま牛窓の得意は五軒ほどあって、うちが持ってゆくものはマキハダ、船釘、丸釘、ボールトなどです。昔じゃったらマキハダと船釘、それきりじゃった」

船底に張り付けるガラスマットや膠化材《こうかざい》（ボンドや、にかわのような接着剤）なども扱えば、もっと販路も広がり、手広く商売できるが、徳文さんはあえてそれをしないという。

槇皮船の船倉に積まれたマキハダの束。デッキブラシも右手上に積んでいる

「仕入は現金で、支払いはある時払いの催促なしじゃからな。うちらみたいな、こんなちっこい商売してたら何時どうなるやらわからんからな」

売掛金がとれなくて大損をした大阪での経験から、もう商売をこれ以上拡げる気は毛頭ないと言う。扱う商品にしても確実にでるものだけを仕入れて売ることに決めている。

塗装用の刷毛《はけ》、プラスチック製の船腹にガラスマットを張り付ける際に用いるブラシ、定期的に行なう船底掃除用のボーズリ（デッキブラシ）や箒《ほうき》などが主な商品だ。儲けはうすいが消耗品なので、ある程度はけていく。今はみな安定した商品になっているが、もともとは得意先の造船所からの要求に応じて扱うことになった品物ばかりだ。マキハダや船釘だけを大量に売りさばいた時代とは違ってきているのである。

どんなものが求められているのか、奥本さんは、必死で新しい商品の開発にあたってきた。たとえば、溶接用の皮手《かわて》（皮手袋）や腕カバーなどがそうである。それまで槇皮船では誰も扱っていなかったものである。酸素溶接の際、飛び散る火の粉から手や腕を守るためのもので牛の揉み皮で出来ている。火の粉で焦げ穴があいたり、水に濡れたりすると別のものと取り替える消耗品である。扱い始めた昭和四十年頃、一足二百円の販売価格で月に二千足くらい売れ、それだけで一航海八万円ほどの儲けになったという。

しかし、売れる商品はまた誰でも喉から手が出るほど売りたいに違いない。まもなく他の船も皮手を積んで商いに行くようになる。すると、以前ほど売れなくなった。そればかりか、酸素屋からは激しい抗議が度々きた。皮手はもともと酸素ボンベなどと一緒に酸素屋が売りさばいていたからである。そういわれても、槇皮船の側も引き下がってはいず、互いに鎬《しのぎ》を削って売り続けた。

皮手など新しく加わった品物がある一方、昔ながらの船釘も相変わらず売っている。船釘の仕入れは鞆の問屋からだが、釘を打つ職人自体がこの頃は少なくなってきているという。古くから鞆は千軒みな鍛冶屋、といわれ、鍛冶屋ばかりの町だった。その鞆ですら今、釘鍛冶はたったの三、四人しかいない。

船釘の商売はひと筋縄ではいかない。相手は何百艘もの船を造ってきた船大工ばかりである。こまかい注文がつくのが当然だ。素人からみると、ほんのちょっとしたことが往々にして問題になる。船釘の寸法は大体二寸、二寸五分、三寸など五分きざみとなっているわけだが、その五分がいちいち問題となってくる。五分といえば約一・五センチメートルである。特に牛窓のようにかつては船大工のすぐ隣に釘鍛冶が住んでいた土地ではなおさら注文がきびしい。

「四寸では長いし、三寸五分では短いし、三寸五分の釘の中から選《よ》って長いのを持ってきてくれ、とか言われるんですわ」

厚さにしても、出来るだけ薄いものを選ってくれなどと言われるそうだ。現在牛窓で造られている一トンほどの漁船は船板が総じて薄く、釘の分や厚みがそぐわねば板がすぐ割れてしまう。船大工が釘の分や厚みにこだわ

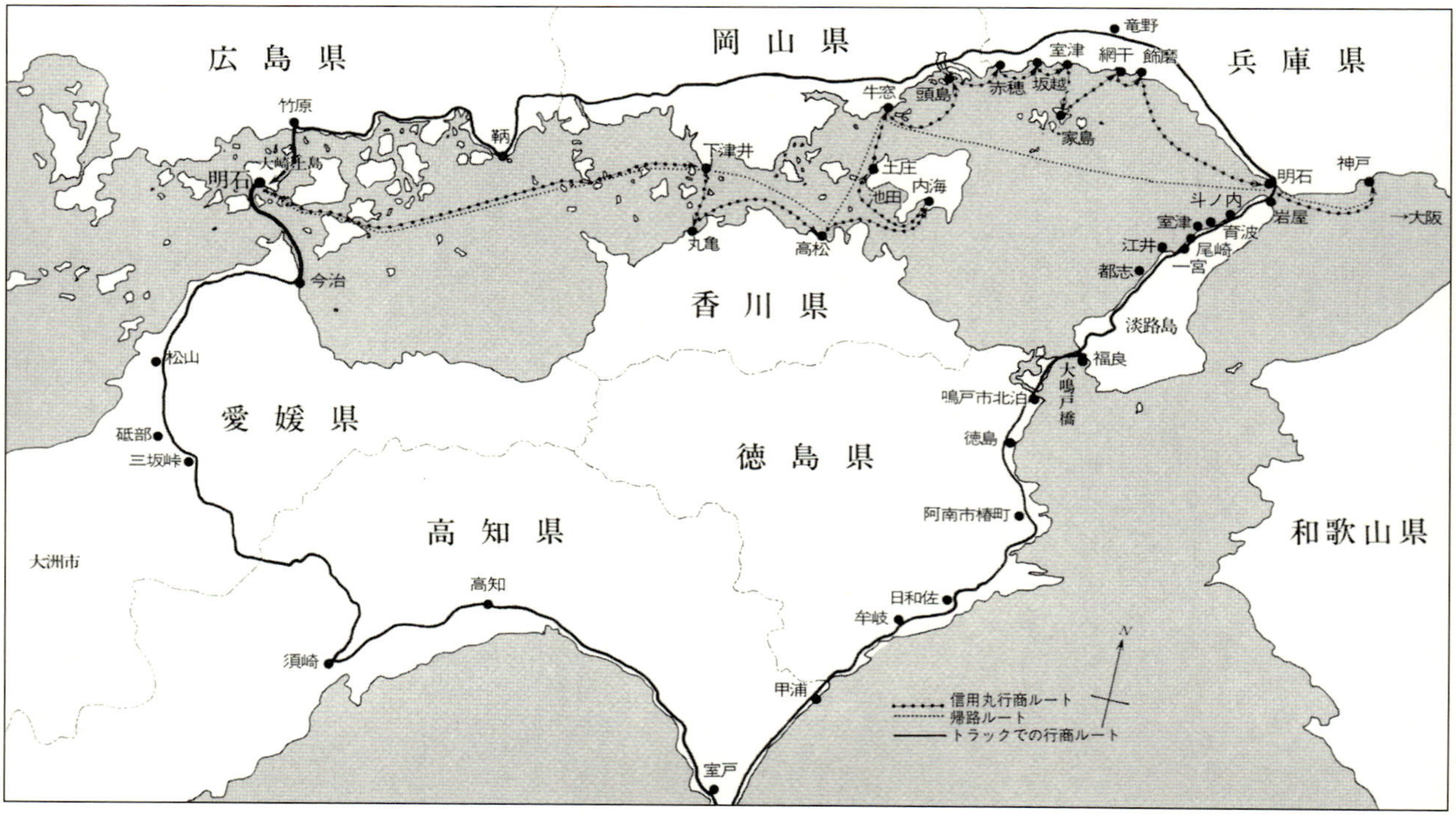

るのはそんな理由からだろう。

「鞆でも職人がほんまにおらんですわ。だから今ちょっと釘の値が上がってきよるらしいですな。問屋から釘の売値をちょっと上げてくれとか言われるが、そうもできんのでなぁ」

　値上げは勝手にやるわけにはいかない。心安くしている船大工にそれとなく打診してから決めるのである。

「向こう（問屋）が上げてくれ言うたら、売り先（船大工）に正直に仕入値を言うて、その分だけ値上げしてそれで買《こ》うてもらえりゃええ。こちらで勝手に値を決めて、その値段で買えんかったらよそで買え、というようなことと言えんからな」

　酔いがまわってきたのだろうか。沫《あわ》を飛ばしポンポンと早口でまくしたてる徳文さんの顔はもう真っ赤だ。ハネの造り（刺身）を素早く口にほうり込み、流し込むようにして酒を飲む。横綱クラスの酒豪である。

「商いにはトラックでも行きよる」

　徳文さんが意外なことを言い出した。船稼ぎの合間をぬって、年に七、八回、二トン積みトラックで四国方面へ商売に出掛けているという。

　朝八時三十分頃大崎上島の明石からフェリーで四国の今治《いまばり》へ渡り、松山、砥部《とべ》、三坂《みさか》峠を越えて須崎《すさき》、高知、室戸、甲浦《かんのうら》、牟岐《むぎ》、日和佐《ひわさ》、阿南《あなん》市椿町、徳島、大鳴戸《なると》橋を渡って淡路《あわじ》へ入り、江井、一宮《いちのみや》、尾崎《おさき》、室津《むろつ》、鳴戸市北泊、大嶋、福良《ふくら》、五色町都志《つし》、育波《いくは》、斗ノ内《とのうち》、岩屋と造船所や船具店をまわって進み、そこからフェリーで明石（兵庫県）へ渡り、竜野《たつの》や鞆で皮手や船釘の仕入れをして、早ければ四日目の朝戻ってくるのがその道順である。このトラックでの行商は行き始めて二十年ほどになる。

「そうせんことには船だけじゃ経済が今はやっていけんわけや」

　徳文さんが語気を強めて言う。だが、もともとは身体の弱かった弟の暮らしを立てさせようと考えて始めた商売である。行き出して十年ぐらい経って、弟に独立を勧めてみると、商売をする気はないと言われた。木江《きのえ》の造船所へ勤めることに決めていたのである。徳文さんは、商売の手を広げすぎたと、その時悔やんだという。せっかくつくった得意先のことを考えるとやめる訳にもいかず、今日まで一人で細々と続けてきたのである。

　しかし最近は、トラックでの商売もいつやめようかと思っているという。

「とにかく車の経費がとれんわけや。ようするに品物がでんわけや。その日の売り上げが旅館代で消えるようだったら、行っても面白くないしなあ。商売は全然つまらんわけや。そんだからこのままやめようかと思うこともあるんじゃ」

　徳文さんがフーッと大きくため息をついて、天井を見上げた。

　昭和四十年頃までは三、四十艘あり、明石の港を埋めつくしたという槙皮船も今ではめっきり少なくなっている。

　現在、六艘だけになったという槙皮船の行先について尋ねてみた。それぞれ行先をたがえると聞いていたので興味があった。

まず一番遠く、壱岐・対馬方面まで行くのが岩見隆則さんの光庄丸。下関から日本海萩付近まで行くのが西卓男さん夫婦の正寶丸。広島を中心とする瀬戸内海をまわるのが魚本圭荘さんの松栄丸。瀬戸内海上行の森下春洋さんの盛力丸。同じく瀬戸内海上行《かみゆき》の森下精二さんの光進丸。そして神戸まで行く奥本徳文さんの信用丸がある。

奥本さんを含め三艘が瀬戸内海上行に集中しているが、得意先が完全に異なっている訳でもなく、商品もマキハダをはじめ大体同じようなものを持参している。それでも結構うまくいっているらしい。

ところで、槇皮船の販路が一定地域に限られていて、それ以上延びないのは何故なのであろうか。船がもっと大型であれば、徳文さんにしても大阪から紀伊水道を通って、熊野灘を越えて、船稼ぎにゆくことも可能であろう。しかし、行くことは行けてもそれでは一航海のサイクルが長くなりすぎて仕入の時間がとれないという。小さな船でも一航海二十日ほどでまわりきれる瀬戸内海のようなところが、船稼ぎには打って付けなのである。

・8・ 槇皮船同乗記

早朝の静寂を破るエンジンの音が港いっぱいに響きわたる。朝もやをスーと分けて小さな漁船が出漁していく。昨日はえた延縄をこれからあげにゆくのだ。

信用丸では徳文さんが朝食をとっていた。椀に盛った雑炊をフーフー息を吹きかけながら食べている最中であった。背筋をのばし、きちんと正座をしているのがいかにもこの人らしい。

「じゃあ、ボチボチ行ってみますか」

徳文さんが腰をあげた。いまから信用丸は出航するのである。

六月に初めて徳文さんと出会ってから、話だけでなく実際に槇皮船に同乗して信用丸の船稼ぎに付いて行ってみたいと思い続けていた。しかし、大崎上島の明石で一度、にべも無く断られていたので自分からは切り出せなかった。

それが昨晩、徳文さんのほうから、

「明日、一緒に行ってみますか」

と、勧めてくれた。願ってもないことであった。

船に乗るのは好きだ。ドッドッドッとエンジンがかかり、信用丸の出航準備が整った。予定より三十分遅れの七時三十分になっていた。

信用丸は波戸から離れると後ろ向きで、船だまりを出て、大きく東へ向きを変えた。ゆったりとした出航だった。

海上から見た牛窓の町は、海に沿ってびっしりと瓦屋根が続く細長い町だ。目立つのが法華宗の名刹本蓮寺《ほんれんじ》庫裡《くり》の黒々とした大屋根と三重塔。いずれも建立以来訪れる多くの船の目印となってきたものであろう。

江戸時代の築造という一文字波戸を抜け、前島との間

じっと前方を見据えて舵を握る信用丸船頭の奥本徳文さん。瀬戸内海は海苔ヒビやカキの養殖イカダが多く、航行中は気が抜けないという

の唐琴の瀬戸にかかる。急潮である。海面はひたひたと波打っている。海上から町を見わたすと、牛窓は海に突き出ているのがよく判った。

唐琴の瀬戸を乗り切ってしまうと尻海《しりみ》の沖へ出た。江戸時代から船乗りの輩出したところだ。広々とした錦海湾を埋め立ててつくった塩田跡には、セイタカアワダチソウやススキが生い茂り、いかにも荒涼としている。南には小豆島の山並みが青くうっすらと見える。

操舵室に二人並んで座ると窮屈で舵輪を大きく回転させる時、肘が当たるので、寒いのを我慢して外にいることにした。耳が切れるような痛さを覚えた。秋の瀬戸内海とはいえ、海上の風はやはり冷たい。それに客船などと違って風をさえぎるものが何もない。吹きつける風で指はとうにかじかんでしまっている。あわてて私は操舵室へもぐり込んだ。

徳文さんは舵輪を握りしめ、きりっと正面をにらみつけていた。酒に酔いしれ、顔をクシャクシャにして笑っていた昨晩とは大変な違いだ。時折、古ぼけた双眼鏡を棚から取り出しては前方をのぞく、何かあるのかなと目を凝らしても、波一つない穏やかな瀬戸内の海があるだけだ。またのぞいているので何が見えるのか聞くと、

「遠くに黒い粒々が見えるじゃろ。海苔の目印じゃ」

そう言われて見ると、はるか彼方の水平線にそれらしいものが見える。海苔の養殖のロープが等間隔に一列に並んでいる。さっきからその位置を目定めているのだという。

そのロープを船が引っ掛けてしまうと養殖用の簾がメ

チャメチャになり、何百万円もの損害賠償金を支払うことになる。船が近づいてしまってからでは遅いのである。

　カキの養殖のイカダにも注意しなければならない。海苔のロープよりは目立つものだが、引っ掛ける船もたまにあるそうだ。

　事故は多くが夜間におこる。沖を通る大型船と違って、沿岸の航路をとる小型船にとって、視界の利かないことは致命的である。いくら慣れた航路であっても、夜は座礁などの事故も少なくない。明るいうちに次の目的地までたどり着けないと読んだ時、奥本さんはどんなに急いでいても出航しないことに決めているという。ハタ

商いに訪れた頭島の造船所だが、人影はどこにも見えなかった

から見るとのどかな船稼ぎにみえるが、決してのんびりと船旅を楽しんでいるわけではないのである。

　しばらく長島に沿って進むと、岬が見えた。船で通過してみると実際長い島である。

　長島の岬を大きく迂回すると、急に島ばかりになった。日生《ひなせ》諸島の大多府《おおたぶ》島、鴻《こう》島、頭《かしら》島、鹿久居《かくい》島である。このあたりの海は湖であるかのように静かな海だ。島陰を選んで、ところどころにカキの養殖イカダがしつらえてある。二十から三十ものイカダがズラリと並んださまは圧巻だ。

　昨日、徳文さんは日生には木船を造る船大工はもういない、と言っていたが、信用丸は日生の沖の頭島の造船所へ向かっている。頭島の港が見えてきた。港には底引網漁船、カキ養殖用の船、海底の泥やジャリをさらい上げる浚渫船などが碇泊していた。背後の山の斜面が集落で、ぎっしり家がつまっている。尾根にはミカンが色づいている。

　てっきりこの港へ入るものと思っていたら、そのまま通過して、鼻をかすめて島の北側へまわり込んだ。島の北側からは隣の鹿久居島まで二、三百メートルしか離れていない。山あいの湖のように物音ひとつしない。ひっそりとした海に広々とした青い空が映し出されていた。そんな港でも何んでもない所で信用丸のエンジンが止まった。

　徳文さんの指さした入江に小さな造船所があった。小さな谷にトタンで葺いた作業小屋だけがポツンとある。海から船を引き上げるレールは四つもあるのに、船が一

日生諸島・頭島の沖に浮かぶカキイカダ

隻もいない。人気もない。造船所は空屋のようにガランとしている。これからそこへ行こうとするのだ。前回通った時、船が二、三隻入っていたようで、それをあてにしてここまで来たらしい。

小さなテンマ船に乗りかえ、櫓《ろ》を押していくことになった。キイッキイッと小きざみに押す。

思ったとおり造船所には誰もいなかった。棚にペンキやデッキブラシが所狭しと置かれている。船底掃除や修理がこの造船所の主な仕事らしい。今はちょうど仕事が切れているようだ。行ってみたら人がいない、こんなこともよくあるとみえる。主《あるじ》の自宅は離れたところにある。造船所の電話を使い、主に連絡をとる。やり取りを聞いていると、

「○○はまだ有るかな、足りてるかな、次の修理の船が入る予定は……」

次の航路で持ってくるものをも尋ねておくのだ。しかし、この時は結局何一つ注文は出なかった。

次の目的地、播州赤穂へ向かう。鹿久居島との間の瀬戸を抜けるのが近道だが、カキの養殖イカダが行く手をさえぎっている。来たコースを戻り、頭島の南側を通過する。急に視界がひらけ、広々とした海に出た。

播磨灘である。前方には家島諸島の西島がうっすらと見える。瀬戸内海の主要な航路にあたっているのであろう。大型タンカーや貨物船の航行がひきも切らない。すっきり晴れた秋の陽ざしを受けてキラキラと輝く海上を次から次に船が往き交う。

日生諸島の鹿久居島の東側にさしかかると、徳文さん

兵庫県日生諸島の沖に停泊中の槇皮船信用丸。エンジンを止めると、さざなみの寄せる音が聞こえた

の目がキラリと光った。次の瞬間、何か短く叫ぶのと同時に舵輪を大きくはじき、操舵室から飛びだして行った。一気にヘサキまで行ったかと思うと、ジョウドマ板の上を慌しく動きまわり始めた。実に素早い。右へ左へと身をのり出しては海面を刺すように見ている。ギラギラとナイフのような鋭い目付きになっている。何かを探している風である。

　カラカラカラと音をたてて舵輪がまわり、船は大きく孤を描いて海をまわり始めた。

　いまいましそうに下唇をかみしめて徳文さんが戻って来た。聞くと、何んでも海が一瞬キラッと光ったという。スズキかタイがヨタヨタと泳いでいたらしい。獲って造り（刺身）にして食べるつもりが見失ってしまったと、本当に悔しそうである。槇皮船で行商を続ける途中、結構拾い物（魚）があるらしい。一メートル以上もの大物を拾ったこともあり、そのような時は得意先へ配ったという。陸《おか》で育った私には想像もできなかった。海で生きる人々の人生にはこんなこともある。

　徳文さんがまたヘサキへ行った。まだ諦めきれないのかも知れないと思ったら、いきなり海に向って気持ちよさそうに用を足した。その間に船の進路が微妙にズレてきている。

「よおーし舵をとってやれ」

　使い込んでアメ色になった舵輪を私は握った。

　動かしてみると簡単に進路が修正できた。車のハンドルと同様少し遊びがある。素人のやってはいけないことなのかも知れなかったが、どうしても触れてみたかった。

日生諸島の頭島には波止場がなかった。テンマ船の櫓を押して上陸する

徳文さんがするように舵輪を軽く握り、片肘を窓枠にかけてちょっと気取って格好をつけてみた。いっぺんに壮快になり、思わず歌を口ずさんでしまった。憧れのマドロスになったような気分であった。

徳文さんと入れ代わりに、ヘサキへ行ってみた。手すりも何もない。仁王立ちになると巨大な亀の背中に乗っているような錯覚におちいった。ゆらりゆらりと実によく揺れる。よくもこんな不安定なところで用を足したものである。至難の業に思えた。

前方に煙突が林立しているのが見えてきた。白い煙をもくもくと立てている。兵庫県の播州赤穂である。「赤穂義士」の芝居や映画でおなじみの歴史の町だが、海上から見ると工業地帯にしかみえない。

船が大きく進路を東に変えた。すっかり見逃していたが、海苔の養殖区域を示す黒い球状の浮子《うき》が波の間に間に漂っている。目で追うと浮子は赤穂の沖全域にわたっているようだ。そのため、大きく迂回して赤穂市の東の御崎《みさき》港を目ざす。

赤穂港はもともと良港ではなかった。町を貫く千種《ちくさ》川の運ぶ土砂が河口に大量に堆積し、港口を埋めてしまったからだ。

崖の上に御崎の灯台が見えてきた。さんさんと降り注ぐ陽光を浴び、白さがまぶしい。崖下の海岸の岩場に子供たちが群れているのが見えた。天気がよいので風景をスケッチに来ているのか。男子の中学生か高校生であろう、紺と白の揃いの運動着を着ている人影は、まるでペンギンが群れ遊んでいるかにみえる。

船が御崎港の船だまりに入った。コンクリートの防波堤の上に今度は女生徒ばかりが鈴なりに腰掛けこちら向きになってスケッチしている。二、三百人はいる。実に華やかな光景が続く。思わず徳文さんと顔を見合わせて笑った。

「ポー、ポー」

カン高い霧笛の音が天高く鳴り響いた。徳文さんが鳴らしたのである。間髪を入れず、

「おーい、ワシの船を描いてくれやぁー」

昭和61年度信用丸運行スケジュール

日＼月	1	2	3	4	5	6	7	8	9	10	11	12月
1		牛窓				神戸	(兵庫県) 明石		網干			(兵庫県) 明石
2		高松				飾磨	神戸		飾磨			神戸
3		高松				牛窓	牛窓		飾磨		大阪行き 祐子	牛窓
4		＊ 高松				高松	高松		(兵庫県) 明石			牛窓
5		高松				入航 明石	鞆		神戸			高松
6		入航 明石					※		牛窓			※入航
7					＊タデ船				高松			
8			＊出航 高松		＊タデ船				高松			
9			高松						※			
10			内海									
11			土庄									
12			土庄		＊車行き							
13	出航 下津井		牛窓									
14	高松		牛窓	出航 丸亀						出航 丸亀		
15	内海		室津	高松						高松		
16	土庄		家島	内海						内海		
17	土庄		飾磨	土庄						(祐子男子) ※土庄		
18	牛窓		(兵庫県) 明石	牛窓			出航 高松			牛窓		
19	日生		神戸	日生			庵治			牛窓		
20	家島		神戸	室津		出航 丸亀	内海			室津	出航 高松	
21	飾磨		牛窓	家島	出航 丸亀	高松	土庄			家島	内海	
22	飾磨		高松	飾磨	高松	高松	牛窓			網干	土庄	
23	＊ 飾磨		高松	飾磨	内海	内海	室津			飾磨	土庄	
24	＊ 飾磨		高松	(兵庫県) 明石	土庄	土庄	家島			(兵庫県) 明石	牛窓	
25	＊ 飾磨		入航 明石	神戸	土庄	土庄	飾磨	出航 丸亀		神戸	日生	
26	＊ 飾磨			(兵庫県) 明石	牛窓	牛窓	(兵庫県) 明石	高松		大阪行き ＊神戸	室津	
27	＊ 飾磨			(兵庫県) 明石	室津	室津	神戸	庵治		牛窓	家島	
28	二見			牛窓	網干	網干	牛窓	＊ 土庄		高松	飾磨	
29	神戸			高松	飾磨	飾磨	高松	＊ 土庄		高松ヨリ 下津井、鞆 夜、7時15分 明石入航	飾磨	
30	神戸			入航 ＊明石	飾磨	飾磨	鞆	牛窓			大阪行き ＊飾磨	
31日	牛窓				(兵庫県) 明石		入航 明石	室津				
備考	＊西風が強いため、居続けた。	＊高松は、いったん下津井へ行き、再び戻っている。	＊高松は下津井を経由して、夕方5時に着。	＊明石は鞆を経由して夜、8時頃に着。	＊タデ船は船底掃除。＊車行きは高知、室戸、淡路へのトラック便。		※入航の記入ナシ。	＊土庄は台風13号のため滞在。	※入航の記入ナシ。	＊17日に孫が生まれ、26日の大阪行きはそのためである。	＊30日の大阪行きは大阪の娘の家を訪問したため。	※明石への入航は6日と思われる。

徳文さんが窓からこぼれそうに身をのり出して、大声で叫んだ。私も操舵室から飛び出して行って、懸命に手を振った。彼女たちは総立ちになり、いっせいにこちらに手を振り返してきた。真っ白なハンカチを振る子がいる。ものすごく可愛い子がいる。私は何んだか急に照れくさくなってしまった。が、徳文さんも女生徒もケロリとしている。瀬戸内に生きる人々のカラリとした明るい気性をみた思いがした。

徳文さんの赤穂での得意先は造船所だけでなく、荒物屋もあるらしい。船だまりの一角に繋船した。徳文さんはさっさと自転車で注文とりに出掛けてしまった。

私には、いきなり得意先を訪問しているようにみえたが、実はあらかじめ葉書を出していて、いつ頃訪れるかを知らせてあるらしい。

徳文さんが晴々とした顔で戻ってきた。注文がとれたらしい。パーム製のホウキ、ボーズリ（デッキブラシ）を五、六本束にして、首にタオル、ムギワラ帽子スタイルで再び自転車で走り去っていった。これから金物店と雑貨店の二軒に配達するという。売れてよかった。

徳文さんの買ってきた巻き寿司が今日の昼食だ。アナゴ、キュウリ、玉子焼、カンピョウが巻き込んであった。朝、プロパンガスで米を一合五勺炊き、朝、昼、晩と茶碗一膳ずつ食べ、夜は船で寝て、日本酒を二、三合飲むのが徳文さんの日課だ。

酒を飲んで裸で寝てしまった夏の夜などは蚊が寄ってきて眠れないという。ハマンボ（船虫）が船室によく入り込み、喰いつかれることもある。

昼食をすませ、坂越《さこし》に向かう。二十分ほど航行すると、坂越港が見えはじめた。南にひらけた港は大きく湾

信用丸の船室。どこにも無駄はない

槇皮船・信用丸船頭の奥本徳文さん。別れの港はすぐそこだ。大変お世話になりました

曲し、入口には生島《いくしま》をひかえているこの地形が冬の強い季節風、西風を防ぐために、坂越は天然の良港として江戸時代は赤穂の外港として栄えたところだ。

　黒崎の鼻をかすめ、ゆっくりと坂越湾を進んだ。港から歩いて造船所へ向かった。二人並んで歩いていたら、

「おー海賊がきたぞ、今日はセガレが一緒か」

と元気のよい声がかかった。くだけた感じの作業服の男が二人、笑いながら迎えてくれた。顔見知りの人だろう。

「いつもああ言うんじゃ。車でくると山賊がきた言うしな。挨拶がわりじゃ」

「いいえ、兄弟です」

と私が大声で言い返すと、皆どっと笑った。

　坂越の船大工は船釘をじかに見て買うつもりらしい。桟橋の信用丸までボートで乗り寄せてきた。ジョウドマ板を二、三枚あけ、船倉へもぐり込んで、徳文さんと何か話をしている。釘はキロ単位で売り買いするとばかり思っていたが、このような売り買いもあるのだな、と思った。

　坂越で私は船を降りることにした。

「ゴチャゴチャうるさいこと言うたけどな……よかったろ」

　いつも早口な徳文さんが、別れ際にポツンと言った。船で言ったことを気にしているのだ。播磨灘を航行している時、突然ムッとして、

「これだけはハッキリ言わせてもらうで、こうしてアンタを乗せているだけでワシは気を遣こうとるんじゃ」

と言ったことがある。それ以来その言葉を気にしていたものらしい。

「人に使われたこともなし、人を使ったこともなし」

と口ぐせのように言う徳文さんだ。これまで他人を乗せたことなど一度もないという。私の知らないところできっと息がつまる思いをしていたに違いない。何んと詫びていいのか判らなかった。黙っていたら、

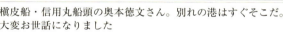

「ええんじゃ、アンタの気心は知れているから……」と徳文さんに先に言われてしまった。

室津へ向かう信用丸を見送らず、私は早足で駅へ向かった。港の別れがつらかった。

・9・ マキハダ原料の供給地 大和桜井

大崎上島の森田美徳さん、奥本徳文さんなどから伺ったマキハダの話にしきりと登場してきたのが奈良県桜井だった。原料の荒皮や、半加工品の干し皮などの供給地として語られる桜井の名は、その度に頭の底にこびりついて離れなかった。どうしても桜井まで行ってみないことには……。何か自分の胸の内で結末がつかない気がしてならなかった。

奈良県桜井市へ向かったのは、暮れも押し迫った十二月二十五日のことだった。木造の古い駅舎の改札口を出ると、エプロン姿の娘さんが二、三人で松飾りを売っていた。もう正月も近い。駅前食堂に入る。ぐつぐつ煮込んだ関東煮のニオイが立ちこめている。食堂で駅の売店で買った市街地図を広げてみる。市の中心部がおおよそ載っている部分図があった。八千分の一の縮尺で主要な道路や河川が描かれていて、社寺、公共機関などの名称がわりに記入してある。すぐ南に、古代遺跡の宝庫明日香《あすか》村をひかえているせいか、古墳もかなり分布している。溜め池も多い。そして、やたら多かったのが製材所、木材店で、合わせて百五十軒ほどある。

桜井は大きな木材集散地と聞いていた。後背地に多武峯《とうのみね》、宇陀《うだ》、吉野の山々など豊富な森林資源が存在していることに加え、大和高原と奈良盆地との接点に位置している地理的条件が「木材の町」を成立させたものらしい。

地図でみつけた桜井木材会館を訪ねてみた。そこでマキハダについての手がかりを何か得られるのではないかと考えたのである。入口に「桜井木材協同組合」とある。年の瀬に何の前ぶれもなく訪問することはいかにも気がひけた。が、思い切って入口のドアを押した。

応対に出てきたおじさんに恐る恐る用件を切り出す。「あんた、この忙しい時期に来たらあかんがな。そんなこと言うたら、どこでも何言うてんねん、言われまっせ」

案の上、開口一番そんなふうに言われてしまった。無理からぬことだ。七日後には正月が迫っている。突然訪れた旅人の世話などやいているヒマはないのが当然なのである。

おじさんは、マキハダづくりは戦前までは盛んだったが、今はやめているのではないかと教えてくれた。冗談じゃない。現に大崎上島ではこの桜井から……、と言いかけようとしてハッと気がついてやめにした。

そういえば手がかりはあった。大崎上島の森田美徳さんから桜井のマキハダ商の名を聞いていたのを思い出したのである。あわててノートをめくった。「福士治三郎商店、今は代替りしていて福士ショウスケ氏経営」と走り書きがあった。
電話帳をひくと簡単に分かった。ショウスケは章介と書くらしい。姓名の後に、桧肌縄《ひのきはだなわ》とカッコ書きしてある。桧肌縄はたぶんマキハダのことであろう。森田美徳さんが干し皮を仕入れているのはここに間違いないと思った。とりあえず電話番号と住所を控えて木材会館をあとにした。

日を改めて福士章介さんを訪ねてみた。市内、仁王堂の一間ほどの幅しかない細い路地の両側は、古い町家の面影を残す漆喰《しっくい》壁連子格子《れんじごうし》の家が軒を連ねている。その一角に福士さんの店はあった。間口は六間ほどある。入口の軒に「マキハダ商・福士治三郎商店」と小さく出ている。ガラス戸越しに内部をうかがう。店舗は暗くひっそりとして物音ひとつしない。

声をかけると、福士章介さん（大正十四年生まれ）が店の奥から出て来た。端整な顔立ちで、どこか物腰に品格を感じさせる。商家に一銭の得にもならないことを頼みこむことに戸惑いつつも用向きを告げると、意外なほどあっさりとした口調で、

「それにしても、えらい熱心ですな。まあ、こちらへどうぞ」

と、店舗脇の応接室に案内された。湯気の立つコーヒーをゆっくりとひと口飲んでから福士さんの話が始まった。落ち着いた語り口である。

「この辺での桧縄《ひのきなわ》の元祖は高野でございますねん。桜井よりは、むろん早いんです」

マキハダづくりは、てっきり桜井で始まったものと思っていただけに、古いマキハダの産地は和歌山県の高野山と聞いた時、ちょっと驚いた。

福士さんによれば、桜井での桧縄（桧肌縄）すなわちマキハダづくりの歴史はそう古いことではないらしい。もともとは高野山で作られていたものだという。それは檜からではなく高野槙（本槙）の内皮を用いたもので、万人という小さな在所で三軒、四、五人で細々と作っていた。それも、昭和十七、八年頃にはすっかりやめてしまったという。

前に話に出た牛窓の船大工竹内繁さんが大阪で見た槙皮は、おそらく高野山のものであったろう。やっぱり槙皮はあったのだ。

「槙の木は皮の繊維が硬いので内皮がバサバサなんです。そんなんで、作りまして長らく置いておきますと繊維がこわばってしまって、つめこむ時バラバラになってしまうんです。それでも淡水の琵琶湖、吉野川、淀川なんかの船や風呂桶など真水に使うぶんにはいいんです。その反対に桧縄は塩水に強い言いますなあ。どういうわけですか、桧縄を売るんでそう言うたもんですか。年寄りからそう聞いておりますわ」

檜に含まれるというヒノキチオールの強力な殺菌作用によるものなのか、桧縄が腐りにくいことは事実のようだ。

ところで、桜井の桧縄づくりは一体どのような成り立ちなのであろうか。福士さんによれば、大正中期頃、高野山から移り住んだ樅《もみ》ノ木さんという人が槙皮づくりの技術を生かし、檜の皮を用いてマキハダづくりを始めた

木材の町奈良県の桜井へ。多武峯、宇陀、吉野などから出る良質の杉や檜が山と積まれている。背後に三輪山が見える

ものであるという。桜井の製材所から出る大量の檜の皮に目をつけたのである。檜は伐採後空気に触れると急速に皮の赤味が材に付着し、その評価が下がってしまう。そのため、できるだけ早く皮をむく必要があった。皮むき専門の「剥《む》き子《こ》」さんがいて、戦前までひと山いくらで契約し、三、四人で山にこもって仕事をした。木材をクルクル回転させながらヘラで器用に皮をむいた。剥《は》ぎとった皮は屋根の下地材（檜皮《ひわだ》）として京阪神をはじめ全国的に取引されていた。桜井はマキハダづくりがおこる絶好の条件を備えていたのである。

　樅ノ木さんの桧縄づくりの成功により、昭和四、五年頃、桜井のマキハダ商は七、八軒に増えた。その頃、福土章介さんの父、治三郎さん（明治三十一年生まれ）も桧縄の商売を始めている。本業の米穀商と兼業であった。需要が増え出すのは昭和十年前後からで、特に昭和十二年の日中戦争後は急速に伸びた。

「大東亜戦争の始まる前ぐらいからですか、造船所が活発に動き出したのは。軍需工場の指定を受けまして、昭和十四年頃からですか、軍のエライさんがきて何月何日までにこれだけの数量用意しろ、と言われて弱りましたわ。なんでも三十人から四十人乗る上陸用舟艇に俵詰めにしたマキハダを一、二俵積んで行って、船のどてっ腹に穴をあけられたら、そこへ俵ごと詰めるような使い方をしたらしいですわ。大本営から電報で注文がきて、送らにゃ捕まっちまう、とかき集めたこともありました。毎月貨車で十車分くらいとられたんです」

　すさまじい利用法もあったものである。大量に売れてはいたが、その時分はもう本来の商売はできなくなっていた。軍需優先の統制組合、「日本桧肌縄工業組合」ができ、マキハダ商は自由に取引できなくなっていた。

　福士治三郎さんは、県の勧告で組合長を務めなくてはならなかった。章介さんも昭和十七年三月、旧制中学校卒業と同時に組合の会計になった。

「上の学校にいきたかったんですが、女キョウダイばかりで自分が継ぐしかなかったんです」

　戦争が終わると、マキハダの需要はガタッと落ちた。翌年、章介さんの母が大陸から蔓延してきた満州熱で亡くなった。

「親父が気を落としましてな。ほんま阿呆らし、こないなったら商売して儲けてもしゃないわ。家のことはいっさい任すから、わしは町のために何かやる、と言い出しまして、それから自分でボチボチやり出したんです。せっかく親父がやっていた商売なので私も細々とでも続けていきたかったんです」

　戦前からの番頭さんがいて、外交で頑張っていた。今月は東、翌月は西と忙しく注文をとって歩いていた。治三郎さんの代にすでに得意先を全国に拡げていたのである。その多くが船具店であり、造船所との直接取引は先代からしなかったという。造船所との取引は利はよいのだが、三カ月か半年に一ぺんまわるペースでは、先方が倒産していたり、代金の支払いを後回しにされることが多かったからである。その点、船具店との取引は安心であった。代金の決済もよかったという。

　マキハダの流通を福士さんに尋ねたら、面白いことが判った。かつて、マキハダはこの土地以外にも青森県や石川県でも作られていたのである。青森駅の裏で二、三軒がヒバを原料にマキハダを作っていたというし、能登半島の穴水《あなみず》あたりでもアスナロを原料にして三、四年前までマキハダを作っていたという。そして、販路もおのずから範囲が決まっていた。

　新潟県近辺から鳥取ぐらいの山陰側は穴水のもの、それより北の日本海側酒田、秋田、能代《のしろ》から太平洋側の八戸にかけてと、北海道の函館以南までが青森のもの、瀬戸内海は大崎上島のもの、それ以外が桜井のものとマキハダの販路はおおよそ決まっていたという。

「小樽、網走、根室、八戸、釜石、気仙沼《けせんぬま》、塩釜などとずいぶん荷送りしました」

　桜井の場合、船具店のほかに荒物屋へのルートもあった。和歌山県海南市から野上《のがみ》町へかけての棕櫚《しゅろ》問屋の販売網にのせて、桧縄（マキハダ）を売りさばいていたのである。棕櫚製のタワシ、ホウキ、マット、ナワなどと一緒に全国の荒物屋に卸していた。桶屋などの需要が少量ながらもあったからである。

　酒や醤油などの醸造で貯蔵に用いる大桶などもまたマキハダを必要とする容器である。水を張って日々頻繁に使用する風呂桶（木槽）はことさらだった。また、皮のなめしの工程に使用する大形木槽は、ボンドなどによる糊付けのものでなく、マキハダを打ち込んだものがいいといわれる。

　他にマキハダは火縄としても使われていた。昔はタバコなどの種火にしたり、農民が田の草取りの時に腰に下

ヒノキの皮むき。鉄製のヘラを用い、あっという間に皮をむく。
冬場は樹木に水気がなく乾燥しすぎて皮がむきにくい。

げ、虫除けにしていたこともあった。だから、以前は農村地帯にもよく売れたという。

　名古屋市の下水道局からも大量の注文がきた。当時の下水管（常滑《とこなめ》焼の土管やヒューム管）のつなぎ目にパッキングとして使われたのだ。意外な使用法があったものである。二、三十年を経て、コンクリート製のものに取り換える際、マキハダはまっ黒に変色していたが、腐っていなかったという。東京や大阪などの下水道がどのようになっていたのかは判らないが、マキハダは船以外にも案外身近なところでも使われていたのである。

　マキハダは現在は船に用いる一製品だけになっているが、昭和四十年代までは特上、上、中、下と四種類があった。特上（ギンミ）は、檜皮の肉部の正味だけで作られ、風呂桶などに用いた。上と中は肉部の表皮に近い赤味の少し残った部分を含む製品で、木船への使用がほとんどであった。下は表皮に近いわずかな部分で作ったもので堅く縄に綯い、火縄、下水管の継手などに使ったものであるという。

　マキハダの消費の主流はやはり船であった。神戸、大阪、横浜、東京などの港で働く艀などがコンテナ船に取って代わる昭和四十年頃を境に、戦後ゆるやかな下降線をたどっていた需要がいっぺんに少なくなる。百トンを超える木造の艀が港から姿を消すと、需要は、一、二トンの釣漁船くらいが残っているにすぎなかった。その程度の船であれば、約二百七十本から三百本の船釘（他にボルト約二百本）と、マキハダ二束（一本一メートルのものが十本で一束）で、出来るという。

　それすら強化プラスチックの船に切り替わってきた。致命的だった。マキハダを全く必要としない船が出現したのである。

　個人の努力ではどうしょうもない大きな時代の流れが訪れていた。

　最盛期の昭和十年代、マキハダづくりに従う人は、「剥き子」、「打ち子」、「掬い子」などを含め桜井で百八十人から二百人もいたという。しかし、今はわずか三家族、四、五人ほどが、荒皮〜干し皮〜打ち皮〜桧縄（マキハダ）の加工をしているにすぎない。

　その干し皮を大崎上島の森田美徳さんらに卸しているのである。大崎上島へは年に二回、春皮と秋皮を五百貫ずつ計千貫、皮入れに使うオガクズも付けて出しているという。森田さんが縄に加工したものを槇皮船の奥本徳文さんらが売りさばき、牛窓の船大工竹内繁さんたちが船に充填するのである。

マキハダをつめるのは、新造船の最終段階である。船釘も打ち終わり、甲板や船室も出来上がってから、船大工が一気につめ込む。口明《くちあけ》という道具を板と板の間に無理矢理こじ入れ、できた隙間にマキハダをつめるのである。つめる時は、ナラシ（薄い鉄製の充填用具）をマキハダにあてがい、木槌で打ち込むのである。瀬戸内海の造船場ではマキハダの充填を専業とする「ホーコン屋」も多かったという。

国内の需要が無くなってきている一方、韓国からの注文が昭和三十年以降増えている。韓国では、今も木造の河船が多い。しかし材料になる檜の質が悪く、そこでは良質のマキハダが出来なかった。韓国にどれほど出しているか数量は教えてもらえなかったが、大崎上島へ送るよりはずっと多いらしい。

台湾から少年が一人フラリと福士さんのところへやって来たこともあった。マキハダの作り方を教えてほしいというのである。台湾のベニヒノキでマキハダを作ってみたが、うまくいかないのではるばるやって来たという。台湾では荒皮から干し皮に加工する際、いったん水に浸けアクを抜く工程を行なっていなかったことに気がつき、帰国して試みたら成功した、と喜びの知らせが届いたこともあった。もう二十五年も前の話だと福士さんは目を細めた。

福士さんの話が海外に及ぶ。

「昭和三十七年頃でしたか、香港で見たんですが、あちらのは竹の繊維を使っていますな。カンナのような刃物で糸のように細く薄く削いであるんです。竹の肉部《にくぶ》のほうが多かったと思いますが、外皮もあったかも知れません。揉んだり叩いているとは見えませなんだ。麻の袋にいっぱい詰め込んでおいて、ゴソゴソと使う時に出して白パテと混ぜ合わせて使うんですわ。北京近辺はたぶん綿のボロくずだったと思います。上海は今年行ったけど、どっちとも気がつかなかったですな。シンガポールやバンコックで見たのもどうも竹の繊維のものを使っていたようです。そこの船大工は中国人らしかったですな。竹も腐りにくいから、そりゃあ綿より丈夫かも知れないが、寿命は短いのと違いますか」

国内での需要が見こめなくなって来て、木造船がまだたくさん使用されている中国大陸や東南アジアへの販売を考え出掛けたものらしい。

「こちらのマキハダのほうが品質としたら、はるかにいいんです。が、値段も折り合わず間に合いませなんだ。それと長年の習慣は壊せないもので、使い易いものを船大工はやはり使うんです。使った経験のないものはただでも使わないものです」

実際に現地に足を運んだ福士さんの見聞には実感がこもっている。

福士さんが戦争中、上海《しゃんはい》や天津《てんしん》にマキハダを送ったのも、戦後ボルネオ、ジャワ、スマトラなどから突然注文がまよい込んだのも、みな日本の船大工が先方へ行って

干し皮づくり。荒皮をホウチョウで削ぎ、天日で干す。夏は七日間、冬は三十日ほどで「干し皮」になる

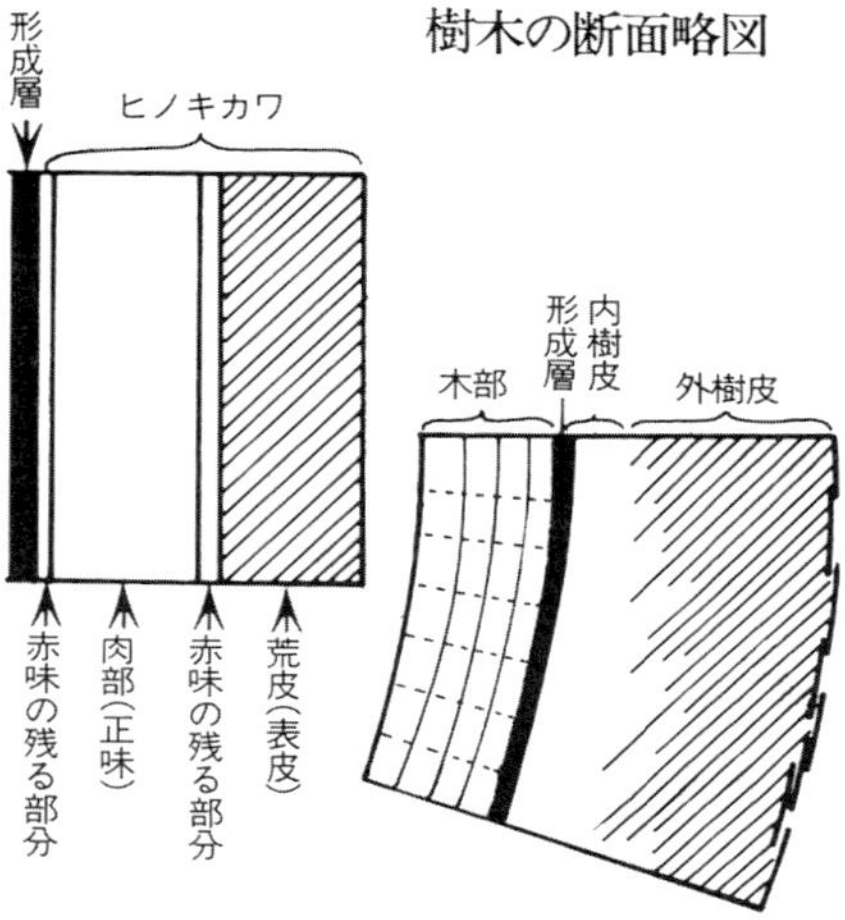

いたからであった。

国内のマキハダでも、大崎上島のものと、桜井のものでは長さや太さが多少違っている。長年使い慣れたもののほうを船大工は好む。大崎上島の明石で作られる細く短いマキハダに慣れた船大工には、桜井の太く長い桧縄（マキハダ）は使い勝手の悪いものであった。産地が互いに販路を分けていたのは、案外そんな理由によるのかも知れない、と思った。

福土さんと別れ、駅に向かった。師走の風が冷たかった。まわり道をして干し皮づくりを見に行ってみた。一枚一枚丹念に表皮を剥ぎ、天日乾燥させているおじさんが一人いて、使い込んでちびた包丁でシュッシュッと皮を削いでいた。びっしりと並んだ皮を前にすると感慨深いものがあった。

森田さん、奥本さん、そして福土さんにしても、特にマキハダが好きでこの道に入ったわけではなかった。皆、親の跡、いわば家業を継いだにすぎなかった。それぞれ目の前に開かれた道を歩んだのである。親たちが懸命になって培ってきたものを受け継ぎ、精一杯生きてきたのである。

二十年ほど前、桜井の近くの明日香村を歩いた折のことがふと思い浮かんだ。夕方、丘に上った時のことだ。川に沿って大和棟といわれる古い様式の民家が建ち並んでいた。空高くそびえ建つ屋根から煙がひとすじ白くたなびいていた。おそらく百年も二百年もそこに建っていたのであろう。その間には耕地や財産が一時的に減るな

夕日にきらめく牛窓の海

ど、転変は有るにはあったであろうが、基本的には、すべてを失って土地を去らねばならないようなことは有り得ないような世界に思えた。私の生まれ育った栄枯盛衰の多い「まち」の暮しぶりと比べてあまりにかけ離れているように思えたのである。

細川平吉さんや竹内繁さんにしても、土地に頼らず、わが身ひとつに賭け、今日まで生き抜いてきたのである。瀬戸内海のように頼るべき土地を持たない、きびしい風土の島の暮らしでは、技術を身につけ、船大工や釘鍛冶、石工などになったり、船商いに出ることは当たり前のことであった。人々は外の世界とつながることで暮らしを立てたのである。大崎上島の明石や沖浦の人々も皆そんな生きざまをたどってきた。親兄弟や親威も、隣家や友達も。村中が土地にしがみついているだけでは到底食べてゆけなかった。自分一人に特に強いられた環境ではなかっただけに、そこにみじめさや暗さは微塵もなかった。さらりとやってのけてきたのである。皆、平凡かも知れないが、話を聞いていて、手ごたえのある人生だと感じた。

冬のやわらかな陽ざしを受けて、とび色の干し皮が黄金色に光り輝いていた。そして……どこからか、あの懐かしい瀬戸海の潮騒がここまで聞こえてくるような気がした……。

牛窓《うしまど》の船大工

文・写真　榊原貴士

船材専門の製材所もあった造船の町、牛窓

木造船大工の町として発達した牛窓の東町

八幡宮の狛犬《こまいぬ》

牛窓のバス停は海べりにあった。波音すら聞こえない静かな海である。まちは、背後の山と、前島《まえじま》、黒島《くろしま》に囲まれ、風あたりが少ない。その自然条件が、牛窓を天然の良港とし、廻船の寄港地として発達させたのであろう、そんな実感が湧いた。

まずは、牛窓八幡宮に詣でることにした。バスの終点関町から、西町、本町と歩く。曲りくねった細い道に面して、連子格子《れんじごうし》の古めかしい二階屋が残っている。ナマコ壁やスギの焼板を打ち付けた土蔵なども目につく。衣料品や日用品を商う店に混じって船具店や櫓屋《ろや》(櫓づくりの専門店)を見かけるのも、いかにも港町といったたたずまいである。

古い家並みを抜けると、八幡宮の下の宿井《しゅくい》の浜に出た。まぶしいほどの白い砂浜だ。関東で生れ育った私にしてみれば、その明るさが驚きであった。花崗岩が風化した砂浜は、関東の人間にとってなじみがうすい。

浜からは、こんもりと繁った山が見える。そこが牛窓八幡宮である。長い石段を上りきると、タブやシイの入り交じる杜の中に、みごとな社殿があった。

本殿は、文化九(一八一二)年に建てられたもの。近ごろ葺き替えた檜皮《ひわだ》葺きの屋根が、夕陽に照り輝いている。ピンと反った破風の線がなんとも美しい。

境内でひとときたたずんでいると、宮司さんが現れた。

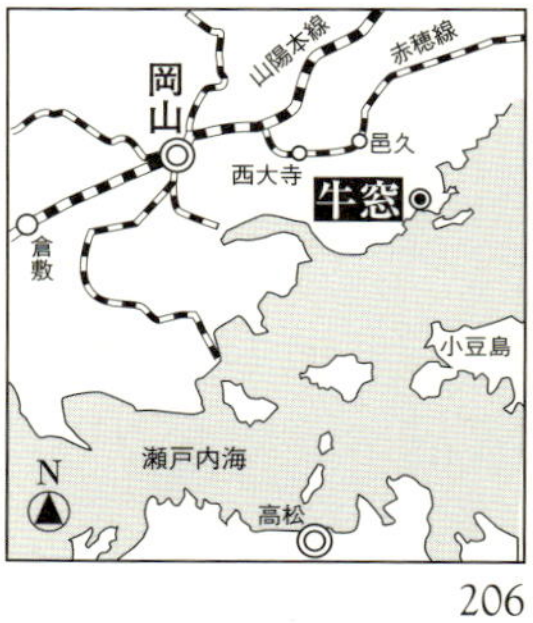

がっしりとした体格の人で、三十代後半とみえる。

本殿の横には古い玉垣があった。明和四（一七六七）年、牛窓の問屋中が奉納したもので、多くの商人の名が刻まれている。その名前をノートに記そうと近づいた。

「もうだいぶ古いですけえ、さわらんといてください」

と、宮司さんは注意したものの、本人自ら玉垣に手をかけた。

「さわればこうですらぁ」

牛窓八幡宮の狛犬一対は、牛窓の造船所が昭和15年に共同で奉納した。台座には木船大工、竹内さんの造船所の名も刻まれていた

玉垣がグラグラッとゆれた。宮司さんは、いっこうにその手を休めようとしない。

「ホレ、このとおり、本当にさわらんといてください」

と、さらに激しくゆさぶった。今にも倒れはしないかと、ノートをとる手もおぼつかない。

なんともあっけらかんとした人である。

玉垣に続いて、石鳥居、石燈籠、手水鉢と調べた。そして、拝殿前には白く輝く見事な狛犬があった。そこに刻みこまれた文字を見て、私は思わずうなった。

その狛犬は、草井安兵衛、河野定太郎、高原安之助が世話人となって、讃岐《さぬき》庵治《あじ》の石工・森本忠吉が作った巨大なものである。そこには、奉納者として、造船所の名がずらりと刻まれているではないか。

黒田・草木・矢吹・草井・花源・竹内・岡本・竹塩・濱方・昭和と、造船所の名前は十軒を数えた。

台座には、紀元二千六百年と、建てられた年が刻まれている。それは、昭和十五年で、日本が大東亜戦争に突入する前年にあたる。奢侈品の製造販売が制限され、節米や代用食が奨励され、全国の市町村に隣組制度がもうけられた年である。

調べてみると、この狛犬を作るのに、千六百円もの大金がかけられていた。そんな時代に、よくぞ作ったものである。おそらく個々の造船所の負担も決して少なくなかったことであろう。

この狛犬を見て、当時の牛窓の造船業がどんなものであったのか知りたい、そんな気持がふつふつと湧きおこった。

木造船づくり

八幡宮から下り、もと来た道を戻った。東町に入ると、家並みの様子が関町や本町と違っていることに気づいた。そこは、山側に住まいが建ち、海側に作業場があるといった家並みである。

聞いてみると、ここ東町が船大工のまちで、海側の作業場が、造船所であった。造船所といわれても、最初ピンとこなかった。もっと大きな工場が建ち並んでいるのかと想像していた私は、いささか拍子抜けしてしまった。いずれも、造船所というにはあまりにも小ぢんまりとした建物である。

よく見ると、「○○造船所」と書いた看板が、それぞれの作業場にかかっている。ほとんどの看板にFRP（強化プラスチック）、鋼船といった文字が記されている。あるいは、もう昔ながらの木造船を造る船大工は一人もいないのではないか……そんな思いが頭をよぎった。

夕暮れがせまっている。まちはずれの浜辺で、茜色に色づいた空をながめて、あてもなく、ひとときを過ごした。

ひょっとふり返ってみると、海に向かって戸が半分開いた小屋から船腹がチラリと見えた。

近寄ると、小屋の中では人の気配がした。道端に立っ

連子格子の二階家の連なる路地に
櫓づくり専門の櫓屋があった

上　木造船の造船所内部。経営者の竹内繁さんは、牛窓最後まで仕事を続けた木船大工
下　つくりかけの木造漁船の前部。木の香りが仕事場に漂う

ていると、中から小柄なお年寄りが現れた。

「船大工さんですか」

「そうじゃ。モクのほうをやっておる」

と、一語一語噛みしめるような喋り方で答えが返ってきた。モクとは、木造船のことであろう。

あった、あった、あった！　木造船の造船所があったのだ。思わず声を出したくなった。

その人は、竹内繁さん（七十三歳）。牛窓の船大工との最初の出会いであった。

日を改めて、再び竹内さんを訪ねた。


作業場の中は、クギヌキ、クギシメ、ツバノミ、ゲンノウ、ノコギリ、スミツボ、ボートギリ、カンナ、カネジャク、チョウナ、ジャッキといった数々の船大工の道具が整然と置かれている。

間口三間、奥行六間ほどの仕事場の中で竹内さんは、黙々と働いていた。話を聞こうと思ったが、とても声をかける雰囲気ではない。私は、ひと言許しを得て、無言のまま、作業の様子を見学し続けた。

夕方になり、仕事が一区切りついたところで、竹内さんは一服つけた。タバコをはさんだ指が太くて逞しい。鍛えあげた職人の指である。

「昔は徒弟奉公でなあ、高等二年が終わると、徴兵検査まで船大工の棟梁のところへ弟子入りしたもんじゃ。わしも学校を終えたらすぐ弟子入りして、六十年このかた仕事を続けとる」

と、竹内さんがボソリボソリと話し出した。

「東町は昔は軒並み船大工の家じゃったが、今、モクを造っているのは、ワシんとこと、あとは数えるほどしかおらん」

つくりかけの小さな釣船（全長二十二尺）を見ながら、竹内さんは、しみじみ言った。

「牛窓の木造船はええ船じゃった。昔は、牛窓づくりいうてな、ここで造った船がええ言うて、ずいぶん遠くの方からも注文がきたんじゃ」

竹内さんは、短くなったタバコをゆっくりと口に運んだ。フーっと音をたてて吐いた紫煙が、高い天井にユラユラと立ち上っていく。

牛窓、中浦の貯木場。脂気が多く、曲げやすい宮崎の飫肥杉が船材として喜ばれた

「牛窓づくりいうのはなあ、トッツケ水押《みよし》やテンマ水押やらの格好じゃあのうて、ここの船大工の丁寧な仕事ぶりをいうのよ。だから、ここで造った船は頑丈じゃ言うてな……」

と、牛窓の船、モクの良さを強調する。

造船所には、船大工棟梁《とうりょう》の下に浜《はま》棟梁がいて直接造船現場の指揮にあたっていた。

「浜棟梁はどの造船所にも一人ずつおったんじゃ。浜棟梁いうたら技術は最高じゃった。大工の中には気性の荒いもんもおれば、細《こま》いもんもおる。仕事についても同じで、手先の荒いもんや器用なもんもおろうが。それを持ち場、持ち場で使うんじゃから、なかなかむつかしいもんじゃ」

話は、造船所の仕組みに及ぶ。

さらに、船材について聞いてみた。

「このへんのモク船は、ベンコウ（弁甲）を使うな。日向の飫肥《おび》いうところから船積みで来るんじゃ。昔は、ベンコウをぎっしり積んだ船がようけい着きよった。牛窓の材木問屋の船でな」

宮崎県の飫肥地方の杉は、脂気があり、粘り気が強い。そのため、水分をはじき、浮力を大きくした。しかも、釘跡もすぐ元に戻り、衝撃にも強いため、古くから造船材としての需要が多かったのである。

牛窓が造船地として栄えたのは、そこが瀬戸内海の港町で、良材が集まるといった地の利を得ていたことが、背景の一つにあげられよう。

作業場の高い天井に吊るされた螢光灯が、青白いうすあかりを放っていた。気がつくと、陽はとっぷり暮れていた。そのあかりの下で、竹内さんは、深いシワの刻みこまれた額に手をあてがい、白くなった髪をかき上げながら、一つ一つ思い出すようにして話してくれた。

遅くなったので、帰ろうと戸口から通りへ二、三歩踏み出した。その時、

「また寄られい」

と、竹内さんの声が静まりかえった通りに響いた。

まちは人通りもなく、家々のあかりが窓からこぼれ、夕餉の煮魚のにおいが狭い路地にゆれていた。

海の男たち

牛窓の名刹、本蓮寺《ほんれんじ》に詣《もう》でた。本瓦葺の重厚な伽藍に見とれていると、墓掃除にきた人に出会った。昔、船大工をやっていたという矢吹章さん（六十歳）である。

誘われるままに、矢吹さんのお宅を訪ねた。家の前は、花崗岩の切石を敷き詰めた浜でそこにはボロボロになった木造船が置かれていた。

「これは延縄《はえなわ》船よ。行った先で一カ月も寝泊りをしながら漁をしたものよ」

私は、崩れそうな船の上によじ登った。

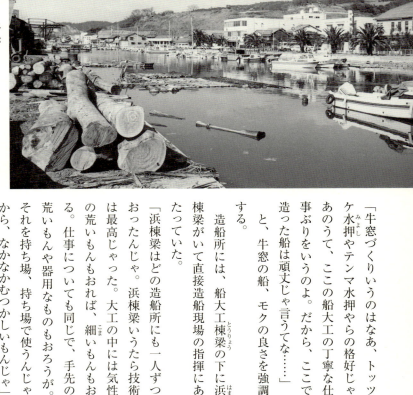

「夫婦《めおと》で寝るんじゃ。左の方の棚を見られい。お札があるじゃろう」

舳先に、やっと二人が寝られるほどの狭い三角形の空間があった。お札は金毘羅様と弘法大師。ここで航海安全を祈りながら、寝起きして漁を続けたものであろう。が、この矢吹さんの造った船も今はもう使われていない。

矢吹さんの本家は、江戸時代から続いた古い船大工の家であった。章さんは、分家の三代目。本家が昔、作ったという、船の図面があった。

その図面を拝見する。

天保四（一八三三）年の廻船、天保十四（一八四三）年の廻船、明治三十九年別子銅山清水運搬船、明治四十年芝田勇蔵船などと、建造年代や船の種類、そして依頼主が、いちいち記入されている。

江戸時代の牛窓は、日本海や瀬戸内海を航行した廻船を多く造っていたのである。

ちなみに、『牛窓風土物語』（刈屋栄昌）によると、文化・文政期（一八〇四〜一九）には、牛窓に百五十人の船大工と三百人の木挽《こびき》がいた、と記されている。そして、彼らを統率したのが、船大工頭《かしら》平兵衛で、五香宮下の東浜に屋敷を構えていたという。

今、そこは唐琴の瀬戸を前にした小さな渡船場になっている。その瀬戸を見下ろす鼻に、かつて平兵衛が灯を点じ続けたという高燈龍の石垣が残っているくらいで、他には当時の賑わいを偲ぶよすがはない。

矢吹さんは船大工をやめて十年になる。が、人に頼まれると、今でも活魚造りを盛るミニ舟などを、ときどき作っているという。

先日、作ったばかりの舟が近くの食堂にある、と聞いて足を運んだ。

矢吹さんの家から、低い丘を越えたところに、その食堂はあった。ガラスケースの中に煮魚や焼魚をあれこれ並べた小さな店だ。

そのケースの上に、底の平らな白木づくりの舟が置かれていた。真新しい舟から、杉の香がプーンと漂ってくる。舟は、ヒラタという川舟をモデルにしたものという。ヒラタは吉井川や旭川で使われた舟である。

店には、四人の先客があった。彼らは焼酎をコップであおっていた。

「みな、焼酎をキープしとるんじゃ」

と、「西大寺裸祭り」と銘柄を書いた緑色の一升瓶を持って立ち上がったおじさんが言った。顔は、もう真赤で、目がとろんとしている。

先客は漁師たちであった。店内には、威勢のよい浜言葉がポンポンと飛び交う。

牛窓は港町、船大工のまちであるとともに漁師のいる浦でもある。漁民は、一本釣りと定置網の漁を行なっており、多くが本町と西町の路地に住んでいる。

竹内繁さんのところで聞いた「牛窓づくり」の船についてたずねてみた。

「なに、牛窓づくり。そがいな船があったかのう……。とにかく、乗りまえがええんじゃ、牛窓の船は」

そんな答えであった。漁民は船の姿形よりも、乗り心

東町の海辺の一画に捨て置かれていたボロボロの木造漁船は、かつては漁師夫婦が船住いしつつ漁に従った家船であった

地に関心があるらしい。

「昔ながらの木の船はどういう訳か波が入らん。じゃが、プラスチックの船は軽うて、波がきたらおえんのじゃ」と、付け加えた。木造船の需要が今なおあるのは、こんな理由からであろうか。

居酒屋を兼ねた食堂の時計の針は十時をまわろうとしている。焼酎をあおりはするものの、泥酔してクダをまく人間はひとりもいない。

迎えにやってきた奥さんの言葉に素直に従って、人びとは帰り支度をはじめた。

一本釣りの船だと、たいていは夫婦で乗り込んでいるため、こんな形でちょっと一息ぬくのだろう。そこはお互いに心得たもの。軽く立ち上がって、漁師のおじさんたちは夫婦仲良く家に帰っていった。

造船業の移り変わり

ところで、明治・大正・昭和と、牛窓の造船業はどのように移り変わっていったのであろうか。だれか、そのあたりの事情に詳しい人はいないものかと思っていたところ、木船の船大工の藤井豊吉さんを紹介された。

藤井さんの仕事場を訪ねると、ちょうど長男の正吉さんが、漁船の底板を据えているところであった。

「ああ、親父か。今、酒飲んで寝とる。そのうち起きるじゃろうから、しばらく待たれい」

仕事場の片隅では、木っ端がパチパチ音を立てて燃えている。花のほころびる頃とはいえ、まだ肌寒い日であ

牛窓からほど近い尻海《しりみ》の八幡宮には、信心深い瀬戸内の船乗りたちが奉納した千石船の模型や船絵馬が飾られていた

った。私は焚火にあたらせてもらった。

やがて豊吉さんが起きてきた。

「まあ、あがられい」

豊吉さん（七十六歳）は、渋い声で母屋に入るように勧めてくれた。

「わしゃあ十五の歳で棟梁に弟子入りしたんじゃ。あれは大正十五年じゃったな。親父は日向から弁甲を運ぶ船の日傭取《ひようどり》でな。日傭いうもんは、仕事があったりなかったりでのお。じゃけん、母親が、何か技術を身につけにゃあいけん言うて、船大工になったまでよ」

大正末期というと、丸鋸《まるのこ》を使った機械製材所が牛窓に出来はじめた時期である。

死ねよ木挽《こびき》
死ぬよりましな船大工

と、木挽が謡い、それまで各造船所に三、四名ずついた木挽が失業していく時期であった。豊吉さんは、迷わず船大工を選んだのであった。

「若いころは、この土地では神戸や大阪方面で使う艀《はしけ》をようけいやりよった。百トンから百五十トンの艀よ」

と、牛窓で艀づくりが盛んであった当時のことを話してくれた。艀とは、沖の本船から荷を瀬取《せど》り、陸まで運ぶ船である。明治三十年代から昭和十年代にかけて、艀づくりは牛窓の船大工の主要な仕事であった。

明治三十年代というと、神戸・大阪が工業都市として発展する時代である。この時期から、戦後、鋼船《こうせん》のコンテナ船に変わるまでの間、港では牛窓の艀が活躍したのであった。

当時、牛窓には艀づくり専門の造船所が六軒もあった。そして、それぞれの造船所で年間十二隻の艀を造っていた。ちなみに、百トンの艀を造るためには、船大工十人で約一カ月かかったという。

「艀のほかに倉船《くらぶね》も造りよった。倉船いうのはなあ、港で倉庫代わりに使う船のことよ。まあ、大けえもんで五百トンもあろうか」

船を海に浮かべて倉庫にする—意外な利用法があるものだ。倉船の注文は、住友倉庫をはじめとする大阪・神戸の会社から牛窓の造船所によくきたものである。

「年寄りに聞くと、石船《いしぶね》や運炭船《うんたんせん》も牛窓で造りよったそうな」

と、藤井さんは続けた。それは、牛窓で艀づくりが行なわれる以前の話という。

石船とは、石材の運搬船のこと。瀬戸内海の家島《いえしま》、北木島《きたぎじま》では花崗岩を採石しており、これが石船で阪神地方に送られたのである。明治にはいると、土木や建築工事に、あるいは鉄道敷石にと、花崗岩が大量に使われるようになった。その石材運搬にも石船は活躍をしていたのだ。

また、運炭船とは、石炭を運ぶ船のこと。北九州一円の石炭が、やはり、運炭船で阪神方面に運ばれたのであった。

このほか、牛窓では、生船《なません》、清水《せいすい》運搬船といったさまざまな運搬船も造られた。生船とは、魚を生きたまま運ぶ生簀《いけす》船のこと。清水運搬船とは、別子《べっし》銅山の精練所（四阪島《しさかじま》）に水を運ぶ船をいう。

明治・大正・昭和期の牛窓は、瀬戸内海を航行する運搬船、あるいは神戸や大阪の港で活躍する艀づくりに生きた船大工のまちであった、といえよう。

八幡宮で見た狛犬には、十軒の造船所の名前しか刻まれていない。しかし、まちには狛犬が奉納された昭和十五年、二十三軒の造船所があった。そして、そこで働く土地の船大工は二百名を数え、ほかに五十名ほどの船大工が、小豆島や徳島をはじめ玉野《たまの》・高松・直島《なおしま》などから出稼ぎに来ていた。

文化・文政期、船大工頭平兵衛が活躍した時代にも増して、造船業が盛況を呈した時代ではなかったか。

が、その時代、仕事が盛大になればなるほど、一方では危険もはらんでいた。

「船大工の棟梁いうのはとにかくハデなんじゃ。職人を抱えれば抱えるほど仕事を手広くやらにゃあいけん。が、すべての人が成功した訳じゃない」

と、藤井さんがポツリと言った言葉が妙に印象に残った。

造船所では、船の注文がある無しにかかわらず材料をあらかじめ仕入れておく。木材は最低半年は寝かさないと使えないからである。

場合によっては、何かの拍子で、仕入れた船材の支払いができず、家屋敷をとられてしまう造船所も少なくなかったという。

世の経済の移り変わりの中で、それは、実に浮き沈みの激しい仕事であった。狛犬の台座の銘文にあった造船所のほとんどが今は絶えている。

それに対して、東町の浜辺の小さな作業場で、あまり事業を拡大せず、コツコツと漁船を造り続けている船大工が今日も続いている。なぜ続いたかというと、かえってそんな激動に巻き込まれなかったからなのではないか。

もう一つ考えられるのは、瀬戸内海の風土である。瀬戸内海は潮の流れが速く、魚が豊富にとれる漁場に恵まれている。釣漁の浦はそうした瀬戸のそばに発達している。遠方に出かけなくても瀬戸に行きさえすれば魚がとれるという暮らしがあった。その急潮の瀬戸で操業するためには、今なお小型の木造船が必要なのである。

宮本常一が撮った 写真は語る

山口県萩市見島

上　萩市の離島の一つの相島。もとは畑作の島だが、現在は葉タバコとスイカの生産が盛ん。天水井戸がある。見島航路の中ほどに位置し、相島を過ぎるとうねりが増す

左上　船着き場への通りにある商店の前で、旧家の土塀に寄りかかって雑誌を読む少年たち。木箱の中の酒や清涼飲料は定期船が運んでくる

左下　船溜まりの傍らで談笑する老漁夫たち。宮本は波乱や辛苦に満ちた人生を事もなげに話す老人の生き方に、敬意と共感を寄せていた

海岸の丸石（グリイシ）で護岸を組上げた島の港。寄棟の二階建て建物は漁協、その背後は砂浜。朝夕には漁夫が自然と集まってきて、日和や漁獲などのよもやま話に花がさいた

大量に刈り取ったカジメをのせた小型漁船。この後、砂浜で干しあげて工業原料として出荷された。海藻を餌とするアワビやサザエが激減したことから、この写真が撮影されて数年後に出荷は止んだ

城砦のように見える墓地。見島では、海岸のすぐ傍に、海岸の石を積んで垣として死者を葬った。宮本は、石積みの古墳や石を寄せただけの船着場、敷地周囲の石積み塀等を見て、九州の海岸地域に連なる文化を想起した。

宮本常一が、初めて萩市見島を訪れたのは、昭和三五年（一九六〇）八月一日のことである。山口県教育委員会の見島総合学術調査に、民俗班調査員として加わっての渡島であった。

萩市見島は、市街地から北西方約四五キロメートルの日本海上に位置する。島の面積は約七・八平方キロメートル。山口県の架橋されていない島としては最も広い。宮本が訪ねた当時の島の人口は、レーダー基地の自衛隊員を含めて二九〇〇人を超えていた。

島には本村、浦、宇津の三つの集落があり、それぞれ農業、漁業、農漁業を主な生業としてきた。見島においては、標高一七〇メートル余の山の頂近くまで棚田が耕作され、水不足や風害による不作もあったが、かつては米を移出するほどに産していた。また、島の周囲には多数の良い漁礁があり、対馬暖流の恵みを居ながらに受けつつ暮らしてきた。

宇津集落の共同洗濯場。８月末の撮影。台風の影響を受ける前に刈られた稲が稲架干しされている。農作業の節目にまとめて洗濯をし、衣類を調えていた。着ていた衣類を洗濯されているのか、裸の少年がほほえましい

宮本がこの島に滞在したのは、昭和三七年（一九六二）までの三年間で約三週間、その間に島で撮影した写真は六五〇コマを数える。一連の写真群を通して見ると、撮影されたものは多岐にわたるが、宮本の思索や遺した記述を跡付けるような「まなざし」を認めることができる。

中でも、私にとって取分け印象的なのは、港の傍らで談笑する老人たちの写真と、漁船に積まれた網の上でまどろむ少年の写真である。この他にも、穏やかな表情の老人や、素朴なこども達の日常が、少なからず撮影されている。

宮本は、この老人たちの波乱や辛苦の人生に耳を傾け、その生き方に心をひかれたとしている。そして、「その地に住む人たちの最も訴えたいことに耳にとめてこそ、その島の実態が明らかになってくる」と書き残している。「われわれに教えてくれる人たち」である老人へのまなざしは、敬意に満ちている。

合わせて、野山や海とともにあり、家族や地域とともにあるこども達へのまなざしは、優しく慈愛に満ちている。このこども達に、老人やこども達の親

世代から、心豊かな暮らしが当たり前のこととして受け継がれることを願う宮本を、そこに見て取ることができる。望ましい島の未来を模索する宮本にとって、世代連環の仕組みを築くことは、大きな関心事であり課題だったのではなかろうか。写真群は、その思索を物語っているように思う。

宮本が初めて見島を訪ねてから、五〇年の歳月が過ぎた。当時と比べて、島までの定期船の所要時間は七〇分と半分になった。島にはダムが建設されて、水不足の憂いは解消された。港湾工事は依然として続いており、港を幾重にも囲む防波堤や、海岸を埋め立てた広い繋留場所が整備された。本村・浦集落と宇津集落とを結ぶ広い道路も整備された。

その一方で、耕作されない棚田が増え、五〇年前の写真で港を埋めるように繋留されていた漁船は、船溜まりが広く見える程に減少した。集落近くの磯は、コンクリートで覆われて、遊びを兼ねてニナやウニを拾う場所ではなくなった。宮本がまなざしを向けたこども達は、六〇歳前後の壮年となり、少数がいまだ若手として島に暮らしている。そして島の人口は当時の三分の一になった。

宮本は、萩地域の島や山間部、旧城下町を訪ねた際の印象や、そこで抱いた様々な問題意識を、撮影した写真とともに『私の日本地図　萩附近』にまとめている。その中で、「経済効果をあげることだけが人間の生き方ではないはずである」と述べ、「そこに住む人たちが自分たちの住む土地に対して関心」を持つ必要性を説いている。

宮本は、昭和三〇年代の見島の、何気ない日常を多数の写真に切り取って遺している。その写真群は、あらためて、地域にあって心豊かに安心して暮らすことと、地域を継承していくことについて考えさせてくれる。

（清水満幸）

写真提供・周防大島文化交流センター

漁船で家族について沖に出て、船上の網の上でまどろむ少年。撮影する宮本の影が写る。宮本は、「親たちはみな、子供とともにあることが幸せであり、未来へ夢を託すことができるのである」と印象深いことばを残している

著者あとがき

■石風呂その後

印南敏秀

石風呂の調査をはじめて三〇年がすぎ、『あるくみるきく』を書いてからでも二三年がすぎた。今年（平成二一年）も私は石風呂に入ったが、石風呂をめぐる状況はきびしくなり、今も営業しているのは広島県竹原市忠海の石風呂だけになった。

山口県の周防大島では、その後二ヵ所の石風呂が、町の文化財の指定をうけた。さらに外部からの体験入浴も二ヵ所で受け付けている。私がはじめて体験入浴した岸見の石風呂は、その後、覆屋が草屋根に復元され、今も体験入浴を受け付けている。

愛媛県今治市桜井の石風呂は私の郷里から一時間と近く、毎年夏になると湯治棟を借りて家族で一週間ほど滞在した。そのとき気になったのは、共同の汲取り式トイレや古びた炊事施設だった。昼間、子供達はすぐ前の海で泳ぎ、魚釣りで楽しんだが、夜になるとトイレをこわがった。石風呂や環境のよさが、一部の施設の不備で台無しになっているのが残念でならなかった。今治と尾道を結ぶ本四架橋が架かるまえは、今治市も観光資源として石風呂を売り出す計画があった。結局、新らたな投資がなされないまま、ますます施設の老朽化が進んで客の足は遠のいていった。中断のあとNPOが一時再開したが、施設の老朽化などは改善されず先送りされたままで、結局続かなかった。

広島市内の丹那の石風呂は木造三階建てから、鉄筋コンクリートの近代建築に建替えた。二階に居酒屋をつくり、客の待ち時間の便宜をはかった。曜日ごとの石風呂ファンの会は続くなど、大都市広島のオアシスとして継続するものと安心していた。ところが広島市周辺では、燃料にする枝木やアマモを入手することが難しくなった。主人の岡本良雄さんはがんこで、一切偽物は使いたくないといって石風呂を廃業した。

忠海の石風呂だけが現在も、当時と変わらず営業を続けている。中部瀬戸内海に残る最後の石風呂として、芸予の島々から多くの入浴客が船で入りにきていた。現在では瀬戸内地域を中心とした日本の石風呂の最後の聖地となっている。すぐ前の芸予の島々と海を眺めながら、伝統の枝木とアマモを使った石風呂に、午前十一時三〇分から午後九時まで自由に入って一二〇〇円とはなんともありがたい。主人の稲村喬司さんに「体に気をつけて一日でもながく石風呂を続け下さい」とお願いしたい。

本著の後石風呂調査は、西は鹿児島県の種子島や屋久島、東は三重県度会郡玉城町宮古にまでおよんだ。日本全体の主な石風呂調査が終わり、東和町から二〇〇二年に東和町史の一冊として『東和町誌資料編　石風呂　もうひとつの入浴文化』（税込二六〇〇円　A五判四四八頁）を刊行することができた。日本の石風呂の分布、主な石風呂の施設や入浴習俗の特色をまとめ、巻末には県別の参考文献を掲載した。

■倉吉の鋳物師を訪ねて
―その頃、その後―

石野律子（旧姓田辺）

当時日本では「米の自由化」が話題となっていた。宮本先生は日本人の主食であるお米の輸入化には反対されていた。日本人がお米を作らなくなってしまったら、さらに食べ物を輸入に頼ってしまったら、日本人の生活環境が変わり、日本人の生活と文化が守れなくなると危惧されていた。あれから三〇年、確かに宮本先生が予測されていた通りの事態が現実となっている。食糧自給率の低下と環境問題、そして身近な生活から藁製民具があっという間に消えてしまった。

さて、私は倉吉の二年間の調査を終えて、その年の四月から（財）日本常民文化研究所に所員として勤務することになっていた。東京に戻れば、また宮本先生の教えを請うことができると期待していた矢先、一月末に宮本先生が他界された。

先生がお亡くなりになる一年二ヵ月前の昭和五四年秋には、倉吉市で先生の講演会（おそらくこの講演が先生の大きな講演会としては最後）が、市民の手作りによって実施されていた。その時には地元を勇気付ける力強い声とお元気そうな姿があっただけに、他界されたことは信じ難かった。

この講演会を企画されたひとりに、『あるくみるきく』を創刊号から購読されている男性がいた。当時市助役をされていた福井千秋さんである。福井貞子さんといえば倉吉絣の伝統技術保持者であり、織物研究者として著名な方である。そのご主人が倉吉の文化財に尽力されていたのである。企業から協賛金を募り、あっという間に講演会が実現したのであった。

講演会では、先生は「倉吉では大学を作りなさい。そうすれば、先生や研究者が倉吉にやってくるし、若者が外に出て行かなくて済むようになる。」と話された。それから約一〇年後、鳥取短期大学に絣研究室が設けられ、倉吉絣の技術の継承と後継者育成ができるようになった。学生にとどまらす、社会人も受け入れて開かれた研究室となった。また平成一〇年には絣美術館が開館し、資料も保存公開されている。

倉吉の蔵造りの町をあるく宮本先生。昭和54年11月21日
撮影・石野律子

一方、私が調査した斎江家の鋳物道具は、昭和六〇年春に国の重文に指定され、その一部が倉吉博物館で展示されている。また鋳物関係以外の生活道具も現地で保存されてはいるが、主屋や土蔵などの建物の老朽化とともに、民俗資料も整理できないまま現在に至っている。現当主斎江彰宏さん（斎江栄氏の息子さん）も地域の歴史や文化財の保存に熱心な方であった。しかし屋敷内にあった工

場が、鋳物工場としての特徴が見られたにも関わらず、個人の手では維持しきれなくなり、やむを得ず更地にしてしまったと残念がられていた。更地にするだけでも何百万円もかかる時代である。「保存した方が良い」と言うのは簡単であるが、個人で古い道具や建物を受け継ぎ管理していくのは、大変な負担となっていることを改めて感じた。それは昭和五〇年前後に各地で収集保存された民具が、ホコリを被ったまま三〇年〜四〇年が経ち、あちらこちらで悲鳴を上げていることとも重なっている。

近年、私は民具リスト作成の仕事を頼まれることが多くなった。その理由は市町村合併に伴い、改めて保存している民具調査が必要となったためと、民具を保管している場所が廃校になった小学校や旧体育館などの建物が多いために、耐震建築基準から外れてしまったことによる。さらに収蔵したものの資料館に入りきらず、また資料館も建てないまま整理もされず、活用もされずに放置されている民具も少なくない。

本来は活用するためのリスト作成であったはずなのに、結果的には壊れた民具や腐食した民具を処分する参考リストに使われる場合もあり心が痛む。なるべく捨てられないような所見を付けて報告をするようにはしているが、それ以上のことができないもどかしさを感じている。

しかし、落ち込んでばかりではない。改めて調査したことで、貴重な民俗資料に出会うことも多い。例えば、掛川市では織物現物標本二箱が見つかった。個人の絣見本帳ではない。木箱には「地理教授用標本　織物之部。製造所伊勢丹呉服」と貼紙があり、蓋には「城東高等小学校所蔵　明治三十五年一月購入」「土方尋常小学校　明治四十五年」などの墨書が見られた。カルタのようなカード一〇〇枚に番号・名称・場所・現物織物切れ端付きで木箱に収められ、日本の織物（絹・麻・木綿など）の産地が一〜八三番まで、残り八四〜一〇〇番までは海外からの輸入織物となっている。

さっそく倉吉市の福井貞子さんに連絡してみたら、その現物標本は全国的にも珍しい資料で、若ければ今直ぐにでも飛んで行って確認したかった資料であるとお墨付きを頂いた。

そういえば三〇年前、倉吉千刃の調査をされた朝岡康二先生によって、職人が千刃に年代を刻んでいたことが判り、その後一気に全国の千刃の調査研究が進んだことがあった。（財）日本常民文化研究所でも、紀年銘のある民具調査報告書をまとめているが、衣類などの年代が判明するものは、婚礼衣装など以外では、確認できなかったのである。その点で今回の織物標本は、日常用として使われた全国の布の新たな研究の糸口となるかもしれないとふと思った。

最後に、最近私が調査と展示で関わった事例を紹介したい。

平成二二年二月、世田谷区立給田小学校に民俗資料館がオープンした。そこは空き教室ではなく、校庭に新しい民俗資料館が別棟で建てられ、横には古民家の一部も復元され他にない贅沢な環境となっている。展示資料は、農家が多かったこの地区で昭和四〇年頃から収集された民具である。「千歳民俗資料保存会」という地域住民と小学校が一体となった会の組織があったおかげで民具が保たれてきたのである。休憩時間ともなると、校庭で遊んでいる小学生が興味深そうに資料館へやって来る。「民具は宝物だ」とおっしゃる土橋校長先生らと地元の方と協働し、私はこの民具を通して、民具を未来に繋ぐために、世代を超えた活動や街おこしができればと活動し始めた。

平成二二年（二〇一〇）　猛暑の夏に

著者・写真撮影者略歴（掲載順）

宮本常一（みやもと つねいち）
一九〇七年山口県周防大島の農家に生まれる。大阪府立天王寺師範学校卒。柳田國男の『旅と伝説』を手にしたことがきっかけとなり民俗学者への道を歩み始め、一九三九年に上京し、渋沢敬三の主宰するアチック・ミューゼアムに入る。戦前、戦後の日本の農山漁村を訪ね歩き、民衆の歴史や文化を膨大な記録、著書にまとめるだけでなく、地域の未来を拓くため住民たちと膝を交えて語りあい、その振興策を説いた。一九六五年武蔵野美術大学教授に就任。一九六六年、後進の育成のため近畿日本ツーリスト（株）・日本観光文化研究所（通称観文研）を設立し、翌年より月間雑誌『あるくみるきく』を発刊。一九八一年東京都府中市にて死去。著書に『忘れられた日本人』（岩波書店）『日本の離島』（未来社）『宮本常一著作集』（未来社）などがある。

青柳正一（あおやぎ しょういち）
一九五〇年東京都生まれ。明治大学卒業。青柳事務所代表、編集・町づくりプランナー。日本観光文化研究所では読者交流会「あむかす集会」の講座・野外実習等の企画運営、『あるくみるきく』の編集に携わる。著書に『学校給食は教育なのだろうか』『本当の牛乳を飲みたい』『ゴミを出さない暮し』などがある。

賀曽利隆（かそり たかし）
一九四七年東京都生まれ。バイクライダー・ライター。二十歳で初めてアフリカを一周してから六度の日本一周をはじめ、これまでに世界一三三ヵ国、一二〇万キロを走破。「生涯旅人」をモットーに、パリダカ参戦、サハラ砂漠横断、シルクロード横断など、大好きなバイクで移動しながら、世界各地の土地・人・文化に出会う旅をつづけている。著書に『三〇〇日三〇〇〇湯めぐり』上下巻（昭文社）、『世界を駆けるぞ！』全四巻（フィールド出版）などがある。

石野律子（いしの りつこ 旧姓 田辺）
一九五五年奈良県生まれ。武蔵野美術大学工芸工業デザイン学科卒。神奈川大学日本常民文化研究所客員研究員、武蔵野美術大学非常勤講師。共著書に『暮しの中の鉄と鋳もの』（ぎょうせい）、『もの・モノ・物―新たな日本文化論』（雄山閣）『民俗文化財―保護行政の現場から』（岩田書院）などがある。

伊藤幸司（いとう こうじ）
一九四五年、東京生まれ。糸の会・登山コーチングシステム主催。早稲田大学文学部哲学科卒。探検部で第一次ナイル河全域踏査隊に参加したあと日本観光文化研究所に創設された探検・冒険部門「あむかす」に参加。『あるくみるきく』の執筆・編集 を通してフリーのライター&エディターとなる。一九七五年、あむかす探検学校主催「東アフリカ探検学校」のリーダーとして、宮本常一をオートバイの後ろに乗せ、ケニア、タンザニアを案内した。近著に『山の風、山の花』『軽登山を楽しむ』（いずれも 晩聲社）がある。

田村善次郎（たむら ぜんじろう）
本巻の監修者。略歴は監修者欄に掲載。

須藤　功（すとう いさを）
一九三八年秋田県横手市生まれ。川口市立県陽高校卒。民俗学写真家。一九六七年より日本観光文化研究所所員となり、全国各地歩き庶民の暮らしや祭り、民俗芸能等の研究、写真撮影に当たる。著書に『西浦のまつり』（未来社）『山の標的―猪と山人の生活誌』（未来社）『花祭りのむら』（福音館書店）『写真ものがたり　昭和の暮らし』全一〇巻（農文協）『大絵馬ものがたり』全五巻（農文協）などがある。

新田　好（にった よしみ）
一九二二年愛媛県八幡浜市生まれ。写真家。愛媛県美術会写真部参与。一九五〇年警察事務吏員となる。勤務の傍ら宇和海沿岸の山野、海浜風景、生活写真を撮影し、二科会、朝日カメラなどで作品を発表、多数の入選を果たし、写真家としての地位を確立した。一九五四年愛媛県の美術会写真部評議員。一九八八年二科会写真部会会員に推挙された。代表作に写真集『海と太陽の間』『レンズは見た』（日本カメラ社）、私家版の写文集『ぶらり岬太平記』などがある。

山崎禅雄（やまざき ぜんゆう）
一九四三年島根県桜江町生まれ。早稲田大学第一文学部史学科大学院博士課程終了。宮本常一没後、日本観光文化研究所『あるくみるきく』編集長。同研究所閉鎖後、帰郷し日笠寺住職。桜江町「水の国」初代館長、江津市教育委員長等を歴任。主な著書に『水の力―折々の表情』（淡光社）などがある。

印南敏秀（いんなみ としひで）
一九五二年愛媛県生まれ。武蔵野美術大学卒業。愛知大学教授（民俗学）。日本観光文化研究所に参加し、諸先輩の厳しい教えに鍛えられる。現在、食文化、入浴文化、日本の沿海文化等の研究に勤しんでいる。著書に『京文化と生活技術』（慶友社）、『里海の生活誌』（みずのわ出版）、『島の生活誌』（山口県東和町）などがある。

榊原貴士（さかきばら たかし）
一九五〇年東京都生まれ。「あむかす台湾・紅頭嶼探検学校」への参加を契機に日本観光文化研究所の所員となる。マチの民俗研究プロジェクトに属し、西日本・東日本のマチを歩くかたわら、『あるくみるきく』の編集・執筆に従事した。放送大学元非常勤講師。著作に、『評伝　鳥居龍藏・甲野勇・八幡一郎・鹿野忠雄・国分直一・宮本常一』、『河内 紀著「ベニヤの学校」の中学美術教師・バラさん＝榊原松司（父）の《先生であること》をやめた後の多摩の市井の考古発掘調査者としての半生と考古少年たち』、『日本映画にみる庶民生活史（暮らしと生活用品を中心として）』（私家版）などがある。

清水満幸（しみず みつゆき）
一九五九年山口県生まれ。熊本大学大学院文学研究科修了。民俗学専攻。萩博物館統括学芸員（生活文化担当）。二〇〇七年に「宮本常一のまなざしを追って・萩」展を企画開催した。この企画展を契機として、市民参加で館蔵古写真のデジタルデータ化とデータベース構築や、宮本常一が撮影した萩市の自然、風物、生活風景などの現況を追った市民グループと共同で、写真資料を活用した地域再発見活動に取り組んでいる。共同執筆に『山口県の諸職』『山口県の祭と行事』『豊北町史』などがある。

監修者略歴

田村善次郎（たむら　ぜんじろう）

一九三四年、福岡県生まれ。一九五九年東京農業大学大学院農学研究科農業経済学専攻修士課程修了。一九八〇年武蔵野美術大学造形学部教授。武蔵野美術大学名誉教授。文化人類学・民俗学。

大学院時代より宮本常一氏の薫陶を受け、国内、海外のさまざまな民俗調査に従事。『宮本常一著作集』（未来社）の編集に当たる。著書に『ネパール周遊紀行』（武蔵野美術大学出版局）、『棚田の謎』（農文協）ほか。

宮本千晴（みやもと　ちはる）

一九三七年、宮本常一の長男として大阪府堺市鳳に生まれる。小・中・高校は常一の郷里周防大島で育つ。東京都立大学人文学部人文科学科卒。山岳部に在籍し、卒業後ネパールヒマラヤで探検の世界に目を開かれる。一九六六年より近畿日本ツーリスト・日本観光文化研究所（観文研）の事務局長兼『あるくみるきく』編集長として、所員の育成・指導に専念。

一九七九年江本嘉伸らと地平線会議設立。一九八二年観文研を辞して、向後元彦が取り組んでいた「（株）砂漠に緑を」に参加し、サウジアラビア・UAE・パキスタンなどをベースにマングローブについて学び、砂漠海岸での植林技術を開発する。一九九二年向後らとNGO「マングローブ植林行動計画」（ACTMANG）を設立し、サウジアラビアのマングローブ保護と修復、ベトナムの植林事業等に従事。現在も高齢登山を楽しむ。

あるくみるきく双書
宮本常一とあるいた昭和の日本 6 中国四国 3

2011年2月25日第1刷発行

監修者　田村善次郎・宮本千晴
編　者　森本 孝

発行所　社団法人　農山漁村文化協会
郵便番号　107－8668　東京都港区赤坂7丁目6番1号
電話　03（3585）1141（営業）　03（3585）1147（編集）
FAX　03（3585）3668
振替　00120（3）144478
URL　http://www ruralnet.or.jp/

ISBN978-4-540-10206-6

印刷・製本　（株）東京印書館